南京师范大学教育社会学研究中心

教育与社会研究丛书

本书为"教育部人文社会科学研究（项目编号：15YJC880075）"资助项目

南京师范大学教育社会学研究中心

教育与社会研究丛书
丛书主编　程天君

现代教育观念的乡村遭遇

汤美娟 / 著

南京师范大学出版社

图书在版编目(CIP)数据

现代教育观念的乡村遭遇 / 汤美娟著. —南京：南京师范大学出版社，2019.12
(教育与社会研究丛书/程天君主编)
ISBN 978-7-5651-4455-4

Ⅰ.①现… Ⅱ.①汤… Ⅲ.①乡村教育－现代教育－教育思想－调查研究－苏北地区 Ⅳ.①G725

中国版本图书馆 CIP 数据核字(2019)第 289192 号

丛 书 名	教育与社会研究丛书
丛书主编	程天君
书　　名	现代教育观念的乡村遭遇
作　　者	汤美娟
策划编辑	王　艳
责任编辑	王　艳　徐文娟
出版发行	南京师范大学出版社
地　　址	江苏省南京市玄武区后宰门西村 9 号(邮编：210016)
电　　话	(025)83598919(总编办)　83598412(营销部)　83373872(邮购部)
网　　址	http://press.njnu.edu.cn
电子信箱	nspzbb@njnu.edu.cn
照　　排	南京开卷文化传媒有限公司
印　　刷	南京工大印务有限公司
开　　本	787 毫米×960 毫米　1/16
印　　张	22.5
字　　数	292 千
版　　次	2019 年 12 月第 1 版　2019 年 12 月第 1 次印刷
书　　号	ISBN 978-7-5651-4455-4
定　　价	65.00 元

出版人　彭志斌

南京师大版图书若有印装问题请与销售商调换
版权所有　侵犯必究

九九归一:教育与社会

——《教育与社会研究丛书》总序

光阴似箭,日月如梭,时间指向了 2019 年。

对于中国大陆教育社会学来说,"九"是个具有历史巧合意义的时间节点。无妨说,中国教育社会学,尤其是南京师大教育社会学,逢"九"值得记忆并纪念。

1949 年之后的一段时期,由于众所周知的原因,中国大陆教育社会学未能接续此前"草创时期"而得到发展,甚至连生存权利也被彻底剥夺,教学与研究完全中断——整整 30 年[①]。

1979 年起,一些学者开始译介国外教育社会学发展的著述,我们由此开启了教育社会学发展史上迄今闻所未闻的所谓"学科重建"。

1989 年,在我国教育社会学发展史上是个特别的年份。在这一年,中国第一个教育社会学学术团体——全国教育社会学专业委员会成立,其后每两年举办一次学术年会的惯例被沿用至今。也是在这一年,全国高等学校文科教学参考书《国外教育社会学基本文选》发行——巧合的是,2009 年,该书修订版出版[②]。尤为值得一提的,还是

---

① 鲁洁,吴康宁.教育社会学丛书.总序[M].南京:南京师范大学出版社,1999.
② 张人杰.国外教育社会学基本文选[M].上海:华东师范大学出版社,1989;张人杰.国外教育社会学基本文选(修订版)[M].上海:华东师范大学出版社,2009.1990 年,人民教育出版社出版"高校文科教材"《教育社会学》(鲁洁主编、吴康宁副主编,该书获江苏省哲学社会科学优秀成果一等奖、全国高校优秀教材一等奖)。

在这一年，南京师大、华东师大相继开始培养教育社会学方向的博士研究生，从而实现了我国教育社会学人才培养层次上的"三级跳"和教育社会学课程开设阶段上的本、硕、博"全覆盖"——从1982年南京师大在全国率先开设本科生的教育社会学课程，到1984年华东师大与南京师大以及北京师大、杭州大学等校陆续开始培养教育社会学方向的硕士研究生[①]，再到1989年南京师大开始招收教育社会学方向的博士生乃至1999年南京师大开始招收教育社会学方向的博士后研究人员。

1999年亦是一个值得记忆的年头。《南京师范大学教育社会学沙龙文集》所收文稿起始于1999年[②]。同样在1999年，我国首套《教育

[①] 参见：吴康宁. 教育社会学[M]. 北京：人民教育出版社，1998：49-50；张人杰. 中国大陆教育社会学的二十年建设(1979—2000年)[J]. 华东师范大学学报(教育科学版)，2001(2)；吴康宁. 我国教育社会学的三十年发展(1979—2008)[J]. 华东师范大学学报(教育科学版)，2009(2). 关于教育社会学硕士研究生的培养，厉以贤提供了另一种说法："稍后，北京师范大学(1983年，指导教师为厉以贤教授)和华东师范大学(1986年，指导教师为张人杰副教授)开始招收教育社会学的硕士研究生."详见：厉以贤. 中国大陆教育社会学的十年建设(1979—1988)[J]. 现代教育(台湾)，1991(2).

[②] 起初，南京师范大学的教育社会学学术活动是涵盖在鲁洁老师主持的"南京师范大学教育学原理沙龙"之中的。随着教育社会学研究的不断拓展与深化，以及教育学原理学科本身的不断充实与丰富，教育社会学学术活动便逐渐发展成一个相对独立、相对专门的学术事项。细算起来，南京师范大学教育社会学方向的教师与研究生以沙龙的形式开展学术研讨活动开始于1993年，当时主要是为了研讨"课堂教学的社会学研究"这一全国哲学社会科学"八五"规划青年基金课题而组织起来的，最初参加研讨的有吴康宁、程晓樵、吴永军、刘云杉等，只不过其时还不叫"沙龙"。正式称之为"沙龙"，是在1997年；截至2007年4月11日，办了百期。2007年开始，为便于南京师大教育社会学沙龙成员翻查既往、检视当下、思索未来，在征求沙龙成员本人意愿的基础上，我们每年将各期沙龙的主题发言原稿汇编印刷成集——只可惜1999年之前的沙龙文稿已很难寻觅，故《南京师范大学教育社会学沙龙文集》所收文稿起始时间为1999年。自2008年始，"沙龙集萃"约每5年正式出版1—2本，详见：吴康宁主编《教育与社会：实践·反思·建构——博士沙龙百期集萃》，广西师范大学出版社2008年出版；贺晓星主编《教育与社会：学科·记忆·梦想——教育社会学学术沙龙集萃(2007—2012)》，南京师范大学出版社2016年出版；胡金平主编《教育社会学学术沙龙集萃：教育与社会：阅读·思考·对话——教育社会学学术沙龙集萃(2009—2012)》，南京师范大学出版社2016年出版；程天君主编《教育与社会：知识·文化·国家(2013—2018)》《教育与社会：视野·实践·主体(2013—2018)》，广西师范大学出版社2020年拟出(需说明的是，应出版社要求，也为简洁起见，这两本沙龙集萃书名有所简化)。自2014年开始，随着南京师范大学教育社会学方向博士生导师的增多(程天君、齐学红2014年开始招生)和沙龙成员的多元化(此前，沙龙成员主要是吴康宁老师的博士生、博士后、访问学者；此后，成员为教育社会学方向的博士生、博士后、访问学者)，南京师范大学教育社会学沙龙被归列为南京师范大学教育社会学研究中心的一项学术事项继续开展，也开始增加了"来宾交流"活动，即每学期请两三位沙龙成员之外的来宾进行主讲。

社会学丛书》①(简称"第一套丛书")出版。这套《教育社会学丛书》的出版,标志着②中国大陆教育社会学研究自恢复重建以来的第二次转型的完成,即从"以学科概论性研究为主、分支领域性研究为辅"阶段(20世纪70年代末至80年代中期),到"学科概论性研究与分支领域性研究齐头并进"阶段(20世纪80年代后期至90年代中期),再到"以分支领域性研究为主、学科概论性研究为辅"阶段(20世纪90年代后期至今)。继"第一套丛书"之后出版的第二套和第三套丛书,则在一定程度上使得中国大陆教育社会学研究之"以分支领域性研究为主、学科概论性研究为辅"阶段(20世纪90年代后期至今)"本身"又经历了第三次和第四次转型。第三次转型为在分支领域研究中实现从"以概论性研究为主、具体问题为辅"到"以具体问题研究为主、概论性研究为辅"的转换,2003年开始出版的《现代教育社会学研究丛书》③(简称"第二套丛书")不失为显著标记。而随着这第三次转型——"从强分支领域到弱分支领域""从有分支领域到无分支领域"——的推进,实现了我国教育社会学研究的第四次转型,即出现了对我国具体教育问题的"跨分支领域的""融通的"社会学解释方面的研究

---

① 鲁洁、吴康宁主编:《教育社会学丛书》,南京师范大学出版社1999年出版,包括吴康宁等著《课堂教学社会学》、吴永军著《课程社会学》、刘云杉著《学校生活社会学》、缪建东著《家庭教育社会学》等4部专著。其中,《课堂教学社会学》获全国教育科学优秀成果一等奖。

② 张人杰.中国大陆教育社会学的二十年建设(1979—2000年)[J].华东师范大学学报(教育科学版),2001(2).

③ 吴康宁主编:《现代教育社会学研究丛书》(含10部专著),包括张行涛著《必要的乌托邦:考选世界的社会学研究》、郭华著《静悄悄的革命:日常教学生活的社会构建》、张义兵著《逃出束缚:"赛博教育"的社会学解读》、马维娜著《局外生存:相遇在学校场域》、王有升著《理想的限度:学校教育的现实建构》,北京师范大学出版社2003年版;楚江亭著《真理的终结:科学课程的社会学释义》、齐学红著《走在回家的路上:学校生活中的个人知识》、周润智著《力量就是知识:教师职业文化的生产与再生产》,北京师范大学出版社2005年版;刘云杉著《从启蒙者到专业人:中国现代化历程中教师角色演变》、马和民著《从"仁"到"人":社会化危机及其出路》,北京师范大学出版社2006年版。其中,《逃出束缚:"赛博教育"的社会学解读》《局外生存:相遇在学校场域》分别获江苏省哲学社会科学优秀成果二、三等奖,《理想的限度:学校教育的现实建构》获山东省社会科学优秀成果三等奖,《力量就是知识:教师职业文化的生产与再生产》获辽宁省哲学社会科学优秀成果二等奖,《从启蒙者到专业人:中国现代化历程中教师角色演变》获中国高校人文社会科学研究优秀成果三等奖。

成果,2005年开始出版的《社会学视野中的教育丛书》①(简称"第三套丛书")或可视为其代表。

对于我国教育社会学学科来说,2009年亦有不少可圈可点之处。仅以南京师范大学教育社会学来说,在这一年就取得三项标志性进展:是年,南京师范大学为本科生开设的"教育社会学"课程被评为国家精品课程,这在全国当属首例。在这一年,以本科教学为主要任务的南京师范大学"教育社会学团队"被评为校级优秀教学团队,并于次年被评为江苏省优秀教学团队,这当是全国首家省级教育社会学教学团队。也是在2009年,成立于2006年的"南京师范大学教育社会学研究中心"被评审确定为首批"江苏省高校哲学社会科学重点研究基地",这也是国内首家成为省级重点研究基地的教育社会学研究机构。

眼下的2019年,仍是南京师范大学在我国教育社会学学科发展和学术研究史上留下痕迹的一年。择要来说有四:一是南京师范大学教育社会学团队主持的教育部哲学社会科学研究重大课题攻关项目的最终成果《教育改革的社会支持》②出版;二是本团队主持的江苏高校哲学社会科学优秀创新团队项目的最终成果《新教育公平研究丛

---

① 吴康宁主编:《社会学视野中的教育丛书》(含11部专著),南京师范大学出版社2005年开始出版,包括胡金平著《学术与政治之间的角色困顿——大学教师的社会学研究》(2005)、杨跃著《匿名权威与文化焦虑——大众培训的社会学研究》(2006)、庄西真著《国家的限度——"制度化"学校的社会逻辑》(2006)、周宗伟著《高贵与卑贱的距离——学校文化的社会学研究》(2007)、闫旭蕾著《教育中的"肉"与"灵"——身体社会学研究》(2007)、高水红著《共用知识空间——新课程改革行动案例研究》(2008)、刘猛著《意识形态与中国教育学——走向一种教育学的社会学研究》(2008)、程天君著《接班人"的诞生——学校中的政治仪式考察》(2008)、庄西真著《权力的滞聚与流散——地方政府教育治理模式变革的研究》(2008)、石艳著《我们的"异托邦"——学校空间社会学研究》(2009)、王晋著《一个称作单位的学校——基于对晋东M中学的实地调研》(2012)。其中,《高贵与卑贱的距离——学校文化的社会学研究》《"接班人"的诞生——学校中的政治仪式考察》获江苏省哲学社会科学优秀成果一等奖,《学术与政治之间的角色困顿——大学教师的社会学研究》获江苏省哲学社会科学优秀成果二等奖,《国家的限度——"制度化"学校的社会逻辑》《权力的滞聚与流散——地方政府教育治理模式变革的研究》获江苏省哲学社会科学优秀成果三等奖。

② 吴康宁,等.教育改革的社会支持[M].北京:人民出版社,2019.

书》①出版;三是本团队成员的学术成果《教育改革的"中国问题"》②继此前获得第五届全国教育科学优秀成果一等奖(2016)、第七届吴玉章人文社会科学奖一等奖(2017)之后,于2019年获得第八届中国高校人文社会科学研究优秀成果奖一等奖③;四是南京师范大学开始出版我国第四套教育社会学丛书——《教育与社会研究丛书》(简称"第四套丛书")。

从上述1949—2019年这个时间轴里,可观察和聚焦以下三点:

第一,上述四套特别是前三套教育社会学丛书的出版,在一定程度上带动了中国大陆教育社会学研究自学科恢复重建以来的四次转型。这四套教育社会学丛书诞生于我国教育社会学学科重建以来的进程之中,也见证了这一进程的发展。客观地说,这四套丛书既受益于教育社会学的学科发展,又促进了教育社会学的学科发展。而其中的一支主要生力军,当属教育社会学方向的博士生,这四套丛书中的大部分专著是基于作者的博士论文(不仅限于南京师大的博士)和少数博士后出站报告(不仅限于南京师大的博士后)修订出版的④。这也是我们继续主编出版"第四套丛书"《教育与社会研究丛书》并仍以博士论文为主的根由和动力所在。

第二,改革开放40多年来,我国教育社会学特别是南京师大的教

---

① 程天君主编:《新教育公平研究丛书》(含6部专著),南京师范大学出版社出版,包括程天君等著《新教育公平引论》、高水红著《新教育公平视野下的学校再生产》、杨跃著《新教育公平视野下的教师教育改革》、张义兵著《知识建构——新教育公平视野下教与学的变革》、雷晓庆著《课堂教学公平指标体系的建构与应用》、贺晓星等著《家长、社区与新教育公平》。

② 吴康宁.教育改革的"中国问题"[M].南京:南京师范大学出版社,2015.

③ 2003年,南京师范大学教育社会学团队成员的成果《教育社会学》(吴康宁,南京师范大学出版社1998年版)获第三届中国高校人文社会科学研究优秀成果一等奖。

④ 这些由博士学位论文或博士后出站报告修订而出版的专著产生了广泛的影响,其中不少专著获得了国家和省部级优秀成果奖(详见总序第3页注①③、第4页注①);亦有博士学位论文获奖,如程天君的博士学位论文《"接班人"的诞生——学校中的政治仪式考察》获"全国优秀博士学位论文",高水红的博士学位论文《改革精英——基础教育课程改革案例研究》获"江苏省优秀博士学位论文"。

育社会学研究经历了从注重"学校教育(内部)自身社会子系统"的研究①,到注重"社会转型与教育变革"的关系研究②,再到注重"教育改革和发展的(外部)社会支持"的研究③这样一种跃迁之轨迹。在这一跃迁的过程之中,我们既承担了相关科研项目,也产生了具有类型意义的代表性成果。

第三,无论是聚焦于学校教育内部,还是聚焦于社会转型与教育变革之间,抑或是聚焦于教育的外部,教育社会学研究终不脱"教育与社会"这一光谱,可谓万变不离其宗。

事实上,迄今为止的教育社会学,不管西方的还是中国的,无论传统的抑或新兴的,其主流的研究对象乃至学科性质界定便是"教育社会学就是研究教育与社会关系的学科"(简称"关系说"),"关系说"普遍存在于教育社会学相关的辞书、教材、专著以及冠以"教育社会学"之名的著述当中④。唯因不同学者关注"教育"的层面不同,便存在着"教育制

---

① 在这方面,南京师大教育社会学团队1987年开始承担全国教育科学规划重点课题,并于当年开始进行教育社会学的实证研究"课堂教学与班集体建设";其后,相继承担了"课堂教学的社会学研究""德育社会学研究"及"课程的社会学研究"等全国哲学社会科学规划研究项目及全国教育科学规划研究项目;在此过程之中和基础之上,出版了"第一套丛书"中的《课堂教学社会学》(吴康宁等著)、《课程社会学》(吴永军著)、《学校生活社会学》(刘云杉著)以及吴康宁主编的《课程社会学研究》(江苏教育出版社2004年版)等代表性成果。

② 在这方面,南京师大教育社会学团队承担了"信息社会的到来与中国教育的转型""中国教育改革的社会学研究"及"当代中国教育转型研究"等全国教育科学规划研究项目及国家"211工程"建设项目;在此过程之中和基础之上,出版了《教育改革的"中国问题"》(吴康宁著)、《中国教育改革的社会学研究丛书》[吴康宁主编,广西师大出版社2011年版,包括马维娜著《集体性知识:中国教育改革的社会学解释》(获江苏省哲学社会科学优秀成果一等奖)、王海英著《常识的颠覆:学前教育市场化改革的社会学研究》(获江苏省哲学社会科学优秀成果三等奖)、彭拥军著《精英的合法性危机:高等教育改革的社会学研究》、杨跃著《"教师教育"的诞生:教师培养权变迁的社会学研究》(获江苏省哲学社会科学优秀成果三等奖)、齐学红著《在生活化的旗帜下:学校道德教育改革的社会学研究》(获江苏省哲学社会科学优秀成果二等奖)、周元宽著《情境逻辑:底层视閾中的大学改革》]及《社会学视野下的中国教育改革》(高水红主编,教育科学出版社2016年版)等代表性成果。

③ 在这方面,南京师大教育社会学团队承担了教育部哲学社会科学研究重大课题攻关项目"我国教育改革和发展的社会支持系统研究"及江苏高校哲学社会科学优秀团队项目"新教育公平的理论建构与实践探索"等科研项目;在此过程之中和基础之上,出版了《教育改革的社会支持》(吴康宁等著)和《新教育公平研究丛书》(程天君主编,详见总序第5页注①)等代表性成果。

④ 程天君.教育社会学就是研究"教育与社会关系"的学科吗——从"教学要点"到"教学难点"[J].教育研究与实验,2010(4):21-26.

度与社会相互关系说""教育活动(过程)与社会相互关系说"及"教育与社会相互关系说"等几种有所区别的"关系说"①。就传统的教育社会学(educational sociology)和新兴的教育社会学(sociology of education)来看,"关系说"在新兴的教育社会学尤甚;就中和外来看,"关系说"在中国更浓。援引两例为证。譬如,一项统计显示,在20世纪80年代的英国《教育社会学期刊》和美国《教育社会学》这两份学术刊物中,主题为"教育与社会关系"(包括"社会化与教育""社会结构与教育""社会阶层化与教育""社会问题与教育""社会变迁与教育"等)的论文,占据前一刊物的近三分之一(29%)容量,占据后一刊物的大半江山(52.9%)②。又譬如,被认为标志着中国教育社会学起点的第一本中文教育社会学著作便是《社会与教育》③。以至我国当代教育社会学者谢维和直言:"与其他学科相比,教育社会学独特之处在于它是通过教育与社会的关系来研究教育活动和教育现象的。"④

说到底,教育社会学研究的要领,从反向来说就是,既不能"就教育谈教育",也不能"撇开教育谈其他(社会)"。从正向来说就是,教育社会学的特点在于其既姓"教",又姓"社",即教育社会学研究的是特殊的教育现象或教育问题,也就是具有社会学意味的教育现象或教育问题,或者说是教育现象或教育问题的"社会层面"⑤。即便是对于"关系说"的反思和超越这一尝试本身⑥终究也难以彻底脱离"关系

---

① 吴康宁.教育社会学[M].北京:人民教育出版社,1998:2-5.
② 李锦旭.20世纪80年代英美教育社会学的发展趋势:两份教育社会学期刊的分析比较[J].现代教育,1991(2).
③ 陶孟和.社会与教育[M].上海:商务印书馆,1922.
④ 全国教育科学规划领导小组办公室.教育科研大家谈[M]北京:教育科学出版社,2007:162.
⑤ 吴康宁.教育社会学[M].北京:人民教育出版社,1998:1-20.需要说明的是,该著当时的界定是"社会学层面";在第253期南京师范大学教育社会学沙龙(2016年9月14日)上,吴康宁老师提出,其实应该是"社会层面",而不是"社会学层面"。据此,这里正式修订为"社会层面"。
⑥ 程天君.从"教育/社会"学到"教育社会"学——教育社会学研究范式的转换[J].北京大学教育评论,2017(2)77-101.

说"来进行言说。

  这就是我们将第四套教育社会学丛书命名为"教育与社会研究丛书"的理据,因为"教育与社会"可谓教育社会学研究的肇端;这也是我们将《教育与社会研究丛书》总序命名为"九九归一:教育与社会"的原因,毕竟,"教育与社会"实乃教育社会学研究万变不离之宗;这还是我们在出版南京师范大学教育社会学沙龙集萃时将其主标题恒定为"教育与社会"[①]的原委,因为这是一份坚守。

程天君

2019 年岁末

---

① 详见总序第 2 页注②。

目 录

九九归一：教育与社会——《教育与社会研究丛书》总序……… 程天君

第一章 绪 论 ………………………………………………… 001

 第一节 研究缘起 ……………………………………………… 003
  一、反思现代性：乡村教育研究的应有立场 …………… 005
  二、民众教育观念：反思乡村教育现代性的视点 ……… 008
  三、历史的考察：反思乡村民众教育观念的方法 ……… 010

 第二节 研究综述 ……………………………………………… 013
  一、精英群体：乡村教育观念研究的方向之一 ………… 014
  二、乡村民众：乡村教育观念研究的方向之二 ………… 020

 第三节 研究方法 ……………………………………………… 023
  一、研究范式：定性的理解 ……………………………… 024
  二、研究策略：历史的批判民族志 ……………………… 026
  三、研究技术：文献与访谈 ……………………………… 029

 第四节 研究过程 ……………………………………………… 033
  一、研究个案的选择 ……………………………………… 033
  二、研究现场的进入 ……………………………………… 036

三、研究资料的收集 …………………………………… 038

　　　四、研究现场的退出 …………………………………… 043

第二章　知识、权力与教育 …………………………………… 045

第一节　知识社会学：现代知识的结构限制 ……………… 047
　　　一、知识社会学的理论渊源 …………………………… 048
　　　二、知识社会学的基本架构 …………………………… 052
　　　三、知识社会学的现代性反思 ………………………… 060

第二节　权力与规训：现代知识的再生产 ………………… 070
　　　一、微观规训技术：现代"知识—权力"运作的机制 …… 071
　　　二、学校教育：现代"知识—权力"运作的枢纽 ………… 077
　　　三、表达—互动论：现代"知识—权力"运作的内在张力
　　　　　 …………………………………………………… 079

第三章　"务实求验"：M村人教育观念的传统思维 ………… 083

第一节　1949年之前M村的生活与教育 …………………… 085
　　　一、以土地为中心：1949年之前M村的生活环境 ……… 088
　　　二、简单与松散：1949年之前M村的私塾教育 ………… 096

第二节　"务实求验"：M村人传统的思维方式 …………… 105
　　　一、"务实求验"思维方式的基点 ……………………… 108
　　　二、"务实求验"思维方式的脉络 ……………………… 112

第三节　底层思维的展现："务实求验"下的教育观念 …… 120
　　　一、一种参照：传统教育观念的精英视角 …………… 121
　　　二、"务实求验"：传统教育观念的底层视角 ………… 124

第四章　传统主导型互动：现代教育观念的乡村漂浮（1949—1978） …… 135

第一节　M村的生活与教育 …… 138
一、巨变的惨痛：M村的生活环境 …… 138
二、朴素的现代性：M村的学校教育 …… 149

第二节　"政治式"思维下的现代教育观念萌芽 …… 157
一、"人"观：主客的张力 …… 161
二、知识观：科学与技术 …… 164
三、教学观：计划与系统 …… 169
四、评价观：科学与筛选 …… 172
五、管理观：制度与变通 …… 176

第三节　现代教育观念的"务实求验"化 …… 180
一、"人"观：简单劳动力 …… 182
二、知识观：识字 …… 186

第五章　双向异质型互动：现代教育观念的乡村分化（1978—1998） …… 197

第一节　改革开放后M村的新生活 …… 200
一、土地生活的变化 …… 200
二、走出土地 …… 205
三、走出乡村 …… 209

第二节　现代教育观念的新特征 …… 213
一、政治意识形态的褪去 …… 213
二、"理性"思维的深入化 …… 217

第三节　M村民众教育观念的群体差异 …………………… 227
　　一、间接规训的结果：M村普通民众的教育观念 ……… 228
　　二、直接规训的结果：M村文化人的教育观念 ………… 243

第六章　理性主导型互动：现代教育观念的乡村霸权（1998年至今） …………………………………………………………… 257

第一节　新世纪M村的生活变化 ………………………… 260
　　一、大学生"先例"的增加 ………………………… 260
　　二、低知识含量工作收入的提高 …………………… 264
　　三、大学生生活信息的进入 ………………………… 267
　　四、传媒电器的增加与收视习惯的改变 …………… 271
第二节　现代教育观念的"理性"精致化 ………………… 273
　　一、追求高效的教学观 ……………………………… 277
　　二、追求发展的评价观 ……………………………… 283
　　三、追求精准的管理观 ……………………………… 290
第三节　M村民众教育观念的理性主导 ………………… 294
　　一、"人"观的"务实求验"化 ……………………… 298
　　二、教育方式观的"理性"化 ……………………… 303

结　语 …………………………………………………………… 313

参考文献 ………………………………………………………… 322

附　录 …………………………………………………………… 329

后　记 …………………………………………………………… 345

第一章 绪论

第一章　绪　论

第一节　研究缘起

　　学生自述1：那个时候，很多人都希望子女将来能学个手艺，爸妈也不例外。在他们眼中，手艺人就很有出息。他们每天去人家家里做工，能赚到工资，可以吃人家的饭，这样自己家的粮食就省下来了。他们比种田的人多一份稳定的收入，因此，农村当时流行一句俗语："荒年饿不死手艺人。"但是，等我到了上学的年龄，爸妈还是把我送到学校去上学了。他们说，这一方面是因为他们很忙，没有人带我，就把我送到学校去；另一方面，他们觉得小孩还是有点文化、能识几个字比较好。比如，买东西的时候自己会算账，不用人家说多少就给多少，就不会被别人欺负；去人家做工或者请别人来家里做工，自己会记账，不用像很多人那样用绳子打结或者在墙上划杠……但是，这并不是说识字在农村就必不可少。当时，村里人都说"识字三分巧，不识字也过到老"。我每天都是自己走路上学，顺便带上一个篮子，放学的时候在路上割一篮子草回家给猪吃。当然，到底是去了学校，还是在路上玩，父母也不知道，他们也没心思管。有的时候，出了家门之后，我就躲在田里玩上半天，放学的时候再回家，老师也不会找家长，都没有被父母发现过。放学的时候如果爸妈还在田里，我就烧饭、割草，把能做的都做好之后等他们回来。那个时候老师布置作业很少，父母也不会让我做，只是给我指派很多家务。很多时候没时间就不做作业，老师也不会管。虽然那个时候很艰苦，但在忙碌之余，也经常能"三个一群，四个一党"地在村里田间到处窜窜。他们的心思都在吃穿上兜圈子，我在学校里学了什么，学得好不好，考试考了多少……所有这些他们都不关心，他们说没有精力，也没有能力。我能上到这个程度，都是自己争取的结果。

　　　　　　　　　　　　　　——20世纪50年代乡村学生的自述

学生自述 2：我出生并成长于苏北 M 村，是一个地地道道的乡村学生。记忆中，自踏入学校大门起，我便常常能够听到爸爸的嘱咐："用心学习，以后考上大学，就可以坐办公室，不用像我这样做手艺，每天风吹日晒的，多苦啊。"为了让我更真切地体会到大学的好，一有机会，他就会向我讲述村里那些考上大学的人的"荣耀"生活，脸上满是向往和羡慕。为了让我考上大学，我的学习成了全家的焦点。在家里，我什么家务都不用做，回家只做作业就可以了。有不会的，爸妈都会耐心教我。做完之后，他们要检查"质量"，过关了才肯放过我。有时，他们还让我再复习复习，多做做题目练习练习，熟悉题型了考试就不会错了。小说、电脑、电视之类都是禁品，平时是碰不得的，只有放假或者周末才能稍微解一下馋，但也必须适可而止。如果哪一次过火了，妈妈就开始唠叨："你玩疯了吧，收收心啊，别痴心啊！""你要用点心啊，现在大家成绩都这么好，你不用心就考不上啊。"我每次考试的成绩和排名、每段时间在学校的表现，爸妈都会特别关心。哪一次考得不好，爸妈都会特别紧张，他们会帮我分析试卷、联系老师，看看问题出在哪里，该如何补救。他们说，"每一个环节都要学好，要不后面你就学不进了"。上了初中，要住校，为了让我不用自己洗衣服、能吃好点儿、有更多时间看书学习，妈妈停下工作，在学校附近租了一间房，这叫作"陪读"。现在，"陪读"已经成为一股风潮。有的小学、幼儿园就开始"陪读"了。我的数学不好，周末和假期，爸妈都把我送到老师家里去补课。现在，我的生活中就都是学习了。希望我能考上大学，走出农村。

——21 世纪乡村学生的自述

透过这两则自述，我们能感受到乡村教育现代化工程的"可喜"成绩。这不仅仅表现为乡村民众对学校这一现代教育体制的"认同"，更体现为他们对现代教育观念的"接受"。原本仅存于学校中的现代教育观念进入乡村民众的大脑,给其传统观念注入了或多或少的现代因素,两者的"化合反应"造就了他们现有的教育观念。乡村民众开始自觉发挥教育的功能,家庭渐趋学校化。然而,乡村民众教育观念的"进步"却剥夺了乡村学生校外"悠然自得"的乡土生活空间,把他们与乡村自然和文化环境隔离。他们失去了乡土性教育资源浸润的可能,被抛入一个单一的、异己的现代教育环境之中。在这一环境中,乡村学生时刻被"推"着,压得喘不过气来……

一、反思现代性:乡村教育研究的应有立场

乡村教育改革的历程已有百年之久,但取得实质性进展却始于改革开放。中华人民共和国成立之前,政府发展教育着眼于城市地区,乡村地区的教育改革依靠的仅仅是几个有识之士的单独努力,其作用面极为有限。中华人民共和国成立之后,乡村教育虽然已被提上国家教育改革的重要议程,但由于社会环境的局限,乡村教育也未能取得突破性发展。长期以来,中国广大乡村地区的教育一直以前现代形态存在,和城市地区的教育相对,构成了教育的"城乡二元结构"。改革开放之后,国家便依靠行政力量,开始在全国范围内自上而下地推进乡村教育的现代化进程,一系列教育政策法规出台。从这些政策的内容可以看出,国家在推进乡村教育的现代化时,其追求的目标是以"城市—工业文明"为基础建立的现代教育体系和模式[①]。在他们看来,在城乡教育

---

① 改革开放以来,从已有政策文件来看,我国推动乡村教育现代化的进程基本上可以分为三个阶段:第一,乡村教育的拨乱反正和恢复。改革开放初期,由于乡村教育的基础比较薄弱,其现代化工作主要集中于扫盲和小学教育的普及。第二,始于1983年《关于加强和改革农村学校教育若干问题的通知》,乡村教育现代化进程走上新的阶段,乡村教育质量受到关注,"为农业生产服务"成为其主要宗旨。在此观念的指导下,国家确定了"分级办学、分工管理"的乡村教育管理体制、"三教统筹"的乡村教育结构以及"农科教结合"的乡村教育形式。第三,进入新世纪(21世纪)之后,国家开始了全面建设小康社会以及实施科学发展观的历程,乡村教育的发展方向从前一阶段城乡义务教育两极管理转变为城乡义务教育统筹发展,追求城乡义务教育一体化。可见,不管在哪一个阶段,以"城市—工业文明"为基础建立的现代教育体系和模式都是乡村教育发展的目标。

的二元结构中,乡村教育是落后的,处于弱势一极。因此,乡村教育的现代化便是要沿着城市教育已经走过的现代化道路,追赶城市教育,并最终实现中国教育的全面现代化。可以说,我国乡村教育的现代化是"后生外发型"①的,是已具有一定现代化水平的城市教育体系和模式借助国家政治力量在乡村社会的"嵌入"。

自乡村教育改革开始,乡村教育的理论研究便诞生。一直以来,乡村教育研究都与乡村教育改革相伴随。至今,它已成为教育以及相关研究领域中的热点问题,其研究文献可以说数不胜数。这些研究基本都是在"城市—乡村"二元对立的脉络下,以"教育公平"为诉求,或揭示城乡教育的现代化差距,或探求乡村教育追赶城市教育的路径和手段。汤姆·波普科维茨在讨论美国的教育改革时,曾说:"长期以来人们所关怀的是事情如何运作,以及这些事情如何能运作得更理想。这样的研究方法所预设的前提是,现存社会关系的目标是很恰当的,而我们所需做的只是使其变得更有效率。"这一论断对中国乡村教育改革的研究也具有相当的概括力。研究者在乡村教育现代化的道路上埋头前行,孜孜不倦于探寻如何提高乡村教育现代化程度、缩小城乡教育差距的手段。然而,对于前面的那个目标,他们从未给予反思或者认为这一目标是理想的。他们在现代性"迷宫"中认真寻找出口,却未能跳出"迷宫",认识其"真相"。

这并非是对以往乡村教育研究者的苛责。当人们对支撑现代性逻辑的假设深信不疑,即相信借助人类理性的力量,社会和文明的发展总是从低级走向高级时,现代社会的一切设置和安排都是理所当然的。

---

① 金耀基在《从传统到现代》中将中国现代化过程定位为"后生外发型"。所谓"后生"指的是中国的现代化发生于西方社会之后;所谓"外发"指的是中国的现代化不是起因于"内发的力量",而是一种"防卫的现代化",是中国在鸦片战争后一连串军事、政治、经济上的失败导致的被迫"改变"。将这一论点转移至我国乡村教育的现代化历程,它也可以被定位为"后生外发型",因为它发生在城市教育现代化之后,并且是主要依靠国家政治力量推进的结果。

"传统—现代""乡村—城市"的二元对立也就成为必然。在此逻辑之下,乡村传统教育是落后的,其发展的出路也就顺理成章。这样,乡村教育研究者对现代教育毫无反思的追求也就可以理解,同时还带有一份对"弱势群体"的关怀,体现出公共知识分子的社会担当。然而,当理性由手段变成目的,它便成为"宰制人的工具",这便是韦伯所担忧的现代性的"牢笼"。曾经给人类带来"发展"和"进步"的现代理性现在给人们的生活带来种种问题,例如环境的污染、精神世界的物化、人的物欲化、技术对人的控制……现代的"文明幻象"破灭。"现代性标榜的进步,不过是向地狱的演进,它的内容无非是将'新的废墟堆到旧的废墟上',它势不可当地拔地而起的只是'断壁残垣'。"[①]此后,对现代性的反思开始从各个层面展开,其中最为根本的反思指向其背后的观念预设。曼海姆的知识社会学研究发现,原来以普遍性宣称的理性,实际上只是资产阶级利益支配下的一种意识形态。福柯的知识考古学和权力谱系学展示了这一意识形态在现代社会生活各个细微角落对人实施"控制"的微观技术和机制,它藏在社会的最深处,使人们对之浑然不觉。随之而来的是以"进步"意识形态为支撑的线性发展观的动摇。在福柯看来,传统和现代并不具"野蛮—文明"之分,而只是两种不同的权力技术实践,现代社会的"文明"和"人道"只是微观权力技术所制造的幻觉。所有这些对现代性的反思提供了另外一条思考现代社会问题的逻辑,使人们看到另外一幅现代社会图景。这样,在反思现代性的立场上看待乡村教育现代化的过程,它便是现代理性意识形态通过各种权力机制在乡村社会的渗透,是现代文明对乡村文明的蚕食,而学校教育也是其共谋者。此时,作为知识分子的教育研究者在思考乡村教育问题时,应该走出"乡村—城市"的二元对立,对现实乡村教育改革中隐藏的现

---

① 汪民安,陈永国,张云鹏.现代性基本读本(上)[M].开封:河南大学出版社,2005:8.

代性预设进行反思,并揭示其在乡村社会的"生产"及"再生产"机制。

二、民众教育观念:反思乡村教育现代性的视点

基于反思现代性的立场,研究者应以何为视点对乡村教育的现代化过程进行反思呢?一般来说,为分析之便,现代化从理论上被分为三个层面,即物质层面的现代化、制度层面的现代化和观念层面的现代化。这三者中,前两者更为显见,因而也更容易移入和引进。因此,综观乡村教育的现代化历程,其中更多的是物质层面和制度层面的现代化。现今乡村学校的物质环境和制度设置中,处处显露着现代性的痕迹。当然,这并非说它们在乡村教育的现代化过程中无足轻重。华勒斯坦在分析现代学校教育的权力运作时,便将其实现的关键落在了日常教学活动中的三项技术和制度发明:书写、考试和评分。"只有当书写、评分、考试这三种做法合在一起,人类历史才发生重大变化,乃至出现断裂。现代学科规训制度的权力,尤其是规训性知识的权力,直到这一刻才成为可想象的事。"①但是,这些技术和制度要作为现代"知识—权力"运作环节在乡村学校中发挥作用,从根本上取决于教育者观念的现代化。正如藏于木偶背后的操纵者,有之,木偶则活;无之,木偶则死。观念层面的现代化决定了乡村学校物质环境和制度设置作为现代权力技术的运行。正如美国社会学家英格尔斯所言:"那些完善的现代制度以及伴随而来的指导大纲、管理原理,本身是一些空的躯壳。如果一个国家的人民缺乏一种能赋予这种制度以真实生命力的广泛的现代心理基础……失败和畸形发展的悲剧结局是不可避免的。再完善的现代制度和管理方式,再先进的技术工艺,也会在一群传统人的手中变成

---

① [美]华勒斯坦,等.学科·知识·权力[M].刘健芝,等编译.北京:生活·读书·新知三联书店,1999:47.

废纸一堆。"①更为重要的是,这些掌控教育制度运行的观念还具有合法化功能,它"通过赋予制度秩序实际的强制性一种规范的尊严,来为制度秩序的合理性进行辩护"②,使其中的权力运作隐而不显。因此,只有着眼于乡村教育改革背后的教育观念,并对其现代性预设的必然性予以反思,研究者才可能抓住其权力运作机制的关键。

以往,乡村教育研究者们习惯于从国家政策或者研究者的体系化教育观念来关注或反思乡村教育的现代化进程。但是,这仅仅是乡村教育观念的一小部分,而广泛存在并起直接作用的是弥漫在乡村日常教育活动中的教育观念。因此,他们应该反思乡村教育现代性及其权力运作机制的核心视点。彼得·伯格在论述知识社会学的核心内容时,曾说:"把思想史当作知识社会学的核心可以说是一项错误的抉择,因为理论思想、'观念'或世界观都不是社会中最关键的部分。事实上,在任何社会中,从事理论与观念思考的人始终都只是一小群而已。但是,社会中的每个人都会从各种途径参与到社会中的'知识'工作中去。换种说法就是,在一个社会中,只有少数人关心对世界的理论阐释,但是每个人都生活在世界中。"③其中,乡村民众,作为乡村社会的底层群体,他们的教育观念更是常常被忽视。很多人看来,相对于乡村教师,乡村民众是一个"不思"的群体,甚至有人干脆认为他们没有教育观念。但是,家庭实际上是乡村学生社会化的一个重要场所。在乡村教育现代化之前,乡村民众在长期的乡土生活中就已形成了其教育观念体系。这些教育观念指导着家庭生活中的日常教育行为,并为这些行为提供合理性。当乡村教育被卷入现代化的浪潮,它们也不可避免地受到影

---

① [美]阿列克斯·英格尔斯.人的现代化[M].殷陆君,编译.成都:四川人民出版社,1985:4.
② [美]彼得·伯格,托马斯·卢克曼.现实的社会构建[M].汪涌,译.北京:北京大学出版社,2009:77.
③ 同②。

响。因为理性的意识形态从来不满足于将自己局限于学校,它超强的"扩散"能力使其很快渗透至广大乡村民众的思维中。在此,乡村学校不仅是现代"知识—权力"的运作领域之一,还是具有"统领"作用的要素,成了现代"知识—权力"在乡村社会运作的枢纽。现代教育观念通过乡村学校这一规训机构把自身渗透至乡村民众的观念,并带入他们的家庭。原本存在于学校教育中的现代性及意识形态便弥散于乡村社会的各个角落,其"知识—权力"运行机制扩展至每一个家庭。乡村学生被纳入一个完全的"知识—权力"运作的网络中。

但是,这一过程却不可能一蹴而就。因为面对现代教育观念的渗透,乡村民众原有的教育观念并非完全处于被动,而是会发挥自身的能动作用。对于意识形态作用之下个体的自主、能动作用,其他研究领域的学者已经意识到。迈克尔·W. 阿普尔和麦克·F. D. 扬在研究意识形态在学校课程中的渗透时都曾指出学校教师对于国家意识形态并非被动地接受,而是经过了能动地理解。那么,现代教育观念在乡村社会渗透的过程中,地方化的乡村民众教育观念对其进行了怎样的"重构"?经过"重构"并被乡村民众接受的教育观念有何特征?这些都是需要进一步探讨的问题。

三、 历史的考察:反思乡村民众教育观念的方法

跳出现代性"迷宫",对乡村民众教育观念进行反思,这并非易事。对于今天的人们来说,这尤为困难。历经了现代教育和社会的"锻造",大多数人已陷入现代的漩涡而难以自拔。现代性及其背后的观念预设已深深地渗入人们的思维,并自动发挥指导作用,不为人所知觉。带着这一先天"不足",研究者只有依靠后天努力将自己从现代教育文化的中心移居边缘,从"局内"走向"局外",以"边缘人"的视角对现代教育及观念进行审视。边缘人"是文化的混血儿,他们不愿和过去以及传统决

裂,……又不被他所融入的新社会完全接受,他们站在两种文化、两种社会的边缘"。① 这种异文化的遭遇使得他们更能够置身于所处文化之外,对局内人熟视无睹、对习以为常的问题提出质疑,从而也给他们提供了更为有利的反思条件。在此意义上,萨义德曾将其标识为知识分子所应有的生存常态,他曾宣言知识分子即思想的"流亡者","流亡"是知识分子永恒的生存模式。"对于……知识分子而言,流亡是一种模式。即使不是真正的移民或放逐者,仍可能具有移民或放逐者的思维方式,面对阻碍却依然去想象、探索,总是能离开中央集权的权威,走向边缘。"②这使得他们能够将日常生活中人们因习以为常而遗忘的论题和观念抽出来加以检验。另一些提倡反思的社会学者也视其为社会学想象力和洞察力的来源。因此,当研究者移居至现代教育文化的边缘时,原本潜藏着的、支撑教育现代性的预设观念才可能浮出表面,变得并非那么"理所当然",从而成为供反思的对象。

那如何才能移居现代教育文化的边缘呢？当然,研究者既可以遭遇共时性的异文化,也可以寻求历时性的异文化。但是,当现代性已无孔不入似的钻入乡村教育的各个角落时,研究者遭遇未被其触碰的、现存的教育文化体的机会可以说极为渺茫。这样,寻求历时性的异文化便成了一个极优的选择,历史的方法在反思现时方面具有其他方法无法企及的优势。"过去和现在是互惠地照亮着对方","在理解现在的时候,站在过去也能使人产生陌生感",③历史地思考问题可以使那些被熟视无睹的事物和根深蒂固的观念问题化。米尔斯也将其视为社会学想象力的来源,并据此给出论断,"任何一门社会科学……或任何一项

---

① Robert E. Park. Human Migration and the Marginal Man[J]. American Journal of Sociology, 1928,33(6):881-893.
② [美]爱德华·W. 萨义德. 知识分子论[M]. 单德兴,译. 北京:生活·读书·新知三联书店,2002:57.
③ [法]费尔南·布罗代尔. 论历史[M]. 刘北成,等译. 北京:北京大学出版社,2008:40.

深思熟虑的社会研究……都需要一种历史范围的构想与充分利用历史资料"。① 至此,我们或许能更好地理解涂尔干、韦伯、马克思等社会学始祖为何对其研究问题总是历史地展开论述,并将历史比较作为社会学方法的核心。因此,在审视乡村民众教育观念时,本研究需要引入历史的维度,超越即时的情境,将眼光转向过去。只有这样,才能为更好地理解现在制造一个人为的边缘处境。

这种历史方法并非仅仅强调时间的跨度,它内在地要求时间观的转变。时间不再是一个背景性的存在,而是一个具有主动建构能力的因素。在华勒斯坦眼中,这是历史方法的重要理论问题,即"如何将时间和空间当作对我们的分析具有建构作用的内部变量,而不仅仅是当作社会宇宙存乎其间的不变的物质现实,而重新安插进来"②。因为,"如果我们把时间和空间的概念看成是世界(和学者)藉(借)以影响和解释社会现实的社会变量,我们就面临着发展一种方法论的必要性,从这种方法论出发,我们可以把这些社会结构置于分析的前台"③。这样,历史便不再是一种持续的、目的论的、连续的发展过程,而只是不同阶段的转换。每一个阶段都是一个独立的文化"体系",有其自身的独特结构。"世界的过去并不是一个统一的'发展'的故事,或者说一套标准的序列。相反,它被理解为,各种群体或组织所选择的,或受制于过去的诸多路径。"④福柯的知识考古学可以说是这一历史观的应用。他将自己的方法和"理性的连续的编年史"相对,强调关注"一些有时是短暂的,互不相同的,背离独一无二的规律的阶段,它们经常负载着各自特

---

① [美] C. 赖特·米尔斯. 社会学的想象力[M]. 陈强,张永强,译. 北京:生活·读书·新知三联书店,2005:145.
② [美] 华勒斯坦,等. 开放社会科学:重建社会科学报告书[M]. 刘锋,译. 北京:生活·读书·新知三联书店,1997:82.
③ 同②.
④ [美] 西达·斯考切波. 历史社会学的视野与方法[M]. 封积文,等译. 上海:上海人民出版社,2007:2.

有的历史类型,这些类型不能还原为正在获得、进化和回忆的意识和普遍模式"①,即历史的"断层"。在此历史观之下,社会学的研究任务就不是寻找各个"断层"之间的联系或因果关系,而是挖掘其深层的、起主导作用的"结构",从而展现不同的历史"沉积层"。这也就为反思现有社会文化的结构提供了异文化的遭遇,它"蕴含着颠覆性,暗示潜藏在我们观念和看法之下的知识型未必像我们所认为的那样具有必然性"②。在此意义上,福柯将历史研究的价值定位为"关于现在的历史"③。因此,采用这一历史方法,展现乡村民众教育观念变迁过程中的各个"沉积层",研究者才能使其现有"结构"从后台走向前台,成为分析和反思的对象。

第二节 研究综述

1949年以来,乡村教育一直是社会科学的重要研究主题,相关研究文献可谓汗牛充栋,数不胜数。经梳理发现,它们大多以物质、制度及客体性文化等外在显性要素为着眼点,集中于乡村教育现状的描述、分析和改革建议,国家乡村教育政策的执行研究和历史回顾,乡村学校教育改革和发展历程的历史分析和总结,以及现代文化与乡土文化间关系的分析和反思等等。这些主题占据了现有乡村教育研究的绝大部分,成为该研究领域的"主干"。在此之外,由于其内在隐性和难把握的特质,以"教育观念"为着眼点的乡村教育研究却不是很多,其理论积累依然比较单薄,在乡村教育研究体系中处于边缘。通过对这一领域研究文献的搜索、整理和分析,其基本研究现状得以展露。改革开放至

---

① [法]米歇尔·福柯.知识考古学[M].谢强,马月,译.北京:生活·读书·新知三联书店,1998:8.
② [美]古廷.福柯[M].王育平,译.南京:译林出版社,2010:44.
③ [法]米歇尔·福柯.规训与惩罚[M].刘北成,等译.北京:生活·读书·新知三联书店,2007:33.

今，此领域的研究主要朝两个方向发展，即乡村教育改革中精英群体的教育观念研究和底层乡村民众教育观念的研究，从而形成了乡村教育观念研究的两个"据点"。下面将分别对它们进行详细的梳理，以了解其主要研究问题、方法和结论，并在此基础上思考本研究的走向。

一、精英群体：乡村教育观念研究的方向之一

近代以来，我国乡村教育改革大多"自上而下"地进行，国家、爱国知识分子以及乡村教育研究者是主要的发起者和认知者。他们的乡村教育观念构成了乡村教育改革最原初的动力，主宰着乡村教育的改革和发展进程。正因如此，乡村教育观念研究大多指向乡村教育改革中的精英群体，对其教育观念的研究成为这一边缘领域的主要组成部分。梳理已有相关研究成果，它们主要集中在以下两个方面：

其一，对当下乡村教育改革价值取向的研究。

这是精英群体乡村教育观念研究中成果较丰富的主题。此问题的研究最早可追溯至近代乡村教育改革之初。但对这一问题比较集中的关注却是始于中共十六届五中全会提出建设社会主义新农村，"农村教育"和"新农村建设"的关系成为研究者们关注和争论的焦点。此时，对乡村教育改革价值取向的研究成为热点，并形成了众所周知的"离农"与"为农"之争。

针对乡村教育价值取向中已有的"为农"观念，一些学者进行了反思，并提出乡村教育应以"离农"为其价值取向。例如，黄金来的《再论农村基础教育的方向——对一种错误观点的澄清》便是针对农村教育研究中的"为农"观点："农村教育应该姓农"，农村教育应定位为农村和农业。在此基础上，作者得出结论："农村基础教育应该定位于农村和

农业的观点是错误的,因为普通农村学校并不具备成功传授先进农业技术的条件,如果农村教育的改革偏离了当前的教育评价体制,将会使农村孩子通过教育改变命运的路途变得更为艰难。农村基础教育既'不能'也不'应该'朝农业技术教育的方向行进。"[1]此外,周晔也在其文《从"二元割裂"走向"一体化"——再论农村基础教育的培养目标》中提出了类似的观点。[2] 在他看来,乡村教育改革和研究中的"向农"观念是城乡"二元割裂"思维的结果,是有问题的。从社会现实背景来看,作者指出:我国的社会已经表现出乡村和城市的二元对立,乡村一般被认为是贫穷和落后的,而乡村民众则被认为是愚昧和无知的,乡村社会处于社会结构的底层。"在这样的社会背景下,对于农村孩子,高考几乎是改变命运、实现社会升迁性流动的唯一机会。如果农村基础教育一味地要求农村孩子面向农村,参加农业生产劳动,掌握农业生产技术知识,这势必会减少甚至剥夺他们走向城市、走向社会上层的机会。"[3]从教育需求来看,乡村民众对高等教育的需求依然旺盛,读大学不仅是他们改变自身处境的最主要、最体面和最确定的方式。"农民对自己孩子接受教育的最大愿望就是考上大学,改变自己贫穷的处境,农民送孩子到学校不是为了掌握基本的农业知识,回家务农,而是让孩子有社会升迁的机会。"[4]从基础教育的内在规定性来看,作者认为"基础教育的内在规定性意味着接受基础教育(尤其是义务教育)是每个人的权利,这一权利是人们为能生存下去、充分发展自己的能力、有尊严地生活和工作、充分参与发展、改善自己的生活质量、做出有见识的决

---

[1] 黄金来.再论农村基础教育的方向——对一种错误观点的澄清[J].教育发展研究,2007(5A):20-23.
[2] 周晔.从"二元割裂"走向"一体化"——再论农村基础教育的培养目标[J].教育学报,2009(2):16-20.
[3] 同[2]。
[4] 同[2]。

策并能继续学习所需要的,不论城市孩子还是农村孩子,都应平等地拥有这一权利"①。经此三方面的分析和思考,作者得出结论:"我们对基础教育培养目标的思维应该从'二元割裂'走向'一体化',农村和城市的基础教育培养目标应该是同一的。"②

对于这些主张"离农"的观念,也有一些学者从不同的角度进行反思和批判,提出乡村教育应该为乡村社会的发展服务。洪俊在其《农村义务教育课程改革的价值取向——兼论农村教育必须坚持为"三农"服务》一文中,通过理论的考察明确了乡村教育价值取向的四个决定性要素,即"谁是课程的价值主体""课程价值主体的需要是什么""决定课程价值主体需要的因素是什么"和"如何实现课程的价值取向"。③ 同时,他提出了确定课程价值取向的四个原则:主体性原则、主导性原则、适切性原则和有效性原则。以此为基础,他得出结论:"要理直气壮地把农村教育看作'姓农',农村教育应当不仅是'升学的教育''离农的教育'和'务农的教育',更是'为农的教育''强农的教育'。"④

面对以上两种观念的争论,一些学者试图超越两者,寻求一种新的价值取向。这里仅选择其中较典型的加以论述。马启鹏提出,随着经济的发展、社会的进步,乡村教育的价值取向必须摆脱二元对立的观点,应该结合乡村社会的实际,专注于教育的建设与改革。他认为要实现这一目的,应该从三个方面进行努力:第一,重新定位乡村教育。"农村学校教育一定要摆脱'必须为农'和'仅仅为农'的狭隘观念,把自身

---

① 周晔.从"二元割裂"走向"一体化"——再论农村基础教育的培养目标[J].教育学报,2009(2):16-20.
② 同①。
③ 洪俊.农村义务教育课程改革的价值取向——兼论农村教育必须坚持为"三农"服务[J].东北师大学报(哲学社会科学版),2006(4):136-142.
④ 同③。

使命与整个农村社会的兴衰前途结合起来;农村学校教育在农村现代化进程中应更着重提供智力支持;农村学校教育必须充分体现知识社会的特点。"[1]第二,将受教育者的发展作为乡村学校教育的基点。第三,乡村学校教育要引领农村文化生活的发展。除此之外,鲍传友从另一个角度研究了这两种观念并提出了弥合其间分歧的方法。他首先指出了现有"为农"的乡村教育观念的理论误区,然后提出了确立乡村教育价值取向的依据,并以此依据为基础,得出了结论:我国乡村教育的价值取向应摆脱城市取向和农村取向,而是"从全面建设小康社会的目标出发,确立农村基础教育的大众化取向,使农村基础教育朝着有利于'三农'问题解决的方向发展"[2]。

其二,对精英群体乡村教育观念的历史研究。

在"以当下为着眼点"之外,"转向过去"的历史视角也被研究者纳入对精英群体乡村教育观念的研究。这一视角的转变使得对精英群体乡村教育观念的研究走出了"意见表达",开始了更为客观的描述和分析,形成了具有不同样态的研究成果。

整理这一部分的相关研究发现,早期乡村教育思想研究是其中的主要内容,在数量上占据着很大的份额。由于研究成果数量较多,研究者在此只能择其典型,概略性地说明其研究现状和结论。对于此问题,研究者们大多以两种方式展开研究:对单个乡村教育思想家进行深入分析和对多个乡村教育思想家进行对比分析。从前者来看,刘影的《从新农村建设政策看陶行知教育思想的现代性》是其中具有代表性的研究之一。他通过整理和分析陶行知乡村教育思想,发现其中很多与现代教育观念一致的要素,比如"重视乡村教育、重视农民,提倡培养'新

---

[1] 马启鹏.农村学校教育如何摆脱"向农"、"离农"之争[J].教育发展研究,2010(9):63-66.
[2] 鲍传友.论现代视阈中的农村基础教育取向[J].教育理论与实践,2005(3):28-31.

民',主张教育平等、面向人民群众;将教育建立在生活实际和社会实践的基础上;要以创新的思想解决教育与社会问题等"。① 在他看来,这些经历过实践冲刷和沉淀的观念已成为我国传统文化的精华,它们仍能适应今天的社会和教育环境,对当今乡村教育的发展具有启发意义。从后者来看,其中比较典型的有:赵晓林的《"乡村教育运动"主体性价值观及其现实意义》和张彬、李更生的《中国农村教育改革的先声——对20世纪20年代至30年代乡村教育运动的再认识》。赵晓林通过分析早期乡村教育运动思想和实践,发现它们都体现出教育的"主体性价值观"。② 张彬、李更生通过对黄炎培、陶行知、梁漱溟和晏阳初的乡村教育思想进行对比分析,发现"他们在从事乡村教育的目的、手段、理念及思想认识等方面有着诸多的相同和相异之处"③:从教育目的来看,"改造乡村、再造民族"是他们共同的追求;从教育理念来看,他们都坚持着"大乡村教育观"。这些对当下乡村教育的改革具有启发和借鉴意义。不过,这些研究虽然以不同的方式展开,但它们也具有共同的特征。具体而言,它们都基于"短时段"历史,并试图从早期乡村教育思想中寻求对今天乡村教育改革的思想启发。

此外,一些研究者也基于"长时段"历史,对精英群体的乡村教育观念进行历史研究。这一部分的研究以陈敬朴的《中国农村教育观的变革》和容中逵的《百年中国乡村教育变迁的动因及其展现形式》为典型。陈敬朴以国家乡村教育政策为着眼点,对从1921年到21世纪这80年间乡村教育改革的价值观进行了分析,并将其分为三个阶段。总的来说,"中国农村教育观正经历从'工具论'到'本体论',即从'功利性'到

---

① 刘影.从新农村建设政策看陶行知教育思想的现代性[J].华中师范大学学报(人文社会科学版),2006(S1):129-131.
② 赵晓林."乡村教育运动"主体性价值观及其现实意义[J].教育研究,2006(3):92-96.
③ 张彬,李更生.中国农村教育改革的先声——对20世纪20年代至30年代乡村教育运动的再认识[J].浙江大学学报(人文社会科学版),2002(5):8.

'教育性'、从视教育对象为'手段人'到'目的人'的发展过程"①。与此不同,容中逵着眼于传统与现代两种不同教育观念的博弈,从精英视角展示了两种教育观念在乡村教育发展过程中的斗争史。②

除以上宏观视角下的历史研究外,微观视角也开始被应用于对精英群体乡村教育观念的历史研究之中,这得益于近年来一些乡村士人日记的出现。不过,由于研究资料的有限,这一类型的研究还极其零落。经搜索和整理发现,陈胜、田正平的《横看成岭侧成峰:乡村士人心中的清末教育变革图景——以〈退想斋日记〉和〈朱峙三日记〉为中心的考察》和刘云杉的《帝国权力实践下的教师生命形态:一个私塾教师的生活史研究》是此研究类型中两个较为深入的研究。刘云杉通过对清末塾师刘大鹏的《退想斋日记》进行文本分析,从"硬的制度权力"和"软的文化权力"两个方面说明了"科举考试作为硬的制度权力是如何训诫教师的生命历程以及塑造教育与国家、教师与教育、教师与国家之间种种扭曲的关系"以及"多年研习积淀的士绅惯习作为软的文化权力又是如何训诫教师的精神世界"。③ 最终展示了传统社会主流价值观对一位乡村士人的"规训"以及清末士绅与国家的关系。陈胜和田正平则通过对清末乡村中下层士人日记《退想斋日记》和《朱峙三日记》进行对比性的文本分析,展示了两者对新式教育及科举废除完全相反的认识,并从原有认知、年龄及所承载的阅历、个人及家族利益三个方面分析了两者认知差异形成的原因。文章最终得出结论:"士人们不同的体验和表现既与他们生活的区域等客观环境有关,也与他们的个人经历、心态密切相关……他们的教育体验是他们主观建构的结果,这种建构与原来

---

① 陈敬朴.中国农村教育观的变革[J].东北师大学报,2001(4):99-105.
② 容中逵.百年中国乡村教育变迁的动因及其展现形式[J].华东师范大学学报(教育科学版),2011(2):26-32.
③ 刘云杉.帝国权力实践下的教师生命形态:一个私塾教师的生活史研究[M]//丁钢.中国教育:研究与评论(第三辑).北京:教育科学出版社,2002.

乡村士人的个性、原有知识结构、遭受挫折的忍耐力等密切相关。"①可见,这些研究虽然在研究资料和分析路径方面都存在差异,但它们都试图从乡村士人这一底层精英群体的视角看中国乡村教育从传统到现代的历史变迁过程。

通过以上对精英群体乡村教育观念研究的梳理可以看出,它们在数量和质量上都还存在着局限。但是,从其类型来看,它们却比较丰富,覆盖面也较广泛。具体而言,其着眼点涵盖了当下—历史时间点—短时段历史—长时段历史;其研究对象包括了乡村教育改革者、乡村教育研究者以及乡村知识分子;其研究视角包含了宏观和微观视角。可见,这一领域的研究体系已初现雏形。

二、 乡村民众: 乡村教育观念研究的方向之二

除以上对乡村教育改革中精英群体教育观念的研究外,乡村教育观念研究者开始将着眼点从精英群体"下移"至底层乡村民众,关注他们在日常生活中对教育的观念和认识,形成了对乡村民众教育观念的研究。这两者共同构成了已有乡村教育观念研究的整体。然而,与前面不同,这一部分研究的数量极为有限,并且具有较强的同质性。下文将对这些研究进行较为详细的梳理,以把握其研究的内容和特征。

在已有研究中,马大强最早开始关注乡村民众教育观念。在其《农村经济变化与农民教育观念——对湖北省大冶县农民的问卷调查》一文中,他通过对湖北大冶县3个村中151户拥有15岁以下儿童的家庭进行问卷调查,发现"导致学生辍学的原因较为复杂,但教

---

① 陈胜,田正平.横看成岭侧成峰:乡村士人心中的清末教育变革图景——以《退想斋日记》和《朱峙三日记》为中心的考察[J].教育学报,2011(2):101-107.

师质量低、学生功课太差、收费太高,家庭经济困难和农民致富需要无疑是三个最为重要的原因"①。此外,"农民人均收入、职业分工、文化背景的差别深深影响着对子女受教育的期望"②。这样,他从"辍学原因"和"教育期望"两个方面分析了当时乡村民众教育观念的特征。

与此类似,许林也采用问卷调查法对乡村民众教育观念进行了研究,撰写了《农民教育观念的变化与更新——基于四川、山东、甘肃、内蒙古部分农村地区的调查》一文。不过,相比较而言,这篇文章对乡村民众教育观念的考察在内容上更为全面。他对四川、山东、甘肃、内蒙古等4个地区43个村庄1 200多户家庭进行问卷调查,并从教育期望观、男女教育观、学校教育观、教育投资观和教育政策观五个方面对调查结果进行了分析。许林指出乡村民众"对教育抱有很高的期望""重男轻女观念依然存在""对学校教师教学条件要求很高""教育负担沉重""对教育法规政策缺乏关注"。③ 以此为基础,他提出了以下几条改变乡村民众教育观念的建议:"建立健全农村文化站和远程教育网络系统,形成一套完整的农村公共文化体系,改变农村文化贫困的现状""使农民教育观念实现由'利益观'向'育人观'的转变""加强农村人口计划生育的教育,使农民的生育意愿实现由数量向质量的转变""加强农民的法制教育,使农民能够积极地维护自己的合法权益""加快农民的流动,使大部分农民摆脱土地的束缚"以及"建立健全农民及子女教育权利的保障机制"。④

此外,一些硕士学位论文的撰写者也意识到乡村民众教育观念

---

① 马大强.农村经济变化与农民教育观念——对湖北省大冶县农民的问卷调查[J].教育与经济,1988(4):40-42.
② 同①.
③ 许林.农民教育观念的变化与更新——基于四川、山东、甘肃、内蒙古部分农村地区的调查[J].教育发展研究,2007(7):50-53.
④ 同③。

的重要性和研究价值。李娟的《农村母亲教养观念与女童自我意识的发展——以安徽省霍邱县为例》便是其中之一。这一研究在农村选择了300位4—6年级学生及其母亲作为研究样本,通过家庭基本情况调查问卷、Piers-Harris儿童自我意识量表和母亲教养观念问卷,考察了母亲的教养观念和儿童自我意识之间的关系。在此基础上,作者得出了以下几点结论:第一,农村儿童自我意识的整体水平存在显著的性别差异;第二,农村母亲对儿童的教养观念存在显著的性别差异;第三,母亲教养观念是影响农村女童自我意识的重要因素。[①] 与此研究以"农村母亲教养观念与女童自我意识的关系"为切入点不同,贾玉荣的《我国农民教育观念的现状探析——以陕西省富平县东贾村为例》则以"乡村民众教育观念现状"为切入点。在研究过程中,他通过问卷调查对东贾村农民的教育观念进行了详细的调查,了解其教育观念的现状。[②] 同时,他还从"城乡教育差距""农村教育体系不完善"和"农民的功利化教育观念"三个方面对这一现状的成因进行了初步的分析。在此基础上,他强调了政府在改善乡村民众教育观念中的可能作用。

异于问卷法的代表性和科学性,一些研究者开始采用访谈法从微观视角对乡村民众教育观念进行更为深入的研究。其中,史成明的《从升学教育到综合教育——以江苏苏北一个村庄的教育观念变迁为例》一文较为典型。他以苏北一个村庄为个案,主要通过访谈法描述并分析了乡村民众教育观念的内容及变迁。文章得出结论,"农民在其子女普通教育和职业教育,精英教育和大众教育的选择上已从单纯的升学

[①] 李娟.农村母亲教养观念与女童自我意识的发展——以安徽省霍邱县为例[D].北京:中央民族大学,2006.
[②] 贾玉荣.我国农民教育观念的现状探析——以陕西省富平县东贾村为例[D].乌鲁木齐:新疆大学,2011.

选择转变为多种选择,综合教育的前景已然显现。……升学教育仍然会在一定时期内成为农民及其子女的首选,而其中的离农化倾向应引起重视"[1]。

从以上整理和分析可以看出,在乡村教育观念这一未成体系的研究领域中,大多数研究者习惯于将目光聚焦精英群体,理解并讲述他们的教育观念及变迁。底层乡村民众,或被当作"不思"的群体,或被视为"愚昧"的群体,其教育观念的研究处于"边缘中的边缘"。在这些为数不多的乡村民众教育观念研究中,"问卷法"是最常用的研究方法,"了解现状"是最主要的研究目的,"发现问题"是最核心的研究追求。这三点构成了现有乡村民众教育观念研究的主要路径。于此可以发现,乡村民众教育观念被理所当然地视为是落后的,而现代教育观念更是被深信不疑地认为是先进的,两者处于线性发展的两端。将前者向后者推近成为乡村教育现代化改革的一个重要任务。基于现代性反思的理论视角,将乡村民众作为一个具有独特观念及思维方式的群体,在长时段的历史跨度中理解乡村民众传统教育观念对现代教育观念的"重构",还是一个有待研究的问题。

第三节 研究方法

在社会科学研究领域,定量研究与定性研究的激烈斗争和争辩已经成为历史。如今,再无学者斗士般地争夺某一方法的正统地位,两者在学术领域平分秋色,费孝通在文化领域的理想"各美其美,美人之美,

---

[1] 史成明.从升学教育到综合教育——以江苏苏北一个村庄的教育观念变迁为例[J].教育发展研究,2010(24):72-75.

美美与共，天下大同"①在研究方法领域已成事实。此外，两者之间的鸿沟也已经慢慢淡化。很多学者已经意识到，他们以往所坚持的界限分明的差异只是范式之争的"斗士"们人为制造出来的"幻象"。实际上，无论是在具体的操作层面，还是在方法论层面，或是在理论传统层面，两者都并非那样对立。一些学者走得更远，他们在"实用主义"哲学的支撑之下，以"研究问题主宰，而非范式为王"为原则，尝试构建在同一研究中使用两种方法的研究模型——"混合研究模型"。虽然这一研究模型还没有在社会科学研究中被广泛使用，但其"问题主宰"的原则却被广泛接受。"研究方法本身并无优劣之分，只有对某一特定研究课题适合与否之别"②在学术界已成共识。本研究从所关注问题的特征出发，选择了定性研究的方法，从研究范式、研究策略和研究技术三个层面对这一论点进行具体说明。

一、研究范式：定性的理解

从最普遍的意义上来讲，每一个研究者都是哲学家，他们都"被限制在一个认识论和存在论的前提网络之内，这些前提——不管最终的真实或虚假——在某种程度上是自我确认的"③。这是因为，研究方法作为认识世界的工具，内在地包含了一组抽象的哲学原理：世界的本质是什么？人和这个世界的关系是什么？获得有关这个世界的知识的最佳途径是什么？这些问题的答案从最根基处为研究方法的存在和实施提供了合理性。对一种研究方法的选择便意味着对其哲学原理体系的接受。在此意义上，所有的研究都是解释性的，而非价值中立的，"它受

---

① 1990年12月，费孝通在"东亚社会研究国际研讨会"上做"人的研究在中国——个人的经历"的主题演讲时总结出的十六字箴言。
② 吴康宁.教育社会学[M].北京：人民教育出版社，1998：20.
③ [美]诺曼·K.邓津，伊娃娜·S.林肯.定性研究（第一卷）：方法论基础[M].风笑天，等译.重庆：重庆大学出版社，2007：24.

着一组有关世界和应该如何理解和研究世界的信念和感觉的指导"①。然而,由于其哲学的抽象性,它们难以与具体研究过程建立起表面的相关,并且其中的很多问题至今仍处于永无止境的争论当中,这使很多学者认为没有必要停留于这一理论体系的思考,只需着手具体方法的使用。但是,事实并非如此。方法论作为研究方法的理论根基,它是该方法的生命力来源。在研究过程中,对方法论问题的关注和探讨可使方法选择的依据更可靠,也使方法使用的过程更自觉。因此,托马斯·A. 施瓦特在探讨定性研究的几种认识论取向时说:"如果我没有讲清楚下面这个道理,即如果仅将社会研究实践视为一种无关理论的、仅依靠方法论的威力就足够的工作,就不可完整地定义社会研究——那将是我的失职。"②在他看来,这是社会研究实践的"与众不同"之处。因此,在研究方法选择之初,笔者首先需要考虑的就是其背后的理论体系,并以此为基础考虑它与研究问题的贴合度。

  定性研究的理论传统以"理解"为特征,源于 19 世纪末 20 世纪初的新康德主义历史学家和社会学家。在他们看来,社会科学和自然科学不同,两者的研究对象具有本质性的差异。和自然界事物不同,处于社会中的人是有意识的,他们的意识决定了他们的行为。社会和自然界存在着本质的区别,自然界是"某种外在的东西",它的"真实"在于外在的、客观存在的规律;社会是由人组成,它的"真实"则在于人的意义和精神世界,这是内在的。因此,了解那些"被隐蔽在事实背后的东西"(社会的"真实")便成为社会学研究的任务,这要求研究者超越对社会事实的"说明"而达到对其背后意义的"理解"。在这种认知程序中,"认

---

  ① [美]诺曼·K. 邓津,伊冯娜·S. 林肯. 定性研究(第一卷):方法论基础[M]. 风笑天,等译. 重庆:重庆大学出版社,2007:24.
  ② [美]诺曼·K. 邓津,伊冯娜·S. 林肯. 定性研究(第一卷):方法论基础[M]. 风笑天,等译. 重庆:重庆大学出版社,2007:206.

知的主体和客体不是彼此外在的,而是构成一个同类的世界,即便其在时空中相距甚远,也是内在地同一的"①。这种对"理解"他人和社会的关注构成了定性研究的核心。虽然,由于在"如何达成理解"这一问题上的分歧,该体系内部分化出了不同的理论范式,主要包括实证主义、后实证主义、批判理论和建构主义,②但有一点却是它们的共识:定性研究关注社会经验是如何被创造出来并被赋予意义的,并"试图根据人们对现象所赋予的意义来理解或来解释现象"③。这意味着它"对实体和过程的强调,同时,其含义不能通过实验来考察,也不能以量、数字、强度或频率来测量"④。

虽然研究者对"教育观念"既可以进行定性的理解,也可以进行定量的测量,但对于"现代教育观念在乡村社会的渗透过程及其所遭遇到的乡村民众传统教育观念的重构",本研究却只能采取定性的理解。这是因为这一研究问题要求获得对乡村民众教育观念变化的过程性和细节性的理解,而非具有代表性和因果性的统计学事实。这一问题的性质对定性研究的理论体系表现出了特别的"亲和"。只有采取定性研究,本研究才能在乡村教育现代化的历史背景之下,展现这一重构的细微机制。因此,本研究在选择研究策略和研究技术、进行研究设计以及收集研究资料的过程中,一直坚持以定性研究的哲学理论体系为标尺。

二、研究策略:历史的批判民族志

结束了研究范式的探讨,研究者需要带着选定的理论体系进入经

---

① 于海.西方社会思想史[M].上海:复旦大学出版社,2010:277.
② 对于定性研究内部几种主要的范式及之间的争论,陈向明的《质的研究方法与社会科学研究》同邓津和林肯的《定性研究(第一卷):方法论基础》都做了精细而微妙的分析。由于论述的侧重不在于此,这里就不对此问题做深入的探讨。
③ [美]诺曼·K.邓津,伊冯娜·S.林肯.定性研究(第一卷):方法论基础[M].风笑天,等译.重庆:重庆大学出版社,2007:4.
④ [美]诺曼·K.邓津,伊冯娜·S.林肯.定性研究(第一卷):方法论基础[M].风笑天,等译.重庆:重庆大学出版社,2007:11.

验的世界,开始研究资料的收集和分析。这里,选择合适的研究策略成了研究者首先必须解决的问题,它是进入经验世界的第一道门槛。然而,这一选择并非看上去的那样容易。虽然定性研究者们都追求"理解行动的意义",但他们对"理解的特征"和"如何理解"却有着不同的认识。"这些学者们之间差异很大,平时还会很认真地彼此争执。"①这样,在定性研究之下,"包含着由一系列复杂的、相互联系的术语、概念和假设所组成的家族"②。根据相关学者的梳理,在定性研究内部一直占有较为正统地位的理论范式有四个:实证主义、后实证主义、批判理论和建构主义。除此之外,各种理论思潮,如现象学、解释主义、诠释学、符号互动论、批判理论、女性主义等,都表现出强劲的发展势头。正因如此,人们很难给定性研究以合适的、具有说服力的定义。"作为一组解释性活动,定性研究不会给予某种方法论实践比其他方法论实践更多的特权。作为一种讨论和对话的场所,定性研究很难做出清楚的定义,它没有明显属于自己的理论或范式。"③给定性研究定义成为一项复杂而几乎不可能的活动。

  这一有关"理解的特征"和"如何理解"的理论分歧导致了研究策略的多样化。有学者形象地用"一把大伞"来形容定性研究的策略系统。在他们看来,"似乎什么都可以放到这把大伞下面","(定性研究)就像一棵参天大树,下面掩荫着各色各样的方法的分支"④:民族志、人种学、生活史、历史方法、参与观察、扎根理论,等等。因此,一些学者将定性研究者看成"一个用手头现成工具摆弄修理的人",而将定性研究看

---

  ① [美]诺曼·K. 邓津,伊冯娜·S. 林肯. 定性研究(第一卷):方法论基础[M]. 风笑天,等译. 重庆:重庆大学出版社,2007:205.
  ② [美]诺曼·K. 邓津,伊冯娜·S. 林肯. 定性研究(第一卷):方法论基础[M]. 风笑天,等译. 重庆:重庆大学出版社,2007:2.
  ③ [美]诺曼·K. 邓津,伊冯娜·S. 林肯. 定性研究(第一卷):方法论基础[M]. 风笑天,等译. 重庆:重庆大学出版社,2007:8.
  ④ 陈向明. 质的研究方法与社会科学研究[M]. 北京:教育科学出版社,2000:5.

成"百衲被制作"。那应如何从手头现成的工具中选择合适的呢？"'研究实践的选择依赖于所提出的问题，而这些问题又依赖于它们的背景'，依赖于在背景中什么是合适的以及在那样的背景中研究者能做什么。"① 这是研究策略选择的一条基本原则。

依据所关注的问题及其产生背景，本研究选择了民族志的方法。这是定性研究最为主要的研究策略，因此一些研究者常常将两者等同起来。它起源于人类学，最初用于对原始部落等异文化聚落的理解。现今，民族志的关注对象已经走出异文化聚落，来到文明社会的各种文化群体。同时，它也走出了人类学的学科范围，广泛延伸至社会科学的各个领域。也正因此，很多学者认为研究方法已经不再能承担起界定一门学科的任务。吴康宁在对"学科之眼"的要素进行分析时指出："独特的研究方法，就很难说是学科相对独立的一个基本条件了，因为在学科发展的当今时代，可以说已经没有任何一种研究方法是哪个学科的专利了。"② 民族志方法也不例外。在社会学中，它被引入用来对边缘文化群体进行研究，并造就了芝加哥学派社区研究的历史辉煌。在中国，这一方法最早由吴文藻引入。此后，该方法被应用于对国内各种边缘群体的研究，其中以对中国乡村的研究为主，并产生了一批国内外知名的研究成果。

本研究之所以选择这一研究策略，主要基于以下几点考虑：第一，观念的整体情境考察。这项研究需要探讨的不仅仅是"现代教育观念与乡村民众传统教育观念的互动"，而且是要在乡村社会的整体情境中探讨这一互动的过程和机制，从而展现乡村民众教育观念的社会建构过程。这一对"本土情境"的理解要求，民族志方法是最贴切的满足方

---

① [美]诺曼·K.邓津，伊冯娜·S.林肯.定性研究(第一卷)：方法论基础[M].风笑天，等译.重庆：重庆大学出版社，2007：5.
② 吴康宁.社会学视野中的教育[J].教育研究与实验，2006(4)：1-5.

式,因为它的"中心任务是从本土的情境中理解其意义"①。第二,主位理解的需要。本研究的一个核心追求便是突破乡村教育研究的精英视角,从乡村社会的内部理解乡村民众的教育观念以及现代教育观念的进入对其产生的影响,从而让乡村民众这一底层群体自己讲述他们的教育观念。只有这样,才可能避免对乡村民众教育观念的扭曲,从而更好地理解他们的教育观念。在此方面,民族志方法也具有特别的优势,它赋予了研究者"局内人"的眼光。综合这两个方面,本研究选择了民族志作为主要的研究策略。

此外,由于受社会理论中现代性反思理论的启发,研究者企图通过对乡村民众教育观念的民族志研究,揭示现代教育观念在乡村社会中的权力运作,实现对乡村教育改革现代性的反思和批判。因此,本研究采用批判民族志,改变民族志的功能主义分析的传统,而代之以批判理论的分析。这一分析方式的实现,有待于历史视野的注入。"任何社会或社区都有其独特的历史,他们是经历了从'过去'到'现在'的变化,才成为人类学者所观察到的对象。"②因而,历史视野的引入能够使笔者更好地认识现在,并且为反思现在提供"异文化"参照。因此,本研究采用历史的批判民族志,将乡村看作经历了"不同制度和生活世界的空间和时间变异历程"的"田野",在"现代性与乡村地方知识"的框架之下考察教育现代化过程中乡村民众传统教育观念与现代教育观念之间的互动,以此展现乡村民众教育观念的变迁,最终实现对乡村教育改革现代性的反思和批判。

三、研究技术:文献与访谈

确定了采用民族志方法作为主要研究策略,接下来研究者要做的,

---

① [美]诺曼·K.邓津,伊冯娜·S.林肯.定性研究(第一卷):方法论基础[M].风笑天,等译.重庆:重庆大学出版社,2007:19.
② 王铭铭.村落视野中的文化与权力:闽台三村五论[M].北京:生活·读书·新知三联书店,1997:95.

是根据具体的研究问题和研究情境,在众多的民族志研究技术中选择一种或几种,将它们组合并在具体实践场景中用以收集研究资料。这就首先需要研究者了解并通晓各种收集和分析资料的具体研究技术。"这种通晓指既要了解每种方法的历史,又要掌握每门方法的实施操作技巧。只有这样,一个研究者才能全面了解各种不同方法的局限和解释力,同时还可以清楚看到,每种方法作为一系列实践,如何生成自己的研究主旨。"①以此为基础的选择和组合便不具盲目性,才能和研究问题的特性保持内在的一致。在民族志的研究技术中,参与观察可以说是最主要的和最常用的资料收集方法。它力求在自然情境中,以局内人的视角对其文化和意义体系进行观察和感受,是民族志研究的特色所在。显然,这种技术的使用需要一个最基本的条件,即研究对象的"可视性"。然而,由于研究问题的特质,本研究只能放弃使用这一主要的技术。这是因为,第一,本研究所关注的不是某一乡村社会的外显文化,而是内在的教育观念,这些相关资料是难以通过观察获取的;第二,本研究不仅关注现时的乡村民众教育观念,而且力图考察其历时性的变迁。这种历史性存在的教育观念形态,参与观察也是无法获得的。综合考虑,本研究选择了文献法和访谈法进行资料的收集和分析。

　　文献法通过对研究情境中的相关书面文本进行分析来了解人们的行动和观念。在民族志研究中,这种以书面文本存在的研究资料对于了解该情境的背景、人们的活动这类客观性较强的方面具有特别的重要性。首先,相对于其他类型的研究资料而言,它们更容易获得,而且成本较低;其次,相对于口语形式的信息来说,书面文本提供的信息更

---

① [美]诺曼·K.邓津,伊冯娜·S.林肯.定性研究(第三卷):经验资料收集与分析的方法[M].风笑天,等译.重庆:重庆大学出版社,2007:681.

具确切性。当研究者要进行历史的考察，这一研究资料更具优势，因为"这些文本经历了很长时间，从而（给我们）提供了一种历史洞察力"①，它们能避免记忆不清带来的信息偏差。

本研究主要运用文献法收集和研究与情境相关的背景资料，主要包括：1949年以来，国家的教育政策文本，特别是乡村教育政策的文本；该村及其所在县、镇的教育政策文本；该村及其所在县、镇历史发展的背景性资料，包括经济、政治、文化和教育，以教育为主；该村学校历史发展的文本资料。具体来说，县志、县教育志、镇志、村史资料以及相关档案文本都是必须寻找的文献资料。

此外，就背景资料的收集而言，本研究在使用文献法的同时，还配合使用了访谈法。这主要是因为：第一，文献资料不足。由于各种原因，部分文献资料难以获得，比如村史、村教育史资料，作为替代，本研究运用访谈法来获取相关口述史资料。第二，文本和实践的差距。在教育现实中，教育的政策文件以及学校里的制度文本和学校教育实践是存在距离的，它们并不能完全反映实际的学校教育状况。此时，本研究也需要通过对当时校长、教师和学生的访谈来缩短两者间的距离。第三，文献分析的意义获得。作为一种物质性的研究资料，文献"在物质上存在，并因此能够在空间和时间上与其作者、生产者、使用者分离"②，因此它是脱离自身产生的时空环境以及意义语境而存在的。这便给文献的解读带来了困难。为了尽可能减少解读的偏差，本研究通过访谈法来了解文献产生的意义语境，并试图在这一语境中对文献进行解读。

---

① [美]诺曼·K.邓津,伊冯娜·S.林肯.定性研究(第三卷)：经验资料收集与分析的方法[M].风笑天,等译.重庆：重庆大学出版社,2007：746.
② [美]诺曼·K.邓津,伊冯娜·S.林肯.定性研究(第三卷)：经验资料收集与分析的方法[M].风笑天,等译.重庆：重庆大学出版社,2007：743.

定性研究中，访谈法是一种基本的调查手段，它通过语言的交流和互动达致意义理解。海瑞曾从"人之所以为人"的高度上指出了访谈法的重要性，他说"鉴于语言是人类用于诠释和预言的基本工具，很难再找到更为重要的对人类进行调查研究的手段"[①]。从具体研究实践来看，访谈法提供了通向人类意义世界的途径，从而也提供了深入理解人类行为的方法。对于研究者这样的"外人"来说，研究对象的观念、认识和意义，就像是用纸包着的一团谜，无法看清。访谈法帮助研究者在这团谜上"捅开"一个缺口，让其中丰富、复杂而微妙的意义和观念涌出，展现在面前。正因如此，有的学者说："质性访谈有如夜视镜，令我们得以看到那些通常不在视野中的东西，并且考察那些经常被我们视而不见的东西。"[②]可以说，访谈法是了解人们观念和意义世界不可缺少的手段。

由于需要获得对乡村民众教育观念的深入、细节而生动的理解，本研究将访谈法作为核心的资料收集手段。而且，这是一种深度访谈，也称为响应式访谈，而非追求广度的泛泛而谈。这就要求访谈者必须与被访者之间建立信任关系，研究问题要具有灵活性和开放性，并且研究者要对被访者进行多次访谈。这些是获得对乡村民众教育观念深度理解的基本条件。因此，在资料收集过程中，本研究对不同时代的乡村民众进行了开放、深度的访谈，获得了该乡村历史发展（尤其是教育发展）的背景资料以及不同时代乡村民众的教育观念。最后，本研究将使用文本分析的方法和技术对收集到的文献和访谈资料进行编码整理，形成研究的框架结构。

---

① [美]埃文·塞德曼.质性研究中的访谈:教育与社会科学研究者指南（第3版）[M].周海涛,译.重庆:重庆大学出版社,2009:9.

② [美]赫伯特·J.鲁宾,艾琳·S.鲁宾.质性访谈方法:聆听与提问的艺术[M].卢晖临,等译.重庆:重庆大学出版社,2010:导言.

第四节　研究过程

民族志研究将研究者作为工具,依靠其身体实践对研究情境中的文化和观念进行移情式的理解,并以此为基础完成文化的建构。作为文化的理解者和建构者,研究者在融入研究对象的生活、与研究对象直接而充分接触的同时,还须与其保持一定的观察距离。他总是在精神上游走于研究情境的内外,试图保持"局内人—局外人"的微妙平衡。这种"平衡"既是民族志研究的特色所在,也是其关键所在,因为它是研究结论的生产机制。因此,在民族志研究中,研究过程是整个研究的有机组成部分,并往往成为研究反思的聚焦点。这样,对研究过程的详细描述为研究者的自我反思提供了可能。更为重要的是,它给读者提供了质疑和争辩的对象,为学术交流留出了空间。这为研究方法的运用和研究结论的提升提供了进一步发展的推动力,从而也赋予了作为研究产品而存在的本研究以生命力。

一、研究个案的选择

不管何种研究,都会以研究对象的选择作为开端。但是,它们在选择研究对象的标准方面却存在差异。不同于定量研究所追求的代表性,民族志研究在研究个案选择时遵循典型性的标准。为了能够展示乡村教育现代化过程中,现代教育观念与乡村民众传统教育观念之间复杂而微妙的互动及机制,本研究选择了我的家乡——一个苏北村庄(以下称为 M 村)作为研究个案。之所以选择 M 村,主要是基于个人的经验和对该村的现实考量。

研究生活,作为研究者生活的一个部分,总是会受其生活经历的影响。研究者自身的生活史对研究者而言是最宝贵的资源,很多研究都是研究者自己生活史的产物。①综观社会科学领域中的众多研究,大多研究的背后都会有一段或明显或隐蔽的故事。研究问题的选择也不例外。为何此问题能够进入研究者的视界?我想很多时候可以从研究者过去的生活经历中寻找到答案。经历了本研究问题确定过程中的不断变化和聚焦,事后反思,笔者发现其轴心便是自己以往的乡村教育生活经历。和众多乡村学生一样,我经历了乡村教育"炼狱"般的"读书"生活。为了考上大学,我的生活中只剩下了教科书和习题册,每天的工作便是翻教科书、背知识点、做习题,最后自己只是以一个符号而存在:分数。乡村生活的其他色彩都被覆盖。然而,当我放弃生活的其他一切,考上大学,走出乡村进入城市之后,却发现:这看似成功的终点实际只是一个幻觉。在后来的学习和生活中,这种单一教育生涯的副作用时常显现出来。我越来越意识到,曾经尽全力去追求的那些对于以后的发展并非很重要,而失去的那些才是至关重要的。当为自己感到遗憾的同时,我也会为那些跟我一样的乡村学生感到惋惜。现在,我却发现问题愈演愈烈,原来仅存于学校中的"炼狱"般的生活已进入家庭,乡村民众对子女的教育充满了焦虑和紧张。每次回到家乡,看到那些为考大学而接受成倍煎熬的乡村学生,那些被教育追着、赶着的乡村民众,我就倍感心痛。这迫使我对乡村教育的现代化进行反思。可以说,M村是该研究问题的经验来源地。因此,选择M村作为研究个案具有合理性。

除了个人的经验之外,选择M村作为研究个案还是对该村现实考量的结果。为了能够展示现代教育观念在乡村的渗透及其与乡村民众传统教育观念之间复杂而微妙的互动所引发的乡村民众教育观念变迁

---

① 吴康宁教授在南京师范大学教育社会学沙龙多次提到的一个感受。笔者在自己的研究问题产生过程中,深有同感。

的全过程,我需要选择这样一个乡村作为研究个案:第一,它的教育现代化始于1949年之后,这样可以从乡村教育现代化的开端处考察乡村民众教育观念的变迁;第二,它的教育,尤其是其民众的教育观念,现在应该处于较高的现代化水平,这样对乡村民众教育观念变迁就可以进行多阶段的考察。在这两个方面,M村可以说是一个典型的个案。首先,据当地相关文献的记载以及该村老教师和老人的回忆,虽然1949年之前科举考试已经废除,但传统私塾教育还继续维持着,新式学校还未能在该村设立。这种情况一直到1949年之后才得以改变。1951年,该村第一所新式学校和教育体系初步建立。此时,新旧教育体系才在该村首次碰面。因此,新中国成立可以作为M村教育现代化的开端。其次,虽然该村教育现代化起步晚,但是现在却具有了相当的现代化程度。2001年,为落实国家撤点并校的政策,该村以及周围村的村小都被拆除,村里的小孩都集中到镇里的两所小学。依据现有评价标准,这两所小学在硬件和软件上都具有较高的现代化水平。[①]

更为重要的是,虽然不能说该村民众教育观念已经现代化了,但他们在观念上却表现出了对学校教育的极大认可。现今,子女教育几乎成了他们生活的中心,他们对子女教育表现出了从未有过的重视。他们已经意识到作为家长的教育作用,不再认为教育只是学校的工作,并主动、自觉地在子女教育中付出了很多,家庭的教育功能越来越凸显。对此,很多民众都表示:

◆ 现在的家长都是儿女不踏大学门,是死不回头的,不撞南墙不回头。大家都要让小孩使劲学习,都看好学习。

[①] 如皋市白蒲小学学校简介[EB/OL].(2010-11-01)[2019-11-30]. http://www.bpxx.com/html/zjpx/xxgk/2010-03-05/3135.html.

◆ 这个时候家长都上心啊。现在幼儿园放学回来家里就问,今天有没有布置作业啊,有没有做啊,一回家就做作业。现在一点小的小孩家长就去陪读,恨不得要一下子送了上清华。

◆ 我孙女每天回来,她妈妈都要催她做作业,还要检查啊,天天她要做到十点多钟才睡觉啊,学校里作业多啊。她妈妈抓得紧啊,电视机搬到东房里去,不给她看啊。作业做得不好,就让她重新做啊。

现今,在M村,入学率已经不是问题。该村民众对现代学校教育表现出极大的热情,他们对子女教育越来越重视,对子女教育的投入(包括经济方面和心理方面的)越来越多,对教育的需求也越来越高。相对于很多还在为提高入学率而努力的农村,M村教育的现代化工程已经取得了很大的成就。综合以上考虑,本研究选择M村作为研究个案。

二、研究现场的进入

确定了将M村作为研究个案,那又该如何进入呢?这不仅指空间上的"进入",还指心理上的"进入",即研究者能够被当地人所接受,当地人在心理上愿意接受访谈,愿意告知有关研究问题的信息。在此方面,"守门人"占据着非常关键的位置。他不仅决定了研究者是否能以合法身份进入研究现场,而且还关系到研究者在进入现场之后能否顺利展开资料收集的工作。因此,研究者需要慎重选择"守门人"。

在本研究中,研究个案M村是我家乡的一个村庄,里面住着我的亲戚,其中有一些村民和我比较熟悉。这虽然给我进入研究现场带来

第一章　绪　论

了便利,但并不意味着不需要寻找"守门人"。这是因为 M 村有十个小组,是一个规模较大的行政村。我熟悉的村民只占非常小的部分,还有绝大部分的村民我都不认识,他们对我也不熟悉。这就需要一个对该村的情况,特别是村民的基本情况比较了解,而且和他们关系较好的"守门人"。他不仅可以给我提供该村民众的基本信息以初步选择合适的访谈对象,而且可以带我去找那些我不熟悉的访谈对象。最初,我想找的守门人是村委会主任。在 M 村,这是最为便捷的寻找"守门人"的方式。而且,村委会主任在该村的位置对本研究有着特殊的便利。首先,他对村里人的基本情况非常了解,这便于我寻找访谈对象。同时,他在村里具有一定的行政权威,这有助于我获得访谈对象的同意。然而,正是他所具有的行政权威让我最终否定了这一方案。虽然这有助于我获得访谈对象的同意,减少被拒绝的可能,但这却也使得权力关系渗透进"访谈者—访谈对象"之间应有的平等关系之中,即给访谈对象施加了权力的压力。这一做法会带来两个严重的弊端:第一,访谈对象有可能不愿意接受访谈,但又迫于压力,只能同意。这样,这一做法便抽离了访谈的自愿基础,同时也阻塞了深入访谈的可能。为了尽快摆脱我的访谈,访谈对象很有可能会敷衍了事,不会对他们的教育行动以及教育观念进行深入的反思,从而也会影响访谈的质量。然而,很多时候研究者却对这一状况浑然不觉。第二,即使他们真的愿意接受我的访谈,分享他们对子女教育的认识,这一做法还会带来另外一个问题:使我的研究染上政治色彩。通过村委会主任接触访谈对象,会使很多访谈对象认为我是"上面"派来进行调查的,从而对我形成难以消除的芥蒂。这样,访谈者和访谈对象之间便难以形成信任,访谈对象也不会敞开心扉、倾诉他们内心的真实想法。他们会选择那些可以说的,隐藏那些在他们看来是不可以乱说的想法,甚至会根据社会期待改变他们的想法。这些如果发生,研究者则很难发现。基于这样的考虑,本研究放弃了这一方案。

作为替代,我选择了一位在该村生活的亲戚 TYY。她当时 78 岁,是一位普普通通的农民,一辈子都生活在 M 村。可以说,她见证了 1949 年至今 M 村的变化。由于职业的原因,她跟村里以及邻村的很多人都有接触。村里的人,她基本上都认识,他们的基本情况她也比较熟悉。村里几乎所有人都认识她。由于她为人很和善,对人很好,村里人都很敬重她。对本研究来说,她是很合适的"守门人"。通过她进入研究现场是一个比较好的选择。第一,作为亲戚,她对我很了解,也很愿意为我的研究提供帮助;第二,由于长期生活在该村,目睹了该村人和事的变迁,她对 M 村以及村里人的基本情况都比较熟悉,这便有利于寻找潜在的访谈对象,同时还能带我去见他们;第三,她在村里的威望有利于人们从心理上接纳我,愿意和我谈他们对教育的认识,而且不带有权力的介入。因此,我便去了 TYY 家,并准备长住下来。虽然以往我放假就会到村里来,但现在不是假期,我的突然到来让他们觉得很诧异。因此,村里人见到我都会问:"你怎么回来了?放假吗?"刚好借着这个机会,我可以向他们解释我来村里的目的。我跟他们说:"我回来做毕业论文的,要问问以前人上学的经历。"对于"毕业论文"是什么,他们一点概念都没有,这离他们的生活太远。但是,这样的解释也足以满足他们的好奇心,他们都知道我是来了解以前村里人的上学经历的。慢慢地,就不会有人再问这样的问题了。对于我的到来,他们心中已有了一个模糊的认识。此外,由于没有语言等方面的障碍,我很顺利地进入了研究现场。

三、研究资料的收集

进入现场之后,我很快融入了他们的生活,开始着手收集研究资料。此时,我遇到了一个比较棘手的问题。虽然选择 M 村作为研究个案为我进入研究现场、融入他们的生活提供了便利,但这却给观察距离的保持带来了困难。村里的一切在我看来都那么理所当然,我没有了"局外人"的好奇,也没有了探求的欲望。我陷入了当地人的生活,难以跳出其中站在另外一个高度上对其加以审视。为了解决这一问题,我采取了历史参照的方法,即先了解历史,在这个过程中消除对现在的理所当然感,找到局外人的好奇感和探索的欲望。通过这种方法,我努力寻求作为研究者所应有的"局内人—局外人"之间的微妙平衡。

首先,我需要收集相关的文献资料,弄清 M 村及其教育的发展历史,从宏观上了解这个村。由于该村及其教育的发展直接受其所在县政策的影响,我便先去县档案馆查找县志以及县教育志。这个过程很顺利,在闲聊的过程中,县档案馆的工作人员告诉我,如皋市地方志的编写已经到了镇一级,现在市里正在组织每个镇编写镇志,M 村所在的镇应该已经编写结束了。不仅如此,他还给了我镇志负责人的联系方式。这份意外的收获让我特别惊喜。很快,我便联系了这个负责人,他很爽快地答应了我的请求,同意把还没有出版的镇志给我做参考。然而,和 M 村相关的文献资料却很少,基本上找不到该村及其教育的相关文献。这样,我只能通过访谈村干部、村里的老人和学校老教师来弥补这一部分资料的空缺。然而,由于记忆有可能存在偏差,我便将访谈结果和县志、县教育志以及镇志的内容进行对比,两者结合以起到相互考证的作用。

除此之外,我还通过访谈来收集本研究的核心资料,即不同时代乡村民众的教育观念。我首先从村里七八十岁的老人开始进行访谈,这些老人的教育经历跨越了新中国成立的历史转折。之所以这样,主要是基于两个方面的考虑:第一,寻求历史的参照。为了能够保持"局外人"的好奇,减少认识中的理所当然,我从 1949 年前后这段最早时期的人开始进行访谈。第二,由于这个时段的家长已经不在人世,我只能通过他们的子女即这些七八十岁的老人间接了解这个时段家长的教育观念。因此,在这个阶段,我应该选择那些读过书或者上过学的老人进行访谈。在村里,这样的访谈对象非常有限,基本上可以数得过来。这样,我就不需要对访谈对象进行选择,只需对所有人都进行访谈。对刚进入研究现场、对 M 村的历史还不是了解的我来说,这是一个合理的起点。

选定了部分访谈对象,需要考虑的便是如何对"教育观念"这个极为宽泛的概念进行界定,即把它细化成若干个可问的问题。在进入现场之前,我便根据有关现代性、现代教育以及现代教育观念的理论论述,从现代教育观念的核心要素出发提取了教育观念的几个关键组成部分:对教育目的(作用)的认识、对教育内容的认识以及对教育方式(包括教学方式、评价方式和管理方式)的认识。

不过,这还只能算是一个概念框架,而非一个可用的访谈提纲。为了能够展现乡村民众自己的教育观念,而非用理论思维对乡村民众的教育观念进行裁剪,我没有对这一概念框架进行细化,而是采取开放式的访谈,尽量减少提问对访谈对象思维的限制。原本以为自己在乡村生活了二十几年,对乡村民众的话语方式应该很了解,第一次访谈之后才发现话语方式的转换并非那么容易,我进入不了他们的话语体系,提问的方式太过理论气,这让他们觉得非常不自然,更为重要的是,他们听到问题时经常会表现出不解。对此,开放式访谈也有其作用。通过开放式访谈,让乡村民众有自由表达的机会,这除了能够获得丰富的、生动的以及深入的研究资料之外,还能了解他们的话语方式,从而更好地实现话语方式的转换,使访谈更自然、顺畅。这样,每次访谈之后,我从概念体系和话语方式两个方面将"教育观念"这个概念细化。访谈进行了一个星期之后,我便编制了一个初步的、简易的访谈提纲。在之后的访谈中,我虽然运用了这一访谈提纲,但我也并非严格按照这一提纲进行提问,访谈提纲只是扮演参照体的角色,根据不同的访谈对象和情境,访谈内容经常超出提纲的范围。一天的访谈结束之后,我都会对访谈提纲进行修改和细化,将一些没有预想到的条目补充进去,并对那些不合适的表达方式进行修正。

由于我对该村民众的具体情况还无法把握,难以确定具体的访谈对象,我便决定选择其中的一个小组,对其村民采取"广撒网"式的访谈。在接下来的访谈过程中,总是会出现很多意想不到的状况,这都需要随时调整计划。首先是访谈方式的问题。在进入田野之前,我计划在一个自然情境之下进行访谈,因为这样可以减少访谈环境对访谈对象的影响,使访谈过程更为自然,从而使访谈对象更能够表达出真实的想法。在访谈的开始阶段,这一访谈方式运行得很顺利,效果也很好,每次访谈都能给我丰富的信息。可是,过了一段时间之后,我发现访谈的效果越来越差,访谈经常浮于表面,很难深入。为什么会这样呢?我原以为是自己对访谈过程的把握出现了问题,后来才发现并非如此,而是访谈对象发生了改变,原有的访谈方式不再适用。访谈初期,访谈对象是村里的老人,他们生活都很悠闲,无事可做。由于其他有劳动能力的人都忙于工作,没有时间和他们聊天,他们总会显露出孤独,表现出很强烈的表达欲。当我这样一个"陪聊者"出现时,他们都很愿意跟我讲述以前的故事。刚开始的时候是我去找他们,到后来,他们都来找我聊天。在这样的情境之下,我很容易将访谈在自然情境下展开,而且他们也会去努力思考子女上学时的一些故事、自己是如何教育子女的以及对教育的认识。因此,每次访谈都会比较深入。然而,当访谈对象变得越来越年轻,他们的生活也越来越繁忙时,这种访谈方式便不再适用。虽然他们都很关注子女的教育,但在日常生活中,他们却很少对教育、对自己的教育行为进行思考,更少反思。访谈便是创设反思的情境，让他们对自己的教育行为进行思考。此时，这一情境便不是自然情境。相反，正式情境的效果会更好。这是因为，对于那些老人来说，自然情境便是聊天的情境；然而，对于年轻一些的人来说，自然情境是劳动的情境。这时如果还在自然情境之下进行访谈，这一情境便成为阻碍访谈深入的因素。因为在自然情境之下，他们都忙于手头的活计，不会将注意力转移至访谈中来，从而也不会对教育子女的行为用心思考。因此，在这一情境之下的访谈便会表现得浮于表面，不够深入。为了解决这一问题，在对这一类访谈对象进行访谈时，我都会先跟他们说明我的目的，告诉他们我想要知道的内容，这样就把他们从原来的情境中拉出，让他们进入我所创设的正式访谈情境。

此外，在访谈过程中，我发现很多村民，特别是那些受教育水平比较低的，对一些问题总是回答不知道，或者说没想过，访谈进行得很艰难。难道是他们对教育的这些方面真的没有想法吗？仔细反思，我觉得问题应该出现在提问的方式上。这些试图了解他们对教育内容和方式看法的问题，都太过于抽象，使得他们难以组织思维进行表达，而非他们真的没有相关的认识和想法。为此，我将这些涉及观念和认识的问题具体到他们在子女教育方面所做出的行为，然后再了解行为背后的观念。这样，针对具体行为，他们就更容易进行思考。这一做法，还有一个好处，即减少时间对他们观念的影响。这项研究的大部分是通过对现在人的访谈来了解他们过去的教育观念，但是可以预料到的是，在他们对过去教育观念的回忆中已经夹杂了现代教育观念的影响。将教育观念具体到他们的教育行为便可以在一定程度上减少现代教育观念的影响。毫无疑问的是，这只能减少现代教育观念的影响，而不能完全消除。

就这样，在将该组的村民都访谈了一遍之后，我停下来将访谈录音转录出来，并对已有资料进行了初步的分析。在此基础上，我做了这样几方面的工作：第一，根据乡村民众观念的具体特征而非国家的乡村教育政策，将1949年至今划分成几个历史时段；第二，对每个时段访谈对象的特征进行分析，并将他们分成几个类型；第三，对每个时段、每一个类型的访谈对象的教育观念进行分析，并找出可以继续深入访谈的地方，进一步将访谈提纲细化。

明确了访谈对象的特征，带着较为完善的访谈提纲，我再一次进入研究现场，进行更有针对性的访谈，并将访谈对象的选择扩大到整个M村。整个研究资料的收集就这样持续了三个月，访谈越来越有针对性、越来越深入，所获得的M村民众教育观念的相关资料也越来越多。

四、研究现场的退出

随着时间的推移，"发现"的惊喜越来越少，"无知"的问题也越来越少，重复却越来越多。或许，这是"退场"的信号，我应该退出研究现场了。回想这几个月的时间，他们几乎无条件地接纳我，满足我的要求，帮助我解决研究中的种种问题……这样，我的研究才得以顺利展开。在这个过程中，我一直努力将访谈做成一种平等的"交流""双赢"的活动，我希望这些访谈不仅仅是访谈者的"攫取"，还是访谈对象的"自我反思"。一直以来，我都自觉在很多情况下做到这一点了。对于那些老人来说，我觉得我给予他们一个倾诉的机会和对象；对于那些子女还在上学的乡村民众来说，我给予他们反思自己教育行为的机会；只是对于那些子女已不在上学的乡村民众来说，访谈似乎更多只是对我的帮助。

整理已有研究资料，其数量已较为可观，主要包括：第一，文献资料。它们主要有县志、县教育志、镇志和其他教育政策文件。第二，访谈资料。本研究的访谈分为三个阶段，访谈对象一共50多位，其中大部分都进行了两次及以上的访谈，每次访谈平均1—1.5个小时。第三,田野笔记。一天的资料收集工作结束之后,我都会记录下这一天的所见所闻和所思所想,这是对研究过程的保留,以为反思提供依据,同时也是对访谈过程中感悟的及时记录。

　　当我捧着这累累硕果准备离开的时候,又不禁问自己:我凭什么可以闯入他们的生活?突然一个老人的话在我耳边响起:要是其他人,我都不愿意跟他们讲,这其实还挺费脑子的。或许,对他们中的一些人来说,我的访谈只是一个负担。我的研究给他们带来了什么?对于乡村教育,我能带来什么改变吗?在可预知的将来,这仍是一份不确定……

第二章

知识、权力与教育

第二章 知识、权力与教育

自现代性萌芽,现代性反思便产生。至今,反思的触角已穿透现代性表层,深入其细微的隐蔽之处。其中,最彻底、最具启发性的反思着眼于现代性背后的观念预设。在此理论努力之下,现代社会所制造的"知识"的客观、普适的圣洁面具被揭开,其中掩藏的结构关系、权力关系也随之浮出表面,现代性的"神话"已摇摇欲坠。作为知识传递的主要途径,学校教育的"发展""进步"形象受到质疑,其权力运作的效能越来越显露。这些理论成果共同展示了现代社会的"知识—权力"运作图景,构成了反思现代性的重要理论资源,给现代社会中的行动者以启发。以此为警戒,处于现代社会,思考并试图解决各种社会问题的人们,便可能不再盲目向前,而保有一份行动的自觉。这对于乡村教育现代化的认识,也具有启发意义。当人们埋头努力推进乡村教育现代化之时,它能够给以警示,提供抬头反思其目标的机会。

第一节 知识社会学:现代知识的结构限制

毫无疑问,社会学理论之所以能够揭开现代知识客观、普遍、绝对的面具,展示现代知识的权力运作图景,最初得益于知识社会学的理论贡献。它最先质疑现代知识所宣称的普遍性和客观性,试图揭示其背后的个人动机和集体无意识,挖掘它们的社会建构机制。路易斯·沃斯在《意识形态与乌托邦》的序言中说,知识社会学的出现,使得"曾经被认为是绝对的、普遍的、永恒的,或者被盲目接受的规范和真理,现在正受到人们的质疑……过去曾被当作是理所当然的事,现在却被人们宣布为需要得到论证和证明"①。这样,那些曾支撑现代知识合理性的、隐藏着的观念不再处于人们的视野之外,它们走入思

---

① [德]卡尔·曼海姆.意识形态与乌托邦[M].黎鸣,等译.上海:上海三联书店,2011:序言.

维的中心，成为需要反思的对象。

一、 知识社会学的理论渊源

虽然知识社会学为反思现代知识提供了独特的视角，但它并非以反思现代性为目的，而是研究各种知识形态与其所处社会存在之间的关系。在此意义上，可以说舍勒和曼海姆首先提出了知识社会学的概念，并被视为知识社会学的学科创始人。但它的思想渊源却极为久远，最早可追溯至近代初的知识哲学。在对知识社会学进行梳理的过程中，有学者提出"哲学知识学和知识社会学事实上是从来都没有分割开来的，知识社会学作为社会学的一个分支学科，是从社会学理论中演化出来的，但是它的思想来源却是哲学知识学"[①]。当中世纪结束，由教会的宗教神学体系所提供的世界客观秩序体系也随之崩溃，无法为人类认知世界提供标准。身处混乱无序的认知世界，人们将主体意识自身作为认知世界的来源和标准。这样，世界就不再是独立于人的存在，"世界只是对于认知理智才作为'世界'而存在，而且主体的精神活动决定着世界的表现形式"[②]。因此，曼海姆将知识哲学视为知识社会学概念的雏形，尽管它还不具社会学的含义。

但是，知识社会学却可以说是人类知识研究的必然归宿。由于"在哲学对知识问题的研究中必然涉及对知识的社会属性和知识的社会功能的认识和理解，必然涉及对知识主体和知识客体的研究和分析"，所以"哲学知识学走向社会学是必然的，这也是知识研究发展的内在逻辑"[③]。当然，现实也是如此。19世纪中叶，社会学的出现，加之"知识作用的加强、社会的发展和知识的专门化综合化趋势要求对知识做出

[①] 郭强.论古典知识社会学理论范式的建构[J].社会学研究,2000(5):1-10.
[②] [德]卡尔·曼海姆.意识形态与乌托邦[M].黎鸣,等译.上海:上海三联书店,2011:66.
[③] 郭强.现代知识社会学[M].北京:中国社会出版社,2000:2.

专门研究,尤其要研究知识与社会的关系"①,知识社会学便随之出现。

这最早体现为马克思的"社会存在决定社会意识"的论断。在此论断的基础上,他建立了"意识形态"的概念。作为阶级社会的"嫁妆","意识形态"伴随着阶级社会的形成而产生,是经济和政治上占统治地位阶级的群体无意识成为社会主流意识的结果。所有这些构成了知识社会学的核心命题和概念,"知识社会学是与马克思同时出现:马克思深奥的提示,直指问题的核心"②。此后的知识社会学思想大多围绕这些命题和概念而建立,它们或是对这一思想的进一步发展和丰富,或是与其进行争辩之后的进一步修正。因此,默顿称马克思为"知识社会学风暴中心"。但是,在马克思的理论体系中,"意识形态"并非是普遍性的分析工具,而是作为"无产阶级的思想武器"以揭露资产阶级言论背后的阶级利益支配,是马克思进行政治斗争的理论工具。在此意义上,曼海姆说,"正是政治活动首先在理智现象的研究中发现了社会学方法。从根本上说,正是在政治斗争中,人们才首次发觉了无意识的集体动机总是在引导思想的倾向的"③。知识社会学思想最初产生于政治斗争。

在马克思所提供的理论基础之外,德国历史主义学派,尤其是狄尔泰,为知识社会学提供了重要的方法论基础。为了走出西方文化所面临的危机,结束对人的行为和思想的"抽象无历史"把握,狄尔泰声称:"人是一个历史的东西。"④因此,"人的精神是什么只能通过对精神经历和产生的东西的意识来揭示。正是这种精神的历史自我意识才能逐步达到一种科学系统的人的知识。……只有历史才能说人是什么。如果精神选择抛弃历史来减轻它的负担,那么它就失去了它活着和运作

---

① 郭强.知识与行动的结构性关联——吉登斯结构化理论的改造性阐述[M].上海:上海大学出版社,2004:2.
② [德]曼海姆.知识社会学导论[M].张名贵,译.台北:风云论坛出版社有限公司,1998:97.
③ [德]卡尔·曼海姆.意识形态与乌托邦[M].黎鸣,等译.上海:上海三联书店,2011:39.
④ 张汝伦.狄尔泰和历史哲学[J].复旦学报(社会科学版),1993(2):43-50.

的手段。拒绝历史研究等于预先诅咒人本身的知识——那是知识倒退到一个天生破碎的主体性"。① 在《精神科学引论》的引言中,狄尔泰对他所提倡的历史方法进行了系统的说明,他提出这本书的主导思想就是要将历史与系统的探讨结合起来。具体来说,这种结合就是要将对精神的理解落实到具体的历史性"关联与境"中,因为"关联与境决定了我们在何时并且怎样从事关注;统觉依赖于它,表象的再造也受制于它"②。"关联与境"是狄尔泰历史方法的核心,是"狄尔泰原创性地把对世界的共时性的观察与历时性的分析有效整合起来的重要努力,通俗地说,就是将历史性地思考与系统性的观念结合而成的一个观察历史现实的交叉点,它是特指一定历史条件下形成的动态的社会关系和生活结构,它使当下发生的情境突现出来,生成对个人生命存在的一种先在的制约条件"③。可见,狄尔泰的"关联与境"和知识社会学所强调的思想情境具有内在的一致性。在此意义上,彼得·伯格和托马斯·卢克曼称"历史主义——尤其展现在狄尔泰的作品中——可以说是知识社会学的前身"④。

此外,涂尔干(又译为迪尔凯姆)、韦伯等社会学者也为知识社会学提供了重要的思想材料。涂尔干将社会学的研究对象指向"社会现象",并以此寻求社会学的学科合法性。他赋予了"社会现象"以独特的性质,"它们是存在于人们身体以外的行为方式、思维方式和感觉方式,同时通过一种强制力,施以每个人"⑤。这种客观性和强制性使得"社会现象"区别于其他现象,成为社会学的"专有现象",从而承担起赋予社会学学科合法性的任务。然而,这并不意味着涂尔干不关注知识问题。相

---

① 张汝伦. 狄尔泰和历史哲学[J]. 复旦学报(社会科学版),1993(2):43-50.
② [德]狄尔泰. 精神科学中历史世界的建构[M]. 安延明,译. 北京:中国人民大学出版社,2010:12.
③ 张一兵. 关联与境:狄尔泰与他的历史哲学[J]. 历史研究,2011(4):173-183.
④ [美]彼得·伯格,托马斯·卢克曼. 现实的社会构建[M]. 汪涌,译. 北京:北京大学出版社,2009:7.
⑤ [法]迪尔凯姆. 社会学研究方法论[M]. 胡伟,译. 北京:华夏出版社,1988:5.

反,知识问题是他思想体系中的一个重要组成部分。只是,他对知识有自己的界定和认识。在涂尔干看来,知识或者思想是一种反映在宗教、合作机构等集体表征之中的集体现象,是"社会现象"的一个部分。"某种思想经过许多人的共同加工,成为一种集体的思想,这时它与先前出自个人的思想是不相同的。"①它们"不能永远铭刻在人们的心理构造之中,在它们中间,至少有某些部分是受历史因素所决定的,是受社会因素所决定的"②。与其整体理论的功能论色彩一致,涂尔干的知识理论也具有功能主义倾向。他将知识的社会性来源定位为社会整合的需要,认为"知识是同社会秩序的需要联系在一起的,由于这种需要才从社会聚合的基本原则中产生出构成集体表征结构的精神范畴"③。此外,涂尔干通过《宗教生活的基本形式》和《原始分类》等经验研究对他的这一知识理论进行了论证。对经验材料进行分析之后,他得出结论:社会的基本结构决定着人的思维结构,人类思维的基本范畴不是理性的内在属性,它们是社会结构的组成部分,并且支持、维护社会结构。

与此类似,韦伯虽然没有提出知识社会学的概念,但"知识"却是他的核心关注对象,因为韦伯将"意义"作为自然现象和社会现象的关键区别,并因此强调社会学研究对"意义"的"理解"。在对"意义"的认识方面,韦伯的观点和马克思提出的"社会存在决定社会意识"正好相反,他将"资本主义精神"这一意义体系作为资本主义经济形式发展的原动力,认为"近代资本主义扩张的原动力为何的问题,首要的并不在于追究可供资本主义利用的货币量从何而来,而是,尤其是,在于资本主义精神之发展的问题"④。在对宗教的研究中,韦伯找到了资本主义精神

---

① [法]迪尔凯姆.社会学研究方法论[M].胡伟,译.北京:华夏出版社,1988:7.
② [法]涂尔干.宗教生活的基本形式[M].渠东,等译.上海:上海人民出版社,2006:10.
③ 刘文旋.知识的社会性:知识社会学概要[J].哲学动态,2002(1):42-45.
④ [德]马克斯·韦伯.新教伦理与资本主义精神[M].康乐,等译.桂林:广西师范大学出版社,2007:43.

的来源——新教伦理,并论证了新教伦理和资本主义精神这两种意义体系之间的"亲和"关系,从而解释了为何资本主义精神这种具有普遍性的意义及价值只能在西方世界存在和发展。

所有这些对知识与社会关系的理论探究,构成了知识社会学的思想来源和基础,为其形成奠定了充实的理论基础。因此,这些学者被称为知识社会学的先行者。

二、知识社会学的基本架构

借鉴并吸取了以上知识社会学研究的理论资源,舍勒和曼海姆正式提出了知识社会学这一概念,构建了较完整的知识社会学体系。至此,知识社会学成为一门独立的理论学科。

从舍勒来看,他的理论学说源自于其对 20 世纪初西方资本主义工业文明高度发展所带来的精神危机的关怀。他曾充满忧虑地指出,"世界不再是真实的、有机的'家园',而是冷静计算的对象和工作进取的对象,世界不再是爱和冥思的对象,而是计算和工作的对象"①。面对工业社会的技术化、官僚化、理性化以及人类意义的丧失,舍勒试图做出理论的回应。因此,他把自己的关注点聚焦于社会的"世界价值秩序、社会精神特质和主体的体验结构"②。这便是舍勒的知识社会学所关注的知识内容。在舍勒看来,这些价值体系是具有社会性和时代性的,即"任何社会形态、任何社群、任何社会连带、任何时期的文明,都必然拥有属于它自己的价值与法则以及大家共同接受或建立的特殊实体秩序"③。"人心秩序、精神气质或体验结构,是一个实质价值的偏爱系

---

① [德] 舍勒. 资本主义的未来[M]. 罗悌伦,等译. 北京:生活·读书·新知三联书店,1997:中译本导言.
② [德] 舍勒. 知识社会学问题[M]. 艾彦,译. 北京:华夏出版社,2000:导言.
③ 郭强. 论古典知识社会学理论范式的建构[J]. 社会学研究,2000(5):1-10.

统,给时代的和文化共同体单位的伦理打上印记,具体的、实际的价值偏爱构成了生活中价值优先或后置规则,进而规定了某个民族共同体或其中的个体的世界观的结构和内涵"①,而他的情感现象学便是对这一知识观在现代价值方面的具体应用,他"力图审查支配着现代人的心性气质(价值偏爱)的意识结构"②。可以看出,舍勒的知识观是非常具有社会学意义的。

然而,对于知识的这种社会性和时代性,舍勒并不持"类型学"的观点。相反,他把这种多样性视为资本主义精神危机的来源。"价值危机是由于世界上充斥着如此之多的、相互敌对的理论和世界观,这些理论和世界观各自声称拥有真理。"③他主张存在着一个超越具体历史和社会现实的永恒本质和普遍价值的领域,这一领域的发现和建立便意味着价值危机的结束。因此,舍勒并不满足于仅仅指出价值体系和社会情境之间的关联,而是试图经此实现超历史、超情境真理和价值体系的建立。彼得·伯格和托马斯·卢克曼很形象地描述了他的这一研究路径,他们认为"他(舍勒)往相对性这条巨龙的嘴中投入了相当多的起缓和作用的小东西,但却只是为了更好地进入本体论的城堡(即他想理清相对性而将知识导入本体论范畴)"④。在此意义上可以说,舍勒的知识社会学只具有辅助性质,是哲学的附属品。实际上,他的知识社会学确实带有浓重的哲学色彩,它是"从哲学的高度、运用某种哲学的基本观点和方法,对包括个体和群体在内的人类社会的一种维度乃至几种维度进行的系统研究及其成果"⑤。这样,舍勒的知识社会学理论便构成了其社会哲学的一个有机组成部分。因此,虽然舍勒提出了知识社

---

① [德] 舍勒. 舍勒选集(上)[M]. 上海:上海三联书店,1999:编者导言.
② 同①。
③ 刘文旋. 知识的社会性:知识社会学概要[J]. 哲学动态,2002(1):42-45.
④ [美] 彼得·伯格,托马斯·卢克曼. 现实的社会构建[M]. 汪涌,译. 北京:北京大学出版社,2009:8.
⑤ [德] 舍勒. 知识社会学问题[M]. 艾彦,译. 北京:华夏出版社,2000:导言.

会学的概念,但更确切地说,他的知识社会学应是知识社会哲学,而不具有经验学科的特征。

与舍勒不同,知识社会学的另外一位创始人——曼海姆,他的理论相对较少带有哲学色彩,而更多具有经验科学的特征。对舍勒思想的哲学色彩局限,曼海姆给予了理性的评价:他的知识社会学"虽然充满深邃的直觉,但是缺乏一套科学的方法以适用于社会学取向的文化科学"[①]。对此局限的认识促成了曼海姆理论努力的方向及成果。彼得·伯格曾说,从曼海姆以后,知识社会学才成为一种可用于研究人类思想所有方面的实证方法。从此,知识社会学走出本土,被美国的社会学者所了解和讨论。曼海姆充当了知识社会学"传教者"的角色。正是这个原因,现今大多数人所讨论的知识社会学都是以曼海姆的理论层次和特色为依归。其后的知识社会学理论,不管是继承或是批判、修正,大多也都以其理论为起点或原型。

曼海姆的知识社会学可谓汲取了之前众多学者的思想资源,而尤以狄尔泰的历史主义方法和马克思的基本论断为主。对此,科塞曾提出:"可以说他的知识社会学既是历史主义相对主义的产物,同时又糅进了马克思主义对实践的强调和马克思主义的根本论点,即对思想体系的理解,不但要考虑它们自主和内在的发展,而且要注意它们所处的社会结构。"[②]这两者为曼海姆提供了两个最为核心的支点:理论的视角和方法,形成了其知识社会学理论体系的基本构架。在《意识形态与乌托邦》的开篇,曼海姆就指出了其理论的两个关注点,即"阐述那些既与公平对待它(思想及其变化)的独特性质有关,又与制定从根本上理解它的方法有关的问题"[③]。

---

① [德]曼海姆.知识社会学导论[M].张名贵,译.台北:风云论坛出版社有限公司,1998:98.
② [美]科塞.社会思想名家[M].石人,译.上海:上海人民出版社,2007:400.
③ [德]卡尔·曼海姆.意识形态与乌托邦[M].黎鸣,等译.上海:上海三联书店,2011:2.

从理论视角来看,曼海姆接受并发展了马克思"社会存在决定社会意识"的基本论断。在他看来,只是从个人思想的层面来理解一种观点是不完整的,因为个人永远也摆脱不了其所在群体和社会的影响。"只有在十分有限的意义上,单个人才从自身中创造出我们归因于他的说话和思维的方式。他使用他的群体的语言;他按他的群体的思维方式思维",因此,如下推论便是虚假的:"作为个人动机的一切观念和感情都起源于个人,可以仅仅根据他自己的生活经验给予充分的解释。"[1]基于这一知识观,曼海姆对现代认识论和心理学的形式化和去意义化进行了批判,坚持世界观的多元性,认为应该在具体社会情境的意义和思维模式之下整体地考察个体的思想,而不主张用某一思维模式的标准来评价形成于另一思维模式之中的思想。他认为,"所谓前科学的不精确的思维方式,并不能单纯用逻辑分析的方法去理解。它构成一种复合体,既不能离开它的基础的情感和生命的冲动的心理学根源,也不能离开它在其中发生以及寻求解决的情境"[2],这就需要赋予思想的认识以社会学的观点,即从思想产生和运行于其中社会情境来理解和认识思想,弄清思想的社会起源,揭露思想中的"群体无意识"。在曼海姆看来,这便是知识社会学的"基本主题"。可见,曼海姆的这一理论思想和马克思的基本论断之间具有内在的一致性。事实上,曼海姆本人对马克思也给予了很高的评价。他认为马克思首先赋予思想以社会性,将意识形态理论提升为社会学分析,"为正确理解和解释人们的精神世界提供了一个全新的框架,揭示了观念中隐含着的尚不为人们所认识的'超理论因素'"[3]。

---

[1] [德]卡尔·曼海姆.意识形态与乌托邦[M].黎鸣,等译.上海:上海三联书店,2011:2.
[2] 同[1].
[3] 姚大志.从意识形态理论到知识社会学——曼海姆哲学的实质和意义[J].吉林大学社会科学学报,1992(5):1-6.

受此影响,曼海姆明确区分了两种"意识形态",即"意识形态的特殊含义"和"意识形态的总体概念"。"意识形态的特殊含义"指的是那些"从有意识的谎言到半意识和无意识的伪装,从处心积虑愚弄他人到自我欺骗"①。这种类型的意识形态只是人们思想的一部分,是那些因阶级立场和利益而被或有意或无意扭曲的虚假部分。因此,对这一类型的意识形态只能在利益心理学的层面上进行,即通过"关于客观正确的标准"来揭露个体思想中不符合标准的内容,并消除其谬误根源。"意识形态的总体概念"与此有重大的差异。它指某个时代或者社会的整体思维模式这一更具一般性和隐蔽性的知识存在,关注的是思想的形式而非内容。"当我们把一个智力领域归于一个历史时代,而把另一个归于我们自己时,或者,如果某个被历史地决定的社会阶层以不同于我们的范畴进行思维,那么,我们提到的就不是孤立的思想内容,而是根本不同的思想体系和广泛不同的经验模式和解释模式。"②因此,对这种意识形态的分析,便不可在个体心理学的层面上来进行,也无可求助的共同的客观标准,而必须在社会学层面进行功能分析。它通过揭示这一客观标准以及与此相关的某种思维模式与具体历史和社会情境的关系,"使自己局限于对在不同社会背景下发生作用的心灵结构进行客观描述,而绝不参考任何心理动机"③。在这两者之中,曼海姆更倾向于后者,他说:"现在的趋势已不是满足于指出论敌在心理的或经验的层次上受到错觉或歪曲的损害,而是要对他的整个意识与思想结构进行彻底的社会学分析。"④

更为重要的是,曼海姆对马克思的意识形态理论给予了重要的发

---

① [德]曼海姆. 意识形态与乌托邦[M]. 黎鸣,等译. 上海:上海三联书店,2011:55.
② [德]曼海姆. 意识形态与乌托邦[M]. 黎鸣,等译. 上海:上海三联书店,2011:57.
③ 姚大志. 从意识形态理论到知识社会学——曼海姆哲学的实质和意义[J]. 吉林大学社会科学学报,1992(5):1-6.
④ [德]曼海姆. 意识形态与乌托邦[M]. 黎鸣,等译. 上海:上海三联书店,2011:76.

展,即将意识形态理论一般化。在马克思那里,"意识形态"理论是政治斗争的工具,它为的是揭露敌对阶级理论与其社会背景的关联,从而否定其普遍适用性。曼海姆称此为"意识形态总体概念的特殊形式"。与此相对,他主张更具一般性的意识形态总体概念。在这一概念之下,意识形态不再是党派政治斗争的思想武器,而是一般的社会学研究方法。因为,它不仅仅用于对敌对阶级的思想进行分析,而且也用于对自己的思想进行分析。曼海姆指出,"如果人们不仅仅有勇气对对手的观点,而且还有勇气对所有的观点,包括其自己的观点进行意识形态分析,那他们就是在运用意识形态的总体概念",这样,"随着意识形态总体概念的一般阐述方式的出现,单纯的意识形态理论发展成为知识社会学"。① 这一知识社会学坚持任何思想形式都与具体的社会情境相联系,其任务便是不带任何党派偏见地分析影响某种思想的社会状况因素。它的基本观点是"只要思维方式的社会起源是模糊不清的,那就一定存在不可能被充分理解的思维方式"②。可见,这一知识社会学的思维方式既不同于传统认识论的理性绝对主义,同时又不同于无政府主义的、虚无的相对主义。它在否定前者的客观性的同时,又赋予了其另外一种客观性。曼海姆说:"我们需要的是不断地乐于承认每一种观点都是确定的环境所特有的,而且也乐于通过分析找出这种特殊性由什么构成。清楚明白地承认成为经验知识基础并使之成为可能的暗含的、形而上学的假设,比其口头上否认这些假设的存在更能澄清和促进研究工作,这样的否认同时又伴随着通过后门偷偷地给予承认。"③他称之为"关联论"。它"首先将知识的客观基础抽去了,然后为了避免认识论上的'无政府主义',又

---

① [德]曼海姆.意识形态与乌托邦[M].黎鸣,等译.上海:上海三联书店,2011:77.
② [德]曼海姆.意识形态与乌托邦[M].黎鸣,等译.上海:上海三联书店,2011:2.
③ [德]曼海姆.意识形态与乌托邦[M].黎鸣,等译.上海:上海三联书店,2011:89.

赋予这些知识以某种程度的客观性"①。

从其理论方法来看,曼海姆受德国历史主义传统的影响,他认为"历史主义原则不仅(如同一只看不见的手)组织着文化科学的研究,而且还渗透到日常思维之中"②,并将其知识社会学分析深深扎根于这一历史主义传统之中。而这之所以可能,当然得益于德国历史主义传统的相对主义性质。"它主张,对于人类历史上的文化产物和富有意义的事件,不能用科学认识论的那种去时间、静态化和去意义的方法来读解;相反,它们都处在特定的时空结构中,具有自身的独特意义,只有根据其发生的具体指涉框架才能够客观地把握之。"③可见,这两者之间具有内在的亲和性。因此,曼海姆通过呈现思想的历史变化过程来展示思想的"社会存在决定"。他指出:"在认识到政治历史知识总是与某种生存模式和社会地位密切联系在一起后,正是由于这种社会决定的作用……现实的每一层次都可能有其自身的知识形式。"④以此原则为指导,曼海姆明确将历史主义注入其"关联论"之中,提出思想和社会存在的相互依赖会因历史时期的不同而不同,"对含义的持续的和一贯的变化重新做出解释,就成为我们现代历史科学的主要任务"⑤。因此,知识社会学的基本任务便可进一步定位为"揭示整个思想史中,某些思想观点怎样同某种形式的经验相联系,并且找出社会与思想的变化过程中两者密切的相互作用"⑥。

那如何实现这一"揭示"呢?在这一方面,狄尔泰的历史认识方式——理解,成为曼海姆构建其历史主义知识社会学的借鉴。在曼

---

① 姚大志.从意识形态理论到知识社会学——曼海姆哲学的实质和意义[J].吉林大学社会科学学报,1992(5):1-6.
② 肖瑛.反身性与"曼海姆悖论"——兼论相对主义社会学的可能性[J].社会学研究,2004(3):47-57.
③ 同②。
④ [德]曼海姆.意识形态与乌托邦[M].黎鸣,等译.上海:上海三联书店,2011:189.
⑤ [德]曼海姆.意识形态与乌托邦[M].黎鸣,等译.上海:上海三联书店,2011:69.
⑥ [德]曼海姆.意识形态与乌托邦[M].黎鸣,等译.上海:上海三联书店,2011:81.

海姆看来,知识社会学基本问题的性质和自然科学问题有着根本的差异,它们"既不是无意识地外部的,也不是无意识地形式的,它们没有呈现为纯粹量的关系,而是呈现为对情况的判断,在这些判断中,我们大体上运用了为现实生活的行动目的而创造的同样一些概念和思维模式"①。这些思维模式,只有借助于理解的阐释方法才能得以把握。这样,着眼于内部意义的"理解"比对外部形式的"测量"更能发现和了解思想和社会情境之间的相互依赖关系。因此,曼海姆主张"纯粹机械的研究规划将永远不能满足需要,还必须在此外引入适用于理解有意义的和非测量性的因素的概念"②。从具体技术层面来看,实现对社会过程内部思维模式和社会情境相互依赖的"理解",要求研究者对社会过程的参与,这是理解社会过程的前提。但参与社会过程,理解其中的思维模式,并不意味着参与歪曲事实。在曼海姆看来,这是获得客观认识的途径,"无视性质的因素和对意志的全面抑制不会构成客观性,而是否定了客观的基本性质"③。因此,参与式理解是曼海姆知识社会学的研究方法。

至此,结合马克思的基本论点以及狄尔泰的历史主义方法,曼海姆构建了具有经验研究可能的知识社会学理论体系。尽管此后很多知识社会学者以各自不同的方式对知识社会学分析范式做出理论贡献,例如彼得·伯格和托马斯·卢克曼就把知识社会学的研究对象从"思想"转向"日常生活的知识",但这些都并非改变舍勒和曼海姆共同构建的基本分析框架和模式,而只是在其基础上的发展。同时,本研究的目的只在于了解知识社会学的基本分析框架和视角,无意对更细微、深入的发展和分歧进行探讨。因此,这里无须对此后的知

---

① [德]曼海姆.意识形态与乌托邦[M].黎鸣,等译.上海:上海三联书店,2011:45.
② [德]曼海姆.意识形态与乌托邦[M].黎鸣,等译.上海:上海三联书店,2011:44.
③ [德]曼海姆.意识形态与乌托邦[M].黎鸣,等译.上海:上海三联书店,2011:46.

识社会学观点和理论体系进行系统探讨。

三、 知识社会学的现代性反思

从上面的梳理可以看出,知识社会学的产生并非以现代性反思为目的。尽管其中部分也已涉及对现代认识论的批判,例如曼海姆的"关联论"就建立于对现代绝对主义、理性主义认识论以及定量测量等认识方式的反叛,但这些都还局限于社会科学研究的认识论范围。即使在此范围内,它们也并非是对这些认识论的社会学分析,而仅仅是理论层面的批判。当然,就更不用说真正意义上以广泛存在的现代知识作为研究对象的知识社会学分析了。然而,当知识社会学的触角转向现代社会知识,其反思现代性的能力便随之产生。在知识社会学的审视之下,知识和社会情境的相互依赖直接动摇了现代知识所宣称的普遍性和绝对真理性。此后,由于众多知识社会学者敏锐的理论洞察力,支撑现代知识的观念预设及其所依持的社会存在显现出来,现代知识的结构界限逐渐明朗。经此一番理论洗礼,原来具有普适形象的现代知识成了有限社会结构中自成一体的知识体系。

为更好地理解知识社会学在分析现代知识时所具备的现代性反思能力,我们首先需要认识现代知识体系及弥漫于其中的现代性。何为现代性?这至今仍是一个争论不休的话题。但是,笼统地将现代性界定为现代人的生活方式,却是大家都容易接受的。这样,可以说现代性赋予现代生活一种"品质",使其与传统相"断裂"。"现代性的发生,其另一种表述就是现代同过去的断裂:制度的断裂,观念的断裂,生活的断裂,技术的断裂和文化的断裂。"①然而,生活本身的多面性和复杂性以及现代性进展的长时性,决定了现代性内涵的繁复性。现代性"进展

---

① 汪民安.现代性基本读本(上)[M].开封:河南大学出版社,2005:前言.

了几个世纪,它的内容必定负荷累累,它的禀赋必定多种多样,它的经验必定丰富繁复"①。因此,对现代性的理解则必须从多个层面进行。如果从其隐蔽性和深入性程度的差异着眼,我们可以从以下三个层面来理解现代性的内涵。

首先,最为外显而易观察的是现代生活的"印象"。这一"印象"和大都市相连,体现于现代都市生活的各种意象中,其中充满了短暂性、瞬间性和差异性。"它像一个巨大的万花筒,丰富多彩,瞬息万变,并表现出'运动的魅力'。"②马克思曾从宏观层面论述道:"生产的不断变革,一切社会关系不停地动荡,永远的不安定和变动,这就是资产阶级时代不同于过去一切时代的地方。"③波德莱尔从美学的角度将现代性定义为"过渡、短暂和偶然"。④ 与此呼应,齐美尔从商品中发现了同样的"风光"。总之,"现代生活被瞬间性所主宰,分裂成偶然的碎片,构成一个缤纷的永不枯竭的印象之流"⑤。

其次,在现代生活的这些"浮光掠影"之下,存在着一套"有条不紊""逻辑严密"的现代制度,它决定着现代社会的秩序架构和现代人的行为方式。这一制度系统源于人们为应付现代生活的瞬间性和多变性而引发的不可预见性,因此,"理性"是其核心品质。具体地说,这主要表现在两个方面:经济领域和政治领域。对于经济制度的理性特征,很多学者从不同侧面予以了说明。韦伯从资本主义劳动组织方式的合理化来分析现代经济制度的理性品质。在韦伯看来,现代社会的合理化劳动组织方式以"具有固定资本的理性主义企业"为典型,其中浸润的是"形式理性",即"通过精益求精地设计合适的手段,有计划、有步骤地达

---

① 汪民安.现代性基本读本(上)[M].开封:河南大学出版社,2005:前言.
② 同①。
③ [德]马克思,等.马克思恩格斯选集(第一卷)[M].北京:人民出版社,1972:254.
④ [法]波德莱尔.波德莱尔美学论文选[M].郭宏安,译.北京:人民文学出版社,1987:485.
⑤ 同①。

到某种特定的实际目的",其标志是"计划性"。① 对此,哈贝马斯进行了更为具体的解释,提出了现代资本主义企业的核心特征:"同家政的脱离;资本核算(合理的簿记);以货物、资本以及劳动市场的机遇为趋向的投资决策;有效地投入具有形式自由的劳动力;把科学知识应用到技术当中。"②与此相互补充,马克思等人从现代生产的技术特性,即以机器和工厂为核心的工业主义,着手论述其带来的社会组织效应:劳动组织方式的理性化。现代机器生产,要求复杂的劳动分工,并不断促进其精致化程度,从而建立了一个以机器为中心的精细协作体系。"工业主义催生一套制度之网,规模性的企业生产必须在严密而精巧的制度下进行,它需要管理者和被管理者,需要纪律和惩罚机制,需要量化和严格的时间表,这些制度和规章成为所有员工的魔法。"③这便是工业主义所引发的"技术逻辑",它和韦伯的"形式理性"具有内在的一致性。除此二者从资本主义和工业主义两个方面所论述的生产领域经济制度的理性化,齐美尔和马克思关注到流通领域经济制度的理性化,即以货币制度为核心的理性算计。齐美尔认为,货币这一中性的交换媒介,清除掉一切商品的多样性和差异性,将其换算为数字,从而使理性的算计成为可能。因此,他称货币制度实现的人与人之间的关联是"平均化的、公式化的和理性化的"。与此类似,马克思从商品的特性出发论述流通领域经济制度的理性特征。在马克思看来,产品转化为商品之后,交换以追求利润代替了使用成为其本质特征。这就要求商品抽象化为量化的交换价值,只有这样,建立在理性计算基础上的交换才成为可能。这就导致了这

---

① [德]马克斯·韦伯.儒教与道教[M].王荣芬,译.北京:商务印书馆,1997:32.
② [德]哈贝马斯.交往行为理论(第一卷)[M].曹卫东,译.北京:生活·读书·新知三联书店,2004:154.
③ 汪民安.现代性基本读本(上)[M].开封:河南大学出版社,2005:前言.

一现象:"在资本主义社会里,所有的东西都被标上了市场价值,所有的东西都被抽象化和量化了。"①除了经济制度的理性化特征之外,现代社会的政治制度也流露出明显的理性特质,它集中体现于维持现代国家稳定运行的一整套"法律秩序"。哈贝马斯指出,"现代国家制度也是在同传统国家制度的对照中显示出其理性特征:行政和司法受立法制约;权威对一切人具有约束力;集中而稳固的税收系统;统一指挥的军事力量;立法和正当使用暴力的垄断化;以专业官僚统治为核心的管理组织"②。可见,理性构成了现代社会制度的内在脉络。在此意义上,韦伯将理性化和现代化过程等同起来,认为"制度的理性化过程,也就是社会的现代化过程","理性成为现代性的关键词,在某种意义上,理性化过程就是现代性的过程"。③ 这样便可认为,现代社会制度层面的现代性是以理性为核心的。

最后,在现代社会制度及其形塑的现代行为模式的理性特征背后,是现代知识体系的理性气质。它体现为现代人的思维方式,是现代性的最深层处所,从根本上决定着现代社会中的制度架构和行为模式,并赋予其合法性。因此,如果将现代性看作一个"综协的整体",一个内部矛盾重重的体系,那现代知识体系则是这个整体体系的内核,是最为根本性的。现代知识体系的理性特征最早得益于主体性观念的确立,其根源为文艺复兴和宗教改革。它们将上帝从知识来源的位置上拉走,并代之以人自身,也即"人的发现"。与此同时,自然不再是带有上帝意志的自在运动体,而成为人对面的、具有精确规律的客体。它"以其巨大的物质性不动声色地沉睡在人的面前,并保有一种钟表般精确的规

---

① 汪民安.现代性基本读本(上)[M].开封:河南大学出版社,2005:前言.
② [德]哈贝马斯.交往行为理论(第一卷)[M].曹卫东,译.北京:生活·读书·新知三联书店,2004:154.
③ 同①。

律存在于其间"①。这便是人需要而且是可能加以认识的对象,并以此操纵和征服自然,使之服务于人类的生活。因此,伴随人的主体化的是自然的客体化。在现代观念中,人和自然成为二元的对立体,而神的力量被清除。这就是韦伯所说的世界的祛魅,"从原则上来说,再也没有什么神秘莫测、无法计算的力量在起作用,人们可以通过计算掌握一切"②。"人,现在作为一个认知主体得意地站在自然的对面。……它是一种全新的认知形式。"③人在与自然的对抗中所确立的主体性,是现代知识体系的最原初预设,现代知识大厦由此而升。

然而,人的主体性的内涵是什么呢?人何以维持其主体性呢?答案是:理性。当人和自然的关系发生转变时,理性被提升为现代人的能力,被作为其与自然对抗的工具。此时,人们对理性的能力充满了前所未有的自信。"人们相信自己的理性能力,相信理性可以凿穿自然的内在奥妙。"④这便构成了现代知识体系的第二个观念支撑。具体来说,现代知识体系中的理性信念表现在以下几个方面。第一,理性是现代知识的标准,即"知识必须具有这么一些属性:客观性、普遍性、必然性、确定性"⑤。它导致了现代知识领域的这样一些信念:"存在着普遍的、永恒的自然与社会规律,任何科学的目的都是要把握这类普遍的规律;存在着真实不变的、普遍的客观价值,它们对一切人、一切地方和一切时代来说都是正确的,这些价值至少从原则上来说是可以实现的。"⑥第二,理性是知识的来源。在获得知识方面,理性具有优越性。然而,从文艺复兴至启蒙运动,作为知识来源和工具,理性的内涵经历了一个转

---

① 汪民安.现代性基本读本(上)[M].开封:河南大学出版社,2005:前言.
② [德]马克斯·韦伯.学术与政治[M].冯克利,译.北京:生活·读书·新知三联书店,1998:29.
③ 同①.
④ 汪民安.什么是当代[M].北京:新星出版社,2014:11.
⑤ 陈嘉明.现代性与后现代性十五讲[M].北京:北京大学出版社,2006:9.
⑥ 陈嘉明.现代性与后现代性十五讲[M].北京:北京大学出版社,2006:10.

变。启蒙运动之前,它源自于笛卡尔,指的是一种演绎式的逻辑思维。笛卡尔说:"真正来说,我们只是通过在我们心里的理智功能,而不是通过想象,也不是通过感官来领会物体,而且我们不是由于看见了它,或者我们摸到了它才认识它,而只是由于我们用思维领会它。"① 这里,理性与当时的逻辑形态——形式逻辑相一致。然而,启蒙运动却使理性转向了其所反对的"感官经验",并把它视为知识获取的起点。此后,"理性被看作是源自于经验的发现真理的能力"②,在获取知识的方法方面,它要求遵循严格的、客观中立的技术程序,以观察和实验为典范。

"主体性"和"理性"观念共同制造了现代知识体系的另一个观念支撑:进步。此观念相信"努力工作可以改善情况,社会与物质的世界具有演化的本质,可透过人为的介入而开展出一种正面的影响"③。而这所依据的则是作为主体的人的理性。可以说,现代知识体系的进步观念期望理性的行为能够导致进步。它导致了社会历史线性的、目的论的发展观,即社会的历史发展过程就是其在人的理性干涉下朝着某个目的的不断逼近。综合而论,主体性、理性和进步是现代知识体系的三个支点,是现代知识体系的观念预设,也是现代性在知识领域的表征。在现代人的思维中,它们已进入无意识层面,成为自动运行的因素,处于反思的范围之外。这也使得现代知识看上去如此理所当然。

知识社会学聚焦于现代知识时之所以具有反思现代性的能力,是因为它将这些观念预设从反思的边缘拉入中心,使之从无意识领域进入意识领域。作为现代知识的典范和权威,科学知识当然最先成为分析和反思的对象,这就形成了科学知识社会学。它将科学知识的内容

---

① [法] 笛卡尔. 第一哲学沉思录[M]. 庞景仁,译. 北京:商务印书馆,1998:33.
② 汪民安. 什么是当代[M]. 北京:新星出版社,2014:15.
③ [美] 汤姆·波普科维茨. 学校教育改革的政治社会学[M]. 薛晓华,译. 台北:巨流图书股份有限公司,2007:50.

作为分析对象,并从社会建构论的视角发掘其与社会因素之间的关联,从而实现对科学知识的理性权威的解构。首先,它解构了理性在知识来源中的决定地位。在它们看来,科学知识并非是对经验的理性归纳,而只是由某一集体所确立,被集体成员所接受的"信念"。这是因为,第一,在人们对经验进行理性归纳之前,已经存在该集体所认可的理论。科学知识社会学代表人物巴里·巴恩斯指出:"那些构成了我们所接受的大部分知识的信念,是从理论而非完全是从经验产物中推导出来的。理论是被置于实在之上而不是从实在中推导出的。"[1]第二,那些获得科学知识的严格的技术程序并不具有普适性,它也同样是集体约定的产物。"没有任何合理性标准可以用来普遍地对人类的理性活动加以约束"[2],那些自认为能进行这种约束的标准"很难证实约定以外的任何东西"[3]。其次,理性在科学知识获取中决定地位的解构使得现代知识评价标准的理性权威受到质疑。科学知识社会学者反对将作为知识评价标准的理性绝对化,认为它们是社会群体和文化建构的产物。他们认为"理性、客观性和真理等概念的内容是由具体的社会群体的有局限的文化规范所决定的"[4]。因此,科学知识社会学的另外一位代表人物大卫·布鲁尔提出:"它应当对真理和谬误、合理性或者不合理性、成功或者失败,保持客观公正的态度。这些二分状态的两个方面都需要加以说明。"[5]这样,经过科学知识社会学的分析,科学知识所宣称的客观性、普遍性、必然性和确定性成了一种"幻象"。理性在现代知识体系中的权威地位不再保有,思维的现代特性也不再具有必然性。

科学知识社会学对现代知识的反思虽然动摇了理性在现代知识中

---

[1] [英]巴里·巴恩斯.科学知识与社会学理论[M].鲁旭东,译.北京:东方出版社,2001:12.
[2] [英]巴里·巴恩斯.科学知识与社会学理论[M].鲁旭东,译.北京:东方出版社,2001:55.
[3] [英]巴里·巴恩斯.科学知识与社会学理论[M].鲁旭东,译.北京:东方出版社,2001:43.
[4] 郑华秀.后现代主义视野下的科学知识社会学[J].科学技术与辩证法,2003(4):55-57.
[5] [英]大卫·布鲁尔.知识和社会意象[M].艾彦,译.北京:东方出版社,2001:7.

的权威和支配地位,揭示了社会因素在现代知识中的影响,并因此宣布:现代知识并非如其所宣称的那样具有理性,并非那样客观、普遍和绝对。然而,这并未能触及问题的根本,即现代知识中的预设观念背后的社会结构因素。只有揭示出这些因素的存在,才能从根本上反思现代知识的合法性。

福柯便是以此为其理论努力的着力点,这集中反映在其知识研究的方法论:知识考古学。在对研究方法的论述中,福柯将研究的"总题目"定位为主体,即人的主体地位是如何获得的,或者说主体性观念是如何形成的,其研究可以说都是围绕这一问题展开。福柯在接受访谈时明确指出:"我的目的是要创立一种据以在我们的文化中把人变为主体的各种方式的历史。我的工作是研究将人转变为主体的三种客体化方式。第一种是力图给予自身以科学地位的探讨方式。例如,在普通语法、语文学和语言学中对讲话主体的客体化。……在我的工作的第二部分,我研究的对我所称的'分离实践'中的主体的客体化。……举的例子有疯子和精神健全的人,病人和身体健康者,罪犯和'好孩子'。最后,我力图寻找……人把自己转变为主体的方法。例如我选择了性欲这一范畴……因此,我研究的总题目不是权力,而是主体。"①对于这个问题,福柯寻找的结构因素为"一套深层话语规则"。在福柯看来,这一话语规则从根本上决定了现代知识体系中的主体观念,并确立了人的主体地位。福柯指出:"话语不是一种思想、认知和言语主体之雄伟壮丽的展示,相反,它是一个总体,在这个总体中,主体是被决定的。"②可以说,正是这套话语规则体系使得人在现代知识体系中的主体性被建构起来。"传统思想家所主张的作为所有意义之起源的统一主体观

---

① [美]德赖弗斯,保罗·拉比诺.超越结构主义与解释学[M].张建超,张静,译.北京:光明日报出版社,1992:271-272.
② [法]米歇尔·福柯.知识考古学[M].谢强,马月,译.北京:生活·读书·新知三联书店,1998:59.

念只是一种产生于控制话语形成的结构规则的幻想,……在话语形成中意义之统一和在先的主体观念完全是一种多余,主体实际上是由话语形成的分散系统所决定的一个位置。"① 这样,现代知识中的主体观念便不再那么"自然",人的主体性成为"幻象"。随之而来,作为主体性的内涵,理性所具有的权威也成为一种"幻象"。福柯通过疯狂史的考古学分析,指出"理性的标准不是天然的合理性,它是由一定的外在的历史因素造成的;理性和非理性的关系不是固定不变的,而是变化的,变化的原因是没有原因,是断裂的、突如其来的、偶然的"。② 在不同文化、不同时代,理性所具有的内容是不同的。理性对社会因素的依赖决定了人并非是一个"理性主体",人作为一个理性主体的存在也是社会建构的产物。作为制造现代知识体系中进步观念的两个观念预设,主体性和理性的解构必然将导致"进步幻象"的破灭。福柯认为,"西方思想史事实上不是一个理性从文艺复兴到现代连续性发展的过程,而是分成了三个明显的、非连续性的认识区"。③ 这便是福柯历史研究所强调的"类型学"。他试图以此突破传统连续的、进步的社会和历史观,将"断裂"和"非连续性"代替"连续性"引入对社会和历史的认识之中。"不连续性曾是历史学家负责从历史中删掉的零落时间的印迹。而今不连续性却成了历史分析的基本成分之一。"④历史不再是一种"线性的进步",而是不同社会结构类型之间的转换,它是一种变化,而并非是发展。至此,经福柯的知识考古学分析,现代知识体系的核心观念预设的天然合理性和权威地位被解构,现代知识及其现代性的合法性从根

---

① 张梅.自主话语的幻想与反主体的考古学——读福柯的《知识考古学》[J].哲学研究,2009(2):116-122.
② 张艳玲.解读福柯:从"知识考古学"到"系谱学"[J].河北师范大学学报(哲学社会科学版),2004(6):27-31.
③ 同①.
④ [法]米歇尔·福柯.知识考古学[M].谢强,马月,等译.北京:生活·读书·新知三联书店,1998:8.

本处被动摇。当然,福柯的分析并非仅仅限于深层的话语结构,他也认识到非话语的社会因素,比如机构、技术、教育、规范等,对现代知识体系的重要作用。只是,福柯将优先性赋予了话语结构,认为话语结构决定了非话语的社会因素,并使这些社会因素具有正当性。因此,在福柯的理论体系中,话语结构是现代性最为原初的动力。

毫无疑问,福柯的理论极具穿透力,其理论触角能透过现代知识体系的表层特征,到达深层的观念预设并揭示其背后的结构力量。华勒斯坦试图在现代学科领域,特别是社会科学领域,进行类似的理论探讨。他聚焦于现代学科分类框架这一知识形式,对其中的理论预设进行分析,从而实现对该分类体系合法性的反思。他说,"在社会科学(当然还有自然科学和人文科学)的理论推理中暗含着种种预设前提,其中有很多事实上都体现了既无理论依据,又无经验依据的先验偏见或推理方法","对社会科学的理论前提进行检讨,以便揭露各种暗藏的、毫无根据的先验假定,这是一件很值得做的事情"。① 通过对现代学科体系的研究,华勒斯坦认为科学所宣称的"普遍规律"是一个重要的前提预设,"对于普遍性的宣称(如普遍的恰切性、普遍的适用性、普遍的有效性),不管怎么地受到限定,都是内在地蕴含于一切学术科目的合法化依据中的,这是学科的制度化要求的一部分"②。此后,他揭露了决定这一理论预设被人们接受并作为现代学科合法性依据的结构因素,最终实现对科学独尊地位的反思。只是,华勒斯坦采取了不同于福柯的分析路径。他试图从资本主义制度方面寻找决定科学所宣称的"普遍规律"得以在知识领域扩散并成为所有学科合法化依据的结构性因

---

① [美]华勒斯坦,等.开放社会科学:重建社会科学报告书[M].刘锋,译.北京:生活·读书·新知三联书店,1997:59.
② [美]华勒斯坦,等.开放社会科学:重建社会科学报告书[M].刘锋,译.北京:生活·读书·新知三联书店,1997:52.

素。在他看来,以"普遍规律"为依据的学科制度化过程是资本主义世界体系的产物,"社会科学并不是单个社会思想家的产物,而是在那些为了实现具体目的的具体社会结构中的集体创造物——资本主义世界体系的产物"[①]。也就是说,现代学科制度中的"普遍规律"的预设逻辑和资本主义逻辑具有内在的亲和,它符合资本主义国家治理的要求。对此,华勒斯坦分析道:"若要对社会变革进行合理的组织,那就必须首先去研究它,了解支配它的种种规则。这就不仅为我们后来称为社会科学的那一类学科提供了发展空间,而且还对它们产生了深刻的社会需求。由此可以得出一个更进一步的结论,要想在一个牢固的基础上组织社会秩序,社会科学就必须越精确越好。"[②]这样,科学及其所宣称的"普遍规律"凭借着政治权力的作用得以成为现代学科合法化的依据。这样,他也就解释了其所关注的核心问题:科学与哲学作为两个"独立而平等的"领域如何形成等级,特别是科学何以在19世纪"大获全胜"。

在知识社会学的理论透视下,现代知识体系各个层面与社会情境的相互依赖得以显现,尤其是其观念预设与社会结构因素之间的关系得以走出隐匿状态。这样,现代知识便不再具有天然的正当性。

第二节 权力与规训:现代知识的再生产

知识社会学的分析展示了现代知识的结构限制,揭示了它与自身所处社会情境的相互依赖及其所具有的意识形态性质。然而,产生于某一社会情境的、具有意识形态性质的现代知识如何被全社会所接受,

---

[①] 邓正来.否思社会科学:学科的迷思[J].河北经贸大学学报,1999(3):22-29.
[②] [美]华勒斯坦,等.开放社会科学:重建社会科学报告书[M].刘锋,译.北京:生活·读书·新知三联书店,1997:10.

并被视作理所当然？此后，这一知识体系又如何被后代接受并视为理所当然，从而实现历时的延续？这便涉及现代知识的再生产问题。在这一过程中，现代知识总会凭借权力运作，从自身所处社会情境扩散开去，被其他社会群体所接受。通过这一整套的权力规训技术，现代知识实现了自身的再生产。

一、微观规训技术：现代"知识—权力"运作的机制

相较于其他历史时期的知识再生产，现代知识体系的再生产更顺利、更有效。这当然得益于现代社会权力技术的新特征。福柯通过对"惩罚"与"权力"的谱系学分析，对现代社会权力的运作机制进行了详细而深刻的分析。在他看来，和以往社会不一样的是，现代社会权力运作的作用点发生了变化，它"不再是通过公开处决中制造过度痛苦和公开羞耻的仪式游戏运用于肉体，而是运用于精神，更确切地说，运用于在一切人脑海中谨慎地但也是必然地和明显地传播着的表象和符号的游戏"，或者说权力"不再运用于肉体，而是运用于灵魂"。① 这也就是说，在现代社会中，惩罚及权力运作的目的在于"塑造"或者"矫正"人的灵魂，即人的观念形成。具体来说，现代权力运作试图形塑一种现代主体，该主体具有现代的思维方式，接受了现代知识的生产规则和程序。这一过程的结果便是"现代人"的产生，与此相伴的是现代知识体系的再生产。在福柯的思想体系中，"现代社会中的权力被描绘为是对被管制的、孤立的和自我监管的主体的定向生产"。在此意义上，福柯说"主体问题"是其研究的中心问题，权力研究服务于主体问题的研究，它仅仅是为了"阐述主体如何在强制实践的层面上进入真相游戏之中"，②

---

① [法]米歇尔·福柯. 规训与惩罚：监狱的诞生[M]. 刘北成，杨远婴，译. 北京：生活·读书·新知三联书店，1999：111.
② 莫伟民. 从"解剖政治"到"生命政治"福柯政治哲学研究[M]. 上海：上海人民出版社，2018：108.

这也就同时解释了现代知识体系的再生产机制。

尽管现代权力运作以人的灵魂为作用点,但这并非表示它可以脱离人的肉体而存在,人类已经进入"非肉体惩罚的时代"。相反,肉体在现代权力运作中仍然是一个非常重要的角色,只是它不同于以往的角色,"肉体将再次以新的形式成为主要角色"①。更确切地说,现代权力是以"肉体"为中介实现的对人的灵魂或观念的形塑。要实现这样的过渡,以往对身体的残暴而缺乏效率的干涉便失去效用,代之而起的是对身体的"精心操纵"。"人体正在进入一种探究它、打碎它和重新编排它的权力机制。一种'政治解剖学',也是一种'权力力学'正在诞生。它规定了人们如何控制其他人的肉体,通过所选择的技术,按照预定的速度和效果,使后者不仅在'做什么'方面,而且在'怎么做'方面都符合前者的愿望。"②福柯称这些技术系统构成的权力运作模式为"权力的微观物理学",他说:"这些技术都是很精细的,往往是些细枝末节,但是它们都很重要,因为它们规定了某种对人体进行具体的政治干预的模式,一种新的权力'微观物理学'。"③它们已经扩散至整个社会,存在于现代社会的各个部门,比如工厂、军营、学校、医院等,并以类似的模式实现对身体的控制。此外,由于这种权力技术的精细、微观特征,它们的存在形式极为"隐蔽"。在福柯眼中,它们是"那些具有很大扩散力的狡猾伎俩,那些表面上光明正大而实际上居心叵测的微妙安排,那些羞于承认屈从于经济要求的机制或使用卑劣的强制方式的机制"④。换种说法,它们是渗透于社会的毛细血管中的权力技术。因此,要描述这样

---

① [法]米歇尔·福柯.规训与惩罚:监狱的诞生[M].刘北成,杨远婴,译.北京:生活·读书·新知三联书店,1999:113.
② [法]米歇尔·福柯.规训与惩罚:监狱的诞生[M].刘北成,杨远婴,译.北京:生活·读书·新知三联书店,1999:156.
③ [法]米歇尔·福柯.规训与惩罚:监狱的诞生[M].刘北成,杨远婴,译.北京:生活·读书·新知三联书店,1999:157.
④ 同③。

的权力运作模式,必须注意这些"细枝末节",并将它们组织成一个"连贯性的策略体系"。

福柯的理论抱负便是要描述这一"微观物理学"中的"连贯性的策略体系"。凭借自身敏锐的理论眼光和灵巧的理论感受,福柯发现了隐秘于社会最深处的规训技术,并将它们有机地连接为一个整体:现代社会的权力规训模式。这一模式由以下几种技术构成。

第一,对空间的分配。这一技术在"封闭"的基础上,将空间改造成一个精细而严密的等级空间体系。首先,空间被解析为若干"分格",每个人都占据一个明确的空间"分格",使更为严密的监督成为可能。然而,解析空间并非为了固定每个人的位置,而是使他们更有序、更精密地协调、联系和运作,从而形成一个更为有益的空间。"这种空间既提供了固定的位置,又允许循环流动。它们划分出各个部分,建立起运作联系。它们标示出场所(位置)和价值。它们既确保了每个人的顺从,又保证了一种时间和姿态的更佳使用。……纪律的第一重大运作就是制定'活物表',把无益和有害的乌合之众变成有秩序的多元体。"[①]这一表格构成了处理复杂事物的工具,在分解复杂事物的基础上将它们更好地纳入秩序之中。"它既允许对个别做特征描述,又允许对既定的复杂事物加以整理。"[②]这是权力"微观物理学"的基础。

第二,对活动的控制。这一控制通过以下几种方式实现:活动和时间的吻合、身体各部分的联结以及身体和对象的啮合。对活动的时间性规定是规训技术对"时间表"这一现代产品的充分利用,通过将精细划分的时间和身体的配合,将一种强制的节奏施加于人的身体。它

---

① [法]米歇尔·福柯. 规训与惩罚:监狱的诞生[M]. 刘北成,杨远婴,译. 北京:生活·读书·新知三联书店,1999:167.
② [法]米歇尔·福柯. 规训与惩罚:监狱的诞生[M]. 刘北成,杨远婴,译. 北京:生活·读书·新知三联书店,1999:169.

"是一种从外面施加的集体的和强制性的节奏。它是一种'程序'。它确保了对动作本身的精细规定。它从其内部控制着动作的发展和阶段"①。这样,权力便随着时间渗透进对身体的控制之中。除了身体的节奏之外,规训技术还通过控制活动过程中身体各个部位之间的协调,实现对身体的最佳利用。它"造成了一种姿势与全身位置之间的最佳联系,而这正是效率和速度的条件。在正确地使用身体从而可能正确地使用时间时,身体的任何部位都不会闲置或无用"②。此外,权力还通过将身体和对象之间的啮合精致化实现对身体的控制。"在肉体与其对象之间的整个接触表面,权力被引进,使二者啮合得更紧。"③

第三,时间的创生性筹划。这一技术将时间划分为连续的、平行的片断之后,使它们按照"由简到繁"的原则形成序列。在这个时间序列的每一个阶段,每个人都会接受适合他自身特点的训练,最后以考核作为结束以及是否进入下一个阶段的依据。它"用于控制每个人的时间,调节时间、肉体和精力的关系,保证时段的积累,致力于利润的持续增长或最大限度地使用稍纵即逝的时间"④。这是一种积累和使用时间的机制。

第四,技术通过精心计算的运作方式进行力量的编排,以实现充分利用每一个人。这种编排以"精确的命令系统"作为黏合剂,将不同年龄、力量的个人按照一定的方式进行组合。在这里,个体成了"一种可以被安置、移动及与其他肉体结合的因素。它的勇气和力气不再是它

---

① [法]米歇尔·福柯. 规训与惩罚:监狱的诞生[M]. 刘北成,杨远婴,译. 北京:生活·读书·新知三联书店,1999:171.
② [法]米歇尔·福柯. 规训与惩罚:监狱的诞生[M]. 刘北成,杨远婴,译. 北京:生活·读书·新知三联书店,1999:172.
③ [法]米歇尔·福柯. 规训与惩罚:监狱的诞生[M]. 刘北成,杨远婴,译. 北京:生活·读书·新知三联书店,1999:173.
④ [法]米歇尔·福柯. 规训与惩罚:监狱的诞生[M]. 刘北成,杨远婴,译. 北京:生活·读书·新知三联书店,1999:177.

的主要变量。它所占据的位置,所涵盖的间隔,它的规律性以及良好秩序成为它据以运作的主要变量"①。这样,这种技术就不再仅仅是一种从单个肉体中榨取时间和积累时间的艺术,而是将单个力量组织起来,以追求最高效率的机制。

结合以上四种技术,现代权力便具备了一种建构艺术,它可以"借助被定位的肉体,被编码的活动和训练有素的能力,建构各种机制"②。这些机制中,各种力量会因为精心、细密的组合协调而产生最大效率的作用,构成了权力规训实践的最高形式。

由这四种技术构成的现代权力不仅仅是一种"控制",还是一种"训练",它具有生产和改造的功能。"它要通过'训练'把大量混杂、无用、盲目流动的肉体和力量变成多样性的个别因素——小的独立细胞、有机的自治体、原生的连续统一体、结合性片段。……这是一种谦恭而多疑的权力,是一种精心计算的、持久的运作机制。"③这是现代权力规训与以往规训机制的"断裂点"。

然而,仅仅这四种技术并不具备这一功能,它们还需要一些特殊而微小的"规训手段"加以配合。福柯对其中最为关键的"规训手段"进行了描述,它们包括:"层级监视""规范化裁决"和"检查"。这三者的组合便赋予了现代权力规训以生产功能。层级监视将权力的目光分层,使权力作用对象的每一个举动都"彰明较著",清晰而细致的控制成为可能。从而,规训权力"嵌入"自身的作用领域,"变成一种'内在'体系,与它在其中发挥作用的那种机制的经济目标有了内在联系。……这样就

---

① [法]米歇尔·福柯.规训与惩罚:监狱的诞生[M].刘北成,杨远婴,译.北京:生活·读书·新知三联书店,1999:184-185.
② [法]米歇尔·福柯.规训与惩罚:监狱的诞生[M].刘北成,杨远婴,译.北京:生活·读书·新知三联书店,1999:188.
③ [法]米歇尔·福柯.规训与惩罚:监狱的诞生[M].刘北成,杨远婴,译.北京:生活·读书·新知三联书店,1999:193.

使得规训权力既是毫不掩饰的,又是绝对'审慎'的。说它'不掩饰'是因为它无所不在,无时不警醒着,因为它没有留下任何晦暗不明之处,而且它无时不监视着负有监督任务的人员。说它'审慎'则是因为它始终基本上是在沉默中发挥作用"①。规范化裁决是规训权力系统的核心,它是一种"小型处罚机制",主要对那些被遗漏于大型处罚之外的行为进行管制。这一裁决方式采取"奖—罚二元体制",通过制定量化的计量方式,将所有行为纳入"好—坏"的等级序列之中。这样,它就可以"对人员本身及其种类、潜力、水准或价值……进行精确的评估"②。在此评估基础之上,规范化裁决采取"操练"惩罚的形式,也即"强化的、加倍的、反复多次的训练"③。这赋予该裁决方式以"缩小差距"和"矫正"功能。"它与其说是一种被践踏的法律的报复,不如说是对该法律的重申,而且是加倍地重申,以至于它可能产生的矫正效应不仅包括附带的赎罪和忏悔。这种矫正效果可以直接通过一种训练机制而获得。惩罚就是操练。"可见,作为规训权力系统的核心,规范化裁决的矫正功能是规训权力的生产和改造功能的保证。最后,在现代权力规训系统中,检查将前两个规训手段结合起来,构成了权力运作的完整机制。检查通过"检阅"的形式,将规训对象客体化,使之成为权力的凝视对象。以此,不可见的规训权力将可见原则强加给规训对象,将其固定于可见状态和被支配状态。与检查相伴随的是一套"书写机制",它将个体引入文件领域,成为描述对象。这造就了两种相互关联的可能性:"首先是把个人当作一个可描述、可分析的对象……在一种稳定的知识体系的

---

① [法]米歇尔·福柯.规训与惩罚:监狱的诞生[M].刘北成,杨远婴,译.北京:生活·读书·新知三联书店,1999:200.
② [法]米歇尔·福柯.规训与惩罚:监狱的诞生[M].刘北成,杨远婴,译.北京:生活·读书·新知三联书店,1999:204.
③ [法]米歇尔·福柯.规训与惩罚:监狱的诞生[M].刘北成,杨远婴,译.北京:生活·读书·新知三联书店,1999:203.

监视下,强调人的个人特征、个人发育、个人能力;其次是建构一个比较体系,从而能够度量总体现象,描述各种群体,确定累积情况的特点,计算个人之间的差异及这些人在某一片'居民'中的分布。"①这样,检查就将个体变成"个案",成为权力运作的"轴心"。这三种规训手段的结合,确保了现代权力技术的运行,并保证了其生产和改造的功能,促使新的权力类型得以诞生。

现代微观权力体系的建立有效地将现代思维方式传递给规训对象,成功地塑造了具有现代观念的主体。这使得原本存在于某一群体的知识得以被其他群体接受,得以进入后代的思维,从而也实现了现代知识的再生产。同时,这些观念和知识也为微观规训技术提供了合法性依据,现代"知识—权力"运作机制得以整体形成。

二、 学校教育：现代"知识—权力"运作的枢纽

在福柯所构建的"知识—权力"理论体系中,学校教育和监狱、医院、军营、工厂一样,仅仅是现代"知识—权力"运作的众多领域之一。他并未能认识到学校教育所具有的特殊地位和意义,即现代知识再生产的"枢纽"。这是福柯未能具体阐述的问题,是其"知识—权力"理论体系的空缺。正因如此,福柯并没有能够解释现代规训制度的缘起及其与传统的断裂。这便是霍斯金意图对福柯的理论加以发展的方向,他将学校教育从现代"知识—权力"运作的众多领域中拔起并放于枢纽位置。他指出:"我们始终要做不习惯的事,也就是穿透明显的变化表征,追寻最早的轨迹。这样,我们最终会走到一个景观奇特的交接点,发觉社会、制度和个人层面上的一切新现象,都可以在教育——这个看

---

① [法]米歇尔·福柯.规训与惩罚:监狱的诞生[M].刘北成,杨远婴,译.北京:生活·读书·新知三联书店,1999:214.

来是边缘的、无名分的领域找到自己的缘起。"①可见,霍斯金认为学校教育是现代规训制度与传统相断裂的节点,也是现代知识再生产的枢纽。具体来说,学校教育中实践方式的变化带来了现代"知识—权力"运作机制的建立,使得现代知识的再生产成为可能。这些变化看起来微不足道,它们主要包括三个方面:"一、定期举行严格考试;二、考试结果以分数评定等级;三、不断的书写工作,既有学生自己的书写习作,也有他人关于学生的和组织上围绕学生的各种书写工作。"②然而,它们的相遇和结合却具有扭转乾坤的效果。霍斯金在文中论断道,"只有当书写、评分、考试这三种做法结合在一起,人类历史才发生重大变化,乃至出现断裂"③。因为,它们的结合造就了一种新的权力类型,使得对人们的思维和精神进行塑造成为可能,从而也就使现代知识的再生产具有了可能性。这样,第一批具有现代知识及思维的"主体"产生。当这些主体离开学校进入社会其他领域时,他们将会带来其他领域中"知识—权力"运行机制的形成。他们是以上教育实践方式的规训产物,同时也是未来其他领域的规训者。可见,作为现代"主体"的集散地,学校教育成为现代"知识—权力"体系覆盖全社会的动力来源。因此,可以说,学校教育是现代"知识—权力"运作的枢纽。

这三种教育实践方式的结合之所以具有如此效果,主要因为它们从两个方面改变了人们的观念和思维方式。首先,这些实践方式在对学生进行规训的同时,将存于自身背后、支撑自身合理性的观念传递给了学生。以评分为例,它向学生灌输一种"竞争"的观念。"分数却不但

---

① [美]华勒斯坦,等.学科·知识·权力[M].刘健芝,等编译.北京:生活·读书·新知三联书店,1999:52.
② [美]华勒斯坦,等.学科·知识·权力[M].刘健芝,等编译.北京:生活·读书·新知三联书店,1999:46.
③ [美]华勒斯坦,等.学科·知识·权力[M].刘健芝,等编译.北京:生活·读书·新知三联书店,1999:47.

用来互相比试,而且鼓吹竞争,为的是竞夺那些能显示自我有用之处的流通价值。分数给表现树立客观价值,用数量来设定十分是完美、零分是一败涂地的标准。"①对该观念的接受便意味着对评分这一教育实践方式的认可和接纳。这样,评分作为一种教育实践方式便被学生内化,成为一种"自动运行"的权力方式。"就这样,这些新型的学习者变成(懂得)自我规训、自我实现(的重要),是一群惧怕失败、永远追求奖赏的求真者。"②其次,这些教育实践方式所构成的精致的规训技术系统在塑造学生的思维和观念、使他们形成现代思维方式方面具有以往权力类型所没有的有效性。"这些新的实践方式同时给学习者植进一种新而实在的知识力量。……给新学习者套上一大套新的建构知识的方法系统。作为新的自我,他们以新的语言提问、思考,并且书写。结果,他们出产了性质上崭新的知识形式。"③这一方法系统主导着学习者对世界的认识,从而实现对现实世界的建构。当然,也包括对教育的认识和建构。因此,支撑着教育实践方式合理性的教育观念和通过教育实践方式所传递的知识形式具有内在一致性,它们都是现代知识体系的组成部分。这样,以学校教育为枢纽,现代知识体系凭借新的权力类型,实现了自身的再生产。

三、表达—互动论:现代"知识—权力"运作的内在张力

然而,现代知识体系凭借权力作用实现自身再生产的过程并非一帆风顺,它面临的是被规训对象原有观念和知识的能动作用。具体地说,现代"知识—权力"作用下的个体并非完全被动,他们具有自主能动

---

① [美]华勒斯坦,等.学科·知识·权力[M].刘健芝,等编译.北京:生活·读书·新知三联书店,1999:47.
② 同①。
③ [美]华勒斯坦,等.学科·知识·权力[M].刘健芝,等编译.北京:生活·读书·新知三联书店,1999:48.

性。这一论断在许多研究的结论中已经得到验证。迈克尔·W.阿普尔和麦克·F.D.扬在研究学校课程中的意识形态作用时曾特别强调：学校教师对于国家意识形态并非被动地接受，而是经过了能动的理解。古德森也曾以"在研究机构的改变的同时，应把重心放在机构中人的内部变化"①为原则，应用生活史方法展示了在英国重学术的学科传统作用之下，环境教育的创始人及其他相关人员与政府的斗争过程。在政治社会学研究中，于建嵘曾明确指出作为政治权力作用对象的底层并非被动的，他们具有自主性。因此，他要求在政治社会学研究的过程中坚持"从底层社会内部的结构解读底层政治的运作逻辑"。②所有这些研究虽然存在于不同的研究领域，着眼于不同的社会现象，具有不同的研究结论，但它们共同展示了权力作用下个体的自主能动性。

  具体到社会的现代化转型，现代"知识—权力"运作机制的建立所面临的是传统知识体系的能动性。在此过程中，传统知识体系并非可以挥之即去的存在，它总是同现代知识体系相互斗争而存在。对此，金耀基所提出的"过渡人"概念有助于传统力量的发现。在使"传统—现代"走出非此即彼的对立两极，形成一个连续体的基础上，金耀基认为现代化是作为"过程"而存在的。处于这一过程当中的人便是"过渡人"。在金耀基看来，"过渡人"在观念上具有"异质性"，这会给"过渡人"带来认知的冲突。"他一眼向'过去'回顾，一眼向'未来'瞻望；一脚刚从'传统'拔出，一脚刚踏上'现代'。由于他生活在'双重价值系统'中，所以常会遭遇到'价值的困窘'。在心理上，积极地，他对'新'的与'旧'的有一种移情感；消极地，他对'新'的与'旧'的也都有一种迎拒之

---

① Ivor F. Goodson, Pat Sikes. Life History Research in Educational Settings: Learning from Lives[M]. Buckingham·Philadelphia: Open University Press, 2001:75.
② 于建嵘.抗争性政治：中国政治社会学的基本问题[M].北京：人民出版社,2010:3.

情。这种价值困窘与情感上的冲突,造成了'过渡人'内心的沮丧与抑郁,所以'过渡人'是痛苦的人。"[1]在社会转型过程中,传统的能动作用确实会体现为人们的"认知冲突",但并非必然,它还有另外一种表现。很多时候,"新""旧"两种知识体系会在个体认知过程中发生"融合",形成第三种知识体系。这一知识体系既不同于"旧"知识体系,也异于"新"知识体系。黄宗智在研究乡村文化变迁时所提出的"表达性结构—表达性主体"互动范式与此观点具有内在一致性。在这一范式之下,"主导文化与乡土文化之间的关系便会由表达—表达转变为表达—互动。在表达—表达关系中,主导文化对乡土社会来说,只能是凭其支配地位与话语权力而进行自身的霸权性再生产。在表达—互动关系中,主导文化走进乡土社会时,后者会对它所表达的结构根据自身的客观现实而进行解读和重构,在这种基础上,两者共同作用下所形成的则是一种互动性再生产。两种再生产的性质决定了其结果的不同,霸权性再生产的结果只能是乡土社会对主导文化的被动而无选择地接受。互动性再生产的结果将是复杂的,既可能是被动地接受,也可能是拒绝,还可能是主动接纳乃至内化"[2]。可以说,在现代"知识—权力"运作机制建立过程中,传统知识体系的能动作用就表现为对现代知识体系的"再解释"和"重构"。因此,现代"知识—权力"运作机制建立的过程中,总是伴随着与传统的张力以及相互之间的融合。

---

[1] 金耀基.从传统到现代[M].北京:法律出版社,2010:77.
[2] 常君睿.教育主导的乡土艺术文化变迁——通渭书画热成因研究[M]//黄宗智.中国乡村研究(第七辑).福州:福建教育出版社,2009:203-253.

第三章 「务实求验」：M村人教育观念的传统思维

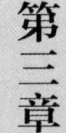

第三章 "务实求验":M 村人教育观念的传统思维

在中国教育史上,1905 年是具有标志性的一年。该年,作为中国传统教育轴心的科举考试制度被废除,取而代之的是新式学校和新教育体制。这标志着传统教育的结束,中国教育的现代化历程开始启动。此后,在政府力量的推动下,全国各地开始兴办学校,教育现代化运动迅速展开。当然,与此相伴随的是作为背景而存在的中国社会的现代化潮流,教育现代化只是其中的一个分支。然而,这一潮流主要席卷城市地区,其触角并未能触及广大乡村地区。在大多数乡村,人们仍然静静地重复着以往的生活,M 村也不例外。1949 年之前,M 村人一直生活于以土地为中心的封闭环境之中,继续着很久之前便已形成的生活模式。据当地相关文献的记载以及该村老教师和其他老人的回忆,自科考废除至 1949 年前后,学校及新教育体系迟迟未能进入 M 村,私塾教育在该村继续存在,是该村儿童接受教育的唯一途径。尽管外面的改革已经轰轰烈烈,M 村人仍像以往一样生活,一样进行着教育。这样的生活和环境形塑了他们的思维逻辑,使得他们继续着以往对世界和教育的思考。

第一节 1949 年之前 M 村的生活与教育

M 村,作为一个行政单位,它的名字来自于新中国成立后共产党的建制。然而,作为自然村落,它很久之前便已存在,具体时间已无从考证。1912 年始至 1949 年之前,这个地方由国民党管辖,隶属于如皋县白蒲镇,经历了频繁变化的行政建制和命名。但这对 M 村人的生活没有丝毫的影响,因为他们一直沿用祖辈父辈们传下来的名称:小庄里。至于为何如此称呼,没有人能说清。在他们看来,他们都是"小庄里"的,这构成了他们身份认知的重要部分。M 村所在镇——白蒲镇,是我国古镇之一,被称为"消逝了的周庄"。它的得名与蒲草有直接的

关系,秦镜泽等人新编的《白蒲镇志》记载:

> 江海平原原为长江下游的冲积平原,白蒲地处其间。古代,白蒲曾处于汪洋大海底下,后来海水渐渐东退,留下许多小溪和一片茫茫的沼泽地,沼泽地里逐渐长出一簇簇香蒲,晒干的蒲草呈乳白色。这块最先长出蒲草的地方据说是现今的白蒲蔡家园一带,是白蒲的发源地。①

对此,清人姚鹏春编纂的镇志也有涉及:

> 白蒲古时溪泽多生白色蒲草,因此得名。②

从其地理环境特征来看,它是长江下游冲积平原的一部分。新编《白蒲镇志》对其形成历程做了简要的说明:

> ◆ 公元221年—280年(三国时)据《宋书·州郡志》载:"三国时,江淮为战争之地,其间不居者各数百里,其射阳、广陵、海陵、高邮、江都、盐城诸县,并云三国时废,是今日扬通州县,三国俱为陆地。"白蒲地段已由江边沼泽地逐渐成陆,却荒无人烟。③
>
> ◆ 东晋时,长江北岸古沙嘴向外扩展,海陵东南境出现大片土地,白蒲镇所在地即在其内,且有人到此生息繁衍,形成

---

① 参见秦镜泽等人编写的《白蒲镇志》,暂未出版。
② [清]姚鹏春.白蒲镇志[M].南通市图书馆,1979.
③ 同①。

第三章 "务实求验":M村人教育观念的传统思维

濒海临江的村落。①

◆ 公元411年(东晋安帝义熙七年)"安帝分广陵郡之建陵,临江(石庄)、如皋、宁海、蒲涛五县,置山阳郡,属南兖州。"(见《晋书·地理志》)白蒲镇为蒲涛县旧址。②

这一形成历程造就了白蒲肥沃而独特的土壤特征,为其农业的发展提供了地质的优势。

◆ 白蒲镇内部地势平坦,土地肥沃,河道纵横。土质黏细,结构良好,富含稀有元素,土壤学家以"白蒲粉沙壤"的美称载入专著。③

◆ 又据《如皋市志》载,古河汊淤积后,不再得到泥沙补充沉积,地势比较低洼,至今仍有大小不等的荡地(新中国成立前有猫儿荡、张鹤荡、三角荒荡、陆家荒荡等),长年生长芦苇,红蒿,土质粘细,结构好,土壤学家侯光炯称之为"白蒲粉沙壤"。④

除此之外,白蒲的地理环境还赋予了其优越的气候条件,新编《白蒲镇志》中这样描述:

气候属亚热带海洋性气候,温和宜人,四季分明,雨水充沛,日照充足,无霜期较长,适宜各类农作物生长。灾害性天

---

① 参见秦镜泽等编写的《白蒲镇志》,暂未出版。
② 同①。
③ 同①。
④ 同①。

气有旱涝、连阴雨、暴雨、寒潮、霜冻、台风、冰雹等。镇郊偶遭龙卷风袭击,镇区无遭龙卷风袭击的历史。根据有关历史资料记载,白蒲地区没有发生过破坏性地震,震感均为外地地震波及所致。境内自然资源丰富,原勇敢、新姚素有鱼米之乡之称,盛产优质稻米、大白菜(黄芽菜)、蚕桑、蘑菇、兔毛,有多种中草药资源。①

优质的土壤和优越的气候为白蒲镇的农业提供了极佳的外部条件,为白蒲人的农业生活方式提供了基础。凭借着相对优越的外在环境,他们世世代代在这片土地上劳作、生活。在他们的生活中,土地占据着中心位置。处于白蒲西部的 M 村,当然也与此类似。并且,相对于镇区来说,更为封闭的 M 村在这方面的特点更为突出,持续的时间也更为长久。可以说,直至新中国成立,M 村一直保持着这一状态,所受影响极小,改变也可忽略。

一、以土地为中心:1949 年之前 M 村的生活环境

任凭社会现代化运动的开展,政治世界的风起云涌以及社会动乱的前赴后继,M 村的人们一直依持着大自然的赐予,在这片肥沃的土地上静静地维持着祖辈们传递下来的生活模式。他们生活于土地之上,并以土地为生。一方面,土地构成了 M 村人生活资料最为主要的来源。他们仰仗着自然的风调雨顺,依靠着对土地的人力耕作,获取生活的物质来源。

> 那个时候家家户户都要种田啊,不种田哪有饭吃啊!种

---

① 参见秦镜泽等编写的《白蒲镇志》,暂未出版。

田才是正业,其他都不稳当啊!不像现在的年轻人,都不想种田,一心想着到外面、到厂里去打工赚钱。那时候种田就指望菩萨帮忙,有个好年份,田里能有个好收成。这样,一年就不用愁吃喝了!有的时候遇上荒年,全家人吃饭就都有问题了!(TAM-2D-2012.4.20)①

另一方面,土地也是他们全部的世界,是其安全感的保障。他们害怕走出土地,习惯了"生于斯、长于斯"的生活。据村里的老人描述:

那个时候老百姓不是现在这样,那时候大家都在农村,不想出去。有的人家不肯让小孩上学,就怕小孩上了学之后会出去,他们都舍不得小孩出去。(DYZ-2A-2012.4.16)

总之,土地成为他们生活的内核要素,生活的一切都以此为基点展开,并被烙下了独特的印迹。

1949年之前,M村属于国统区,由国民党管辖。然而,国民党并未改变原有的土地制度,其土地所有制相较于封建社会并未有根本的改变。地主仍然是大多土地的所有者。但是,M村没有地主,这里的大多数土地都属于扬州的一个地主所有。M村的民众主要可以分为三

---

① 本研究从"访谈对象""主题"和"访谈时间"三个维度对研究资料进行编码,采取了这样的标注格式:人名-主题-访谈时间。"主题"部分的代码和具体内容为为:1. M村教育状况[A 教育的接受度、B 学校(私塾)的物质条件、C 教师待遇、D 教师素质、E 教学内容、F 教学组织形式、G 教学方式、H 评价方式、I 教学效果、J 学校(私塾)的日常生活状况、K 学校(私塾)制度、L 惩罚方式]。2. M村生活状况(A 开放程度、B 土地制度、C 物质资料来源的可获度、D 物质资料来源的类型及收入状况、E 物质资料来源的稳定性、F 物质资料来源的舒适度、G 生活条件、H 大学生及其生活信息)。3. 有关土地重要性的观念。4. 家校联系状况。5. "人"观(A "理想"人、B "成人"的要素、C 人的可塑性)。6. 知识观(A 知识的性质、B 知识的作用)。7. 教学观(A 教师教学质量、B 如何教)。8. 评价观。9. 管理观。10. M村孩子的校外生活。例如,2012年4月1日对张三的访谈中关于M村开放程度的内容标注为:ZS-1A-2012.4.1。下文所有访谈资料都以此方式编码和标注,不再详细说明。

种类型。第一种类型是富农。在 M 村,有两户为大家所公认的"发财的人家":唐家和杜家。唐家住在西村,杜家住在东村,东西村的划分以穿村而过的南北路为界。村里人之所以认为他们"发财",主要是因为他们家有十几亩地,农忙时需要雇佣村里人帮忙种地,每年收的粮食比较多,家里人"有得吃",不会挨饿。杜家的后人这样回忆:

> 我家住在东小庄,发财是出名的。其实就是田多,收的粮多,就叫个发财。大多人家没得吃,我家有得吃,就叫个发财。这些都是我爷爷他自己舍得吃苦,做来的,每天干活累到躺在草堆上,有的时候就睡在了草堆上。家里又没有田租给人家种,不剥削人。农忙来不及请了人帮忙还要给他们工资。那个时候家里有十几亩地,主要种大麦、小麦、蚕豆和高粱。每年收的粮食除了家里人吃之外,还剩一些可以卖掉。收了蚕豆之后做成粉丝,高粱做成酒都可以卖。不过也没钱存,除去种的成本和请人的工资,就没有什么钱剩了。农忙的时候,请一个人干活,他的家里人都会跟着来吃饭。我爷爷人好,都不会拒绝。这样,每次请人干活,都要有两三桌人吃饭。干完之后,还要给他们工资。实际上,每年也结余不了什么钱。(DHM-2D-2012.5.6)

当时,这样的生活足以让村里邻人羡慕不已了。谈到当时的杜家,村里有老人说:

> 他家发财啊,那个时候村里最发财的就是杜家和唐家了。他们家田多啊,农忙的时候我爸和我妈都被请了去帮忙呢,这样我家里就可以多点收入。他家年年收的粮食都比我们这些

人家多多了,他们家大人小孩都有饭吃啊,我们家人都吃不饱。能吃得饱,那个时候就算是发财的啊。(TYY-2D-2012.5.6)

第二种类型是中农。那些自己有两三亩地,不用向地主家租地的人家就算是M村的中农了。村里人称他们为"家里有的"人家。所谓"家里有的"人家,实际上主要指的是那些有基本的生产资料,比如有钱购买肥料的人家。相对于大多数贫困人家来说,由于他们种地的成本投入稍高,田里的收成要比大多数人家高。因此,他们能维持家人基本的生活,不用为吃发愁。但这也仅仅是勉强而为之,因为除去成本以及向国家交的税收,剩下的便只能供自己家里人生活了。一位在当时算是典型中农的老人这样讲述:

当时村里唐家和杜家最发财,我家也是可以的,算是比上不足比下有余的那一类人家。不过,相比于大多数人家,我家日子要好过一些。我家有三亩多地,不用租地,收多收少交了税之后都是自己家的。那时候产量低啊,一亩地一年正常只能收四五百斤粮食。种的都是杂七杂八的,像小麦、大麦、元麦、蚕豆、豌豆、玉米、高粱、黄豆,这些都种一点,这样家里就什么都有的吃。当时不像现在啊,种了粮食都想卖啊,那个时候主要都是想着家里人吃。种田家里人够吃了就不错了,很多人家收点粮食都不够吃。我家好就好在有点成本,舍得买肥料,田里每年收的都比其他人家要多。那个时候肥料贵啊,一亩地要二三十担粪才行,很多人家都没有本钱买。你想想,种田不就靠肥料吗?没有肥料哪有的收啊?不过,我家所谓好也就是不用愁吃,其他也没什么好的。粮食也只够吃,没有得卖。如果遇上好年份,收得多,才能多

卖一点钱。孩子啊,那个时候人过日子可怜啊!很多人家都没有饭吃啊!(XYY-2D-2012.4.16)

然而,即便是中农,在村里也算是少数,大多数人都属于贫农。他们没有自己的地,需要向地主租地种。每年收了粮食之后,要将一部分作为完租交给地主,剩下的才是自己的。他们就靠着这样的差额来维持家人的生活。很多时候,家里人都吃不上饭。一位老人算了这样一笔账:

那个时候我家算老穷,家里穷死了,没有田,跟地主家租了两亩田。每年种些小麦、元麦、大麦、玉米、荞麦、蚕豆、豌豆、高粱。不管种什么,每年一亩地只能收两三百斤粮。之后,一亩地要缴五十斤给地主家,还要缴国家的税。那个时候跟现在不一样,收点粮食缴缴租,施施肥,就一半粮食没有了,穷人过日子难过啊。穷人种田成本都不够,舍不得施肥。那个时候肥料贵,而且需要得多,一亩地要二三十担粪。家里好点的人家就舍得买,我家没钱,只舍得买一半,比不施肥稍微好点。这样,收的粮食就没有人家多,到最后剩下的都不够吃,更不要谈卖了。(TJS-2D-2012.5.1)

可见,在 1949 年之前,M 村的人们在土地上劳作,所维持只是自给自足的自然经济生活。"吃"还是 M 村大多数人考虑的问题,也是区分"贫富"的主要标准。因为,这里的大部分人还在为吃、为生存而挣扎。当然,之所以这样,除了他们自己所认为的"没有成本"之外,还有更多其他的原因,例如土地的有效利用程度低,种植手段的技术化程度低,等等。所有这些,使得 M 村人们尽管拥有优越的土壤和气候等天然条件,却只能维持基本的生存,其生活极为艰难。

除了农业之外,M村人也有其他的收入来源。为了增加收入,一些人家会养猪、鸡、鸭等,这些都可以给他们带来额外的经济收入。有些人还会一些手艺,比如砖瓦匠、木匠、裁缝、织布匠等等。在种地之余,他们会去有需要的人家做工,以获得一些收入。在M村,这些"手艺人"是很了不起的,通常家里经济相对宽裕。对此,村里很多老人都表示:

◆ 学了手艺之后,到人家做一天,能够拿一天的工资,一天三顿都在人家家里吃,家里的粮就省下来了。(HYY - 2D - 2012.4.17)

◆ 我也学过手艺的,学的木匠,在人家做,六毛钱一天,那个时候学了手艺就好了啊,在人家吃饭,还有工资拿。(JHQ - 2D - 2012.5.4)

◆ 学了个手艺之后,天天在人家吃,学个手艺就是图个有饭吃,还拿点工资。(GMD - 2D - 2012.4.23)

确实,相对于很多吃不上饭的人来说,他们可以说是幸福的;相对于很多"没有事情做,只能在田里打滚"的人家来说,他们算是"富裕"的。因此,当时的手艺人算得上是M村的"名人"了。然而,这些活计的经济收益并非今天人们所想象的那样。实际上,当时养殖和手工给M村人们所带来的收入是很有限的。

◆ 那个时候养猪虽然能有点收入,但是跟现在不一样。那个时候养猪难啊,家里没有钱,买不起大一点的小猪,只能买小一点的。就算这样,一年也只能买一只,多了也买不起。

不像现在人家养猪，正常一次都要买五六只。现在养猪用饲料喂就可以了啊，那个时候全是人割草回来，洗干净了，用刀切了给猪吃。猪光吃草，长得特别慢，一头猪要养两三年才能卖，现在养猪几个月就可以卖了，而且比我那个时候养两三年的还要大。（TJS-2D-2012.5.1）

◆ 那个时候学手艺比种田的人好，这不错，但是不像现在的手艺人。那个时候做一天，工资也就四五毛钱。就算这样，也不是天天有人家请啊，很长时间才会有一个人家请。你想吧，那个时候人家饭都吃不上，哪会天天请人回家干活。一般来说，当时人家也没有什么活计需要干，也就在需要的时候请人建个猪圈，做个挑水的桶之类的，一两天也就做好了，哪有得天天做啊。（TYX-2D-2012.4.19）

即便如此，这些养殖和手艺也并非人人可以做的，它们都是需要资金投入的。然而，大多数人家都支付不起这些资金。只有那些"富的"或者"家里有的"的人家才有能力支付，因此也只有他们才能学手艺或者进行养殖。

◆ 那个时候家里太穷，我学手艺都没有学得成，我家兄弟三个没有人学手艺。虽然当时学手艺不要钱，但是要帮师傅做一到三年白工，就跟着师傅后面帮他做一年、两年或者三年，这么长时间满了，就叫"出了师"。只有那些家里宽松一点的，不需要人干活的才能让小孩学手艺。一般人家承担不起。（TJS-2C-2012.5.1）

◆ 过去学个手艺就好啊，手艺人饿不死，可以混饭吃，但是穷人家学手艺的钱都没有。（LHR-2C-2012.4.23）

总体而言,1949年之前,M村的人们依靠土地,以农业为基本的生活手段,以副业作为生活的点缀,维持着基本的生存。贫困是当时的时代特征,也是他们生活中所面临的主要问题。就是那些所谓的"富农"和"家里有的",也只有少得可怜的经济收入。

> 其实我家也不发财,大家说我家发财,就是因为大多人家没得吃,我家有得吃。家里实际上是没有钱的,我上私塾的时候,家里都给不起学费。(DHM-2G-2012.5.7)

那些本来就被认为穷的人家,境况就更差了。这都体现在他们的吃穿住行等日常生活之中。

> 那时候家里大多很穷,很多人家连饭都吃不上,村里不像现在,根本就没有现在的瓦房。房子都是用泥垒起来的,房顶是草做的。下了雨之后由于泥土烂了,墙就倒了。如果有一家人家有瓦房,那是不得了的事情。哪像现在人这样不愁吃不愁穿的,那个时候家里没得吃,又没有得用,天天吃的是"人头泡粥"(那个时候因为粮食少,烧饭没有那么多米,但是人多,只能靠加水来增加量,这样才能分得开)。如果花生、蚕豆能准吃(就是说可以想吃就吃,不用像很多人家那样,想吃又不舍得吃,或者没有可以吃的),那家人家就算是好的了。那个时候也没有现在这样的衣服穿,都是"本布"衣服,穿在身上硬邦邦的,不像现在的衣服这么舒服。那个时候的衣服也没有现在的花样这么多,能给织出来的本布染个颜色再做成衣服,就算是好的了。很多人一年都做不上一件衣服,衣服上都是在补丁上再补补丁。土地高高低低的,这一块那一块的,路

也就只有一点点宽,大概就一米,有的人家为了多种点地,还会把路变窄。不像现在这样,田平平整整的,很整齐,路也很宽,还用水泥做好。(FNN-2G-2012.5.18)

1949年前,M村的人们依赖土地,习惯于生活在这片土地上。这样,他们才拥有确定感和安全感。然而,也是这片土地,总是带给他们生存的威胁,让他们处于生存线的边缘,要为生存而努力。在老人们的记忆中,过去的生活留给他们的似乎就只有贫穷、艰难。然而,他们却从未想过走出这个世界,走出这片土地。

二、 简单与松散:1949年之前M村的私塾教育

白蒲镇素来有"文化古镇"之称,白蒲镇民众一向重视子女教育。明、清两代,白蒲可谓文风鼎盛,教育盛行。镇上不仅私塾多,且私塾多为名儒执教。姚鹏春《白蒲镇志》记载:

◆ 为父兄者,不惜厚币隆礼,延请名师于数百里外,授经课艺,必使子弟克底于成。而诸名师之硕德鸿才,各传心法,冰生于水,蓝成谢青。①

◆ 里中诸世族,招致名师指不胜偻,吴陵杜海树(光先),黄仙裳(云),顾湘灵(瀛),溧阳黄芗航(超然)诸先生,懿训名章,流风余韵,至今犹脍炙人口,董帐马帐,庶几无愧。②

除此之外,镇志中还记载了明清两代著名私塾先生二三十人。他

---

① [清]姚鹏春.白蒲镇志[M].南通市图书馆,1979.
② 同①。

们不仅维持着传统私塾教育的形式,而且保持了传统私塾教育的精神内核。其中,现存史料较为翔实的是清代私塾"蒲涛学塾",其执教者之一顾星楼这样定位自己的教学宗旨:

> 为人师,言行而身化之,使诚明者达,昏愚者励,而顽傲者革,故其为法严而信,为道久而尊。①

经这些名私塾先生的努力,白蒲镇私塾教育得以在明清两代保持着其精神传统。民国初期,在废科举的潮流之下,白蒲镇办起了新学校。然而,传统的私塾教育仍十分盛行,遍布各地。新编《白蒲镇志》记载:

> ◆20世纪二三十年代,白蒲镇私塾遍布各处,有耆仙学塾(老师高耆仙)、锡光学塾(老师顾锡光)、惜阴学塾(老师李仁甫)、杨氏学塾(老师杨仲华)、沈氏学塾三所(老师沈兰田、沈子沐、沈一朋),还有钱祠生、徐太和、陈旭东、顾吉人、顾乔年、顾庭孙等人都先后开办过氏塾。②

然而,1949年之前的M村与镇区中心的教育既有着几分相似,也有着几分差别。面对科举考试的废除以及新学校的空白,M村承接白蒲镇重教育的文化传统,仍以私塾教育维持着文化领地的存在。1949年之前,私塾是M村的文化集结地,是其"文化人"的所在地。然而,和镇区私塾教育不同,M村的私塾教育与人们的乡村生活相互映衬,带

---

① [清]姚鹏春.白蒲镇志[M].南通市图书馆,1979.
② 参见秦镜泽等编写的《白蒲镇志》,暂未出版。

上了乡土气质。从其外在来看,这里的私塾教育没有了镇区的繁盛,它成了乡村生活中的文化奢侈品,只是那些极少数"富有"人家的生活佐料。此外,更为重要的差别是,M村的私塾教育已经失去其精神内核,成了纯粹的"识字"手段。而所谓的"文化人",也便是能认识字的人。

1949年之前,M村的私塾先生并不多。根据可回忆的历史,1949年之前的十年间,M村就只有两个私塾先生,一个在桥南,一个在桥北。那些"富有的"、能上得起学的家庭根据"就近原则"而非先生教书质量选择孩子读书的地点。桥南的私塾是私塾先生在自己家设的,周边上得起而且想上学的家庭便让自家小孩去那里上学。桥北的私塾是M村一户人家请自家的远房亲戚来家里教书,周围想上学的家庭只要交上学费便可让小孩跟着一起读书。实际上,这两个私塾先生在教书的质量上没有本质的差别。由于那些学识高、能为人师而又被人所敬重的先生都去镇区私塾招生了,或者被镇区私塾请去了,留在村里的便都是些因学识浅而无法在镇区谋生的"识字人"。相比较而言,镇区私塾先生的俸薪要比下面村里高很多。

> 塾师的收入很不固定。他们与学生家长议定的收费标准不一。学生在私塾的学习年限没有具体规定,可自由进出,学生数多少没有一定,所以,塾师之间的薪俸差距较大。那时每个学生读一季书,约付大米一斗(十五市斤),若有二十个学生就读的私塾,塾师全年可收入大米一千多斤。①

然而,在M村,私塾先生的收入则低很多。据上过私塾的老人回忆:

---

① 参见秦镜泽等编写的《白蒲镇志》,暂未出版。

第三章 "务实求验"：M村人教育观念的传统思维

◆ 现在上幼儿园还要交几百块，我那个时候上私塾不用交多少钱，一年只要五升元麦，不过十斤粮食。（DYZ－1C－2012.4.16）

◆ 我那个时候有的人家上，有的人家不上。上私塾的人少，不上私塾的人多。少数家里收粮食多的孩子上一年私塾交给私塾先生五升元麦，还有一些收粮食不多的人家舍不得给粮，就让先生到家里来吃饭，这样抵学费。那个时候M村交不起粮的人家多，先生就轮流到学生家里吃饭，今天到你家吃，明天去另外一个学生家里吃，所以这种交学费的方法就叫"轮饭"。轮饭就不用给钱，而且成本比交粮食低，每个学生上一年轮二十天的饭。（JHQ－1C－2012.5.4）

据此计算，假设M村所有学生都交粮食，一个私塾先生每年有二十个学生，一年的收入也只有二百斤元麦。相较于镇区私塾先生一年一千多斤大米的收入，他们的俸薪便显得异常微薄。如此，对比新编《白蒲镇志》中的描述："如一人为师，要养活一个四口之家，若无其他收入，其生活清苦是可想而知的"，M村私塾先生的收入便只能用于维持生存。"轮饭"这种特殊的俸薪支付方式，它更显示出乡村私塾先生教书的"糊口"功能。从此便可推知，M村私塾先生并无太高的学识。在谈到这个问题时，很多老人都感慨：

那个时候的私塾先生都不行，他们也就是认识字。至于词句之中的意思，他们也不明白。我们以前上私塾读的那些书，都是工作之后再读才知道什么意思的。……老师都不明白，怎么能讲给学生听呢？（DYZ－1D－2012.4.16）

可见，私塾先生的学识和他的收入在某种程度上是成正比的，那些无法在镇区谋得相对高收入的私塾先生，才甘心于这样的低收入，留在 M 村依靠教书勉强保证"吃饭"。即便这样，M 村能上私塾的孩子仍然是极少数。在很多人都吃不饱饭时，教育只能是极少"富有"人家的"奢侈品"。在 M 村，这样的人家很少，大多人家都必须为填饱肚子而费神。

◆ 那个时候上学的人少，不上学的人多。很多人家家里没有钱去上学，只有比较"富有"一点的人家才能担负得起孩子上学。(TJS-1A-2012.5.1)

◆ 那个时候很多人家都不让孩子去上私塾，只有有钱的人家才请个私塾先生，或者到私塾先生家里去，没钱的人家就不上。家里都没得吃，能交粮给你上私塾吗？那个时候基本也就赚不到钱。(TAM-1A-2012.4.20)

因此，当时 M 村的私塾便没有那么繁盛，显得冷清，学生也稀稀落落。桥北家里请过私塾先生的老人说：

以前我家里请过一个私塾先生。那倒不是因为家里特别有钱，那个先生也是家里亲上搭亲请了过来的。我爸看他会教书，就把他请回来。因为有亲戚关系，所以费用就跟其他去先生家里读书的费用差不多，一年五升麦。附近那些能吃得上饭的、想让孩子识几个字的人家就把孩子送过来一起读书，学费跟我一样多。一年下来，大概总共就六七个人。(GMD-1A-2012.4.23)

那些去私塾先生家里的人也经历了类似的惨淡：

第三章 "务实求验":M村人教育观念的传统思维

我家那个时候粮食够吃了,我爸就想让我去识几个字,把我送到私塾先生家里。那个时候跟我一起上的人很少的,很多人家上不起。一整年,最多的时候也就十二三个人。少的时候就几个。(XYY-1A-2012.4.16)

当时,M村的孩子在私塾里读的是"儒书",他们自己称之为"古书",即儒家的经典书目。根据难易程度和孩子的背诵情况,这些经典书目被分成不同的级别。启蒙者初读《三字经》《千字文》和《百家姓》,之后就读《论语》《中庸》《大学》《孟子》等。私塾对入塾年龄没有具体的规定。M村的人家根据自家状况自己决定送孩子去私塾的时间。有的孩子八岁进私塾,有的孩子十二三岁才开始读书。有的人家在年初就送孩子去读书,有的人家到年末才送孩子去读书。这样,便会出现一种现象:各种年龄的孩子在一起读书,他们的学习进度各不相同。村里的老人说:

◆ 那个时候不管大小,十二三岁的小孩都在一起上学。那时候我们上的是古书,有的学的是《三字经》《千字文》《百家姓》,再高一点的学《中庸》《论语》。(JHQ-1F-2012.5.4)

◆ 我小时候上的私塾,私塾和现在的学校不同。现在学校还有一年级、二年级、三年级,每个年级都有几个班。一个班的学生学的都一样,大家一起教的,这样考试也好考。那个时候不同,一个班的学生学的都不同,你念《三字经》,他念《百家姓》。有的前,有的后,有的人《三字经》都要念完了,有的人才开始念。(HYY-1F-2012.4.17)

◆ 那时候不考试,各人念各人的书。你好的话,老师就多教点,你不好的话,老师就少教一点。各人念各人的书。(XYY-1F-2012.4.16)

此外，私塾对日常学习生活也没有规定。M村的孩子每天去不去、什么时间去、什么时间走，这些私塾先生都不会管，私塾里也没有相关的"纪律"规定。那个时候，M村孩子的读书生活很自由。那些上过私塾的老人这样描述他们曾经的读书生活：

◆ 那时候我们也都不好好学习，想去就去，不想去就不去。有个跟我一起读书的人经常从家里出来之后就在我家玩，到了下午放学的时候再回家。老师也不管，那个时候老师根本不管你上不上课，只要到年底的时候跟家里要钱就行了。（HYY-1K-2012.4.17）

◆ 有的人就是月头去报个名，高兴去就去，不高兴去就不去。（DYZ-1K-2012.5.4）

◆ 那个时候学校跟现在不一样，没头没尾的东西，来一个也不管，去一个也不问。来一个老师就教一个。比如说老师今天教了你一个"中"，之后你去位置上背书。今天就这么过去了，明天再来。要是明天你不来呢，后天来的话老师还是接下去教你。（QJF-1K-2012.5.5）

因此，在私塾里，先生无法统一学生的学习内容，也无法统一教授，只能采取个别教学的方式。当然，这种教学方式也就决定了私塾先生无法进行考试，无法得知孩子的学习效果。对此，很多老人表示：

学生们都是各学各的，老师教完这个再教那个，不像现在这样，所有学生都学一样的。……那时候也没有考试，上了就上了，不像现在这样考试，也就没有什么比较。你读得好不好，家里人也不知道，只要你去读书就行了。（QJF-1H-2012.5.5）

第三章 "务实求验"：M村人教育观念的传统思维

在M村，私塾先生采取"点章制"作为主要的教授方式。根据村里老人的描述，我们可以勾画出"点章制"这一教学方式的具体情形：

> 上私塾的时候采用的是点章制。每天上午你到了那里，先要去先生那里背昨天的内容，看昨天让你背的你有没有背起来。背了之后，先生再点新的给你，是一句一句教的。那个时候老师就读几遍给我们听啊，好了就自己去背啊。等到大概中午的时候，你觉得自己会背了，就到老师面前，把书盖着，在黑板上默写出来。写对之后就回家吃午饭。默不出来，你中饭也没得吃，不能走。(DYZ-1G-2012.4.16)

从上面的描述可以发现，这种教授方式褪去了私塾教育的精神内核。也即，在这种教授方式之下，儒家经典只是一个个"字"的载体，其中的思想、道德内涵在私塾教育中消失。私塾教育不再是传递"道统"，而成了"认字"的途径。因此，在M村，私塾教育不再具有"修身养性"的道德教化功能，仅存的只有"认字"功能。然而，这一功能的实现主要是通过"背书"。在私塾的读书生活中，"背书"是主要的内容。这构成了学生的一大负担。

> ◆ 我们那个时候就是背书，《百家姓》《千字文》《三字经》，总要背。背了《百家姓》之后背《千字文》的时候还要带着背《百家姓》。那个时候我们背了苦啊！(QJF-1G-2012.5.5)

> ◆ 那个时候哪天不要背啊，一天背好几遍呢，早上背了之后先生再点，上午背完了回家吃中饭，吃了中饭来再写，写了再背。(JHQ-1G-2012.5.4)

然而,给学生造成负担的除了背书,更多的是与之相伴的惩罚手段——"打"。在私塾中,"打"是先生常用的惩罚手段。学生背不出来书,先生会"打";学生做了让先生不满意的事,先生会"打"……"打"似乎成了私塾读书生活中的"家常便饭",这给当时的学生留下了深刻的记忆。

◆ 我们那个时候背不出来,就要挨打,用戒尺,手被打肿了呢!是真打,不是假打。背不出来书,学生就把手放在桌子角上,先生就打,疼啊!戒尺有的是用辣椒水煮过的,有的人被打了饭碗都不能端。我们那个时候几乎天天挨打!(JHQ-1L-2012.5.4)

◆ 那个时候学生不敢胡来啊,特别怕老师,其实就是怕挨打!被打怕了。我记得,有一天跟我一起上的一个学生身上穿的"套裤","套裤"上有个带子,系在脖子上。上厕所的时候我挠了他一下,那个带子就断了。之后,他家里人报告老师。我就被打了四十戒尺。(DYZ-1L-2012.5.4)

除了给学生造成负担之外,以"背书"为主要方式的"点章制",也不能很好地实现"识字"功能。因为这种方式只是使学生机械地记住字形和读音,并不能让学生知道"字"的含义。然而,这在当时却是"识字"的重要任务。在某种意义上可以说,只有掌握了"字"的含义,才算是认识了这个"字"。因此,这种"识字"教育就如一些老人所说的:识的是"呆字"。

私塾识的是呆字,只会写会念,但是意义不知道。我原来上私塾上了四五年,连我你他还不会写,还不知道是什么意思。先生不讲这个字的意思啊。比如"中"字,老师就告诉你这是个"中"字,我们又不知道怎么理解,也不懂怎么用这个字,比如"中国"的"中"啊,"吃中饭"的"中"啊,老师又不说。不像现在的老师,不管什么字都解释给学生听。(TAM-1I-2012.5.5)

私塾先生的学识水平、私塾的日常制度以及教学方式等这些因素,使得仅剩"认字"功能的私塾教育实际上也没有取得较好的效果。在访谈过程中,很多老人都表示:

这个时候更能学得进,识字更快;那个时候识字慢,学不进去。我上了六七年,还是不识字。那时候老师也教写字,但我们都写得歪七歪八的。(HYY-1I-2012.4.17)

1949年之前,简单而松散的私塾教育,映衬了人们依赖于"土地"的简单生活,共同构成了M村人简单的乡村生活。这是一个有机的系统,也是M村人思考和行动的环境。在此环境中,M村人进行着自己的思考,并做出相应的行动。

第二节 "务实求验":M村人传统的思维方式

以"土地"为根基的小农经济生活,由此而生的宗族体系和地缘体系,简单而松散的私塾教育……所有这些要素结合而成为一个有机的乡土社会,构成了M村人的生活情境。它形塑了他们的思维逻辑,决定着他们对世界的认识,构成了M村人的观念传统。由于其主体的地位弱势,人们常常漠视它的自主性,以正统的儒家文化和观念作为乡村民众的观念传统,并以此为出发点思考乡村社会及乡村民众的变化。然而,这样的认知是有偏颇的。美国著名汉学家费正清曾非常明确地指出:"自古以来就有两个中国:一方面是农村中为数极多从事农业的农民社会,那里每个树林掩映的村落和农庄,始终占据原有土地,没有什么变化;另一方面是城市和市镇的比较流动的上层,那里住着地主、文人、商人和官吏——有产者和有权势者的家庭。"① 这一划分在中国乡村研究中具有重要的意义,它赋予了普通乡村民众观念以等同于儒家思想的存在自主性。由社会文人、思想精英构筑的儒家文化,作为居于正统地位的中国文化传统,对中国人的观念和行为具有极大的影响。然而,生长于乡土社会的乡村民众观念体系同样是中国传统文化的一部分。它具有与传统儒家思想文化体系同等的不可忽视的重要性。蔺子荣在论述中国传统文化时,便对此做了强调:"儒家文化作为中国封建社会长期占支配地位的正统思想和官方意识形态,虽然极大地影响和规范着中国人的文化心理和行为模式,并成为整个传统文化中的核心层,但它仍不能排除其他各种民间世俗文化、小农文化以'异端'的形式存在于中国的乡土社会,成为中国传统文化中的亚文化或副文化思想体系。"②

底层乡村民众的观念与其所处社会的经济生产方式、生活方式、政治体系、家庭结构以及文化体系等具有内在的"贴合性",具有其自身独特的内在逻辑结构。它和传统儒家思想文化是处于平等地位的两个相互独立的逻辑体系。用传统儒家思想的逻辑来理解底层乡村民众,我们难以真切地了解他们的观念和行动,只能在外围徘徊不前。因此,只有从乡村民众的逻辑看待他们的观念传统,我们才能更好地理解乡村民众观念和行动逻辑的特征。也只有以此为出发点,我们才能更好地理解已历经巨大变化的当代乡村民众观念和行动逻辑的特征。这正如费孝通

---

① [美]费正清.美国与中国(第四版)[M].张理京,译.北京:世界知识出版社,1999:20.
② 蔺子荣,王益民.中国传统文化与东方伦理型市场经济[J].中国社会科学,1995(1):116-127.

所言:"要了解他们脑子里的思想活动比获取统计数字更难。你不懂得传统农业社会的基本特点,不懂得农民的过去,不懂得传统怎样支配他们的行为,就不懂得农民,更不会懂得正在变化中的农民。"①

然而,乡村民众的观念传统具有漫长的历史、经历了无数次或大或小的变化,它已非一个具有内在统一性的整体。从理想的状态来看,企图对乡村民众的观念传统进行整体把握和单一概括的做法总显得不够恰切。不过,出于理解的需要,这里只能暂且假定:乡村民众的观念传统具有统一的内在精神。法国汉学家谢和耐在研究中国农民的日常生活时也采取过类似的处理方式,他说:"只有先假定农村生活的变迁既微小又缓慢,我们才能冒险基于其年代顺序和地理位置都残缺不全的材料来勾勒它的图景。"②不过,当研究对象是乡村社会时,这一处理方式具有相对更大的可行性。因为相较于现代城市,乡村社会具有更大的稳定性和保守性,它的变化更为缓慢。

即便如此,由于研究的对象已成为历史的存在,加之史料记载得不完整,研究者仍无法充分、系统地理解 M 村民众观念传统中那些假设不变或变化很小的历史积淀。周晓虹在研究江浙农民的社会心理及近代变迁时,也遇到了类似的问题。对此,他表示:"我们只能根据一些不甚完整的史料和其他学者的论述,来勾勒传统中国农民的社会心理及其基本特征,并将此作为我们论述的出发点。"③本研究也试图借鉴这一方法,尝试拼接出 M 村人观念传统中的内在逻辑及特征。然而,这并非仅是退而求其次的无奈之举,它也可以起到对研究结果的印证作用。

---

① 费孝通.学术自述与反思[M].北京:生活·读书·新知三联书店,1996:41.
② [法]谢和耐.蒙元入侵前夜的中国日常生活[M].刘东,译.南京:江苏人民出版社,1995:73.
③ 周晓虹.传统与变迁:江浙农民的社会心理及其近代以来的嬗变[M].北京:生活·读书·新知三联书店,1998:38.

一、"务实求验"思维方式的基点

乡土社会的哪些要素形塑了乡村民众的思维逻辑？对此，不同学者会有不同的答案，但大多会提及乡村社会中的血缘和地缘关系，而且在这两者中前者具有更为基本的决定作用。费孝通在《乡土中国》中写道："血缘是稳定的力量。在稳定的社会中，地缘不过是血缘的投影，不分离的。'生于斯，死于斯'把人和地的因缘固定了。生，也就是血，决定了他的地。世代间人口的繁殖，像一个根上长出的树苗，在地域上靠近在一伙。地域上的靠近可以说是血缘上亲疏的一种反映。"[①]美籍华人学者许烺光将中国人"情境中心"的处世态度归结为"宗族"这一要素，"情境中心的处世态度以一种持久的、把近亲连接在家庭和宗族之中的纽带为特征。在这个基本的人类集团中，个人受制于寻求相互间的依赖"。[②] 在他看来，以父权为核心的宗族体系构成了理解乡村人心理和观念特征的轴心。确实，在中国社会，家族占据着理解人们观念和行动的核心地位。然而，为何会如此呢？家族为何会占据这样的地位呢？这可追溯至其背后最为根本的要素：土地依赖。在乡村社会，"土地"是人们生活的根基，也是乡村社会一切关系和心理的基础。它从最根本处决定了乡村人的生活方式，并因此构建了乡村社会的各种关系，形塑了乡村人特有的思维方式。相较于血缘关系和地缘关系，乡村人对土地的依赖对他们的思维方式具有更为根本的决定作用。这也即周晓虹所说的"乡土性"，他认为："认真考虑传统中国社会的方方面面，我们能够感到在血缘和地缘背后还有某种更为基本的东西，这就是由农耕或'种地'的要求产生的择地定居或曰乡土关系。在大多论述中，这

---

① 费孝通.乡土中国[M].北京:北京大学出版社,1998:70.
② [美]许烺光.宗族·种姓·俱乐部[M].薛刚,译.北京:华夏出版社,1990:1-2.

第三章 "务实求验":M村人教育观念的传统思维

乡土关系或曰乡土性并未与地缘关系清楚地划分开来。其实,乡土关系涉及的不仅是人与人之间的社会关系,它还包括了人与自然即农民与其耕种的土地之间的关系,它的外延要大于仅仅作为一种社会关系而存在的地缘关系。我以为,正是这种乡土关系或曰乡土性才派生出了中国农民对血缘以及地缘的重视。"① 乡土性,或曰土地依赖,是乡村社会的"底色",是其社会体系的最基本要素。

从前面的描述可以看出,这也是M村人的生活方式。在M村,人们依靠土地生活,土地是他们最主要的生活来源。通过在土地上辛勤劳作,M村人获得了他们维系生命的基本物资。土地,构成了M村人生活的根基,也是他们的思维和观念的根基。1949年前的M村,土地是人们的重要物资,是其富有程度的重要指标。人们是根据是否有自己的土地、有多少土地作为划分穷富的标准:

> 那个时候不像现在啊,有这么多挣钱的机会!现在的年轻人都出去到厂里打工,不愿意种田,觉得种田没出息。那个时候没有事情做,只是在田上打滚啊,家家户户都种田。1949年之前,M村如果哪户人家有自己的田,不要跟地主家租田,就算是条件好点的人家。那些田比较多的人家,就算是富的了。(TJS-2D-2012.5.16)

所以,M村很多没有自己的土地的人希望有一天能拥有自己的土地;有自己土地的人则希望拥有更多的土地。虽然他们大多为生存挣扎,很少有机会能有余留的收入,但一旦有机会,他们就会购买土地。

---

① 周晓虹.传统与变迁:江浙农民的社会心理及其近代以来的嬗变[M].北京:生活·读书·新知三联书店,1998:41.

现代教育观念的乡村遭遇

1949年之前，西小庄最富有的唐家，也就是家里人拼命种地，买地，再种地，再买地……这样，财富不断积聚，越聚越多。他们家的后人这样讲述：

> 我爸爸那个时候能做，每天不要命似的做，没日没夜的。还舍不得吃，舍不得用，衣服都是补了又补，好几年都没做过一件衣服。这样，每年除了最基本的吃用之外，还能余下点钱。几年的钱聚在一起，就够买一亩地。爸爸就立马去买地。多了地之后，每年收入就多一点，余下的钱也就多了一点。等钱聚够了，爸爸又会买地。就这样子，我们家才变得在村里算是富的。那个时候人有了钱都想买田啊，只是绝大部分人家连饭都吃不饱，根本就没有钱剩下来。（TAM-2D-2012.5.5）

在对江浙农民社会心理的研究中，周晓虹也发现了土地在乡村民众生活中的类似地位，他描述道："不仅豪门大户渴慕土地，就是一般佃户长工也一样如此。……农民不幸的根源就是没有自己的土地。因此，一年忙到头的最终奢望，就是有一天能置办自己的田产。在农民的眼中，没有土地的农民不是正经的农民。有能力扩大自家的田地是家庭兴旺的象征，而卖地求生是败家子的行为。"[①]

以土地为根基的生活方式，形塑了M村人依赖土地的心理。M村人离不开土地，土地在他们的生活中占据着重要的地位。许多老人表示：

> 庄稼人就是靠田吃饭啊，没有田就没有饭吃，田就是我们的命。田对我们来说，就像水对鱼一样，鱼没有水就活不成啊。那个时候家家户户都要种田啊，不种田哪有饭吃啊！种

---

① 周晓虹.传统与变迁：江浙农民的社会心理及其近代以来的嬗变[M].北京：生活·读书·新知三联书店，1998：44.

第三章 "务实求验":M村人教育观念的传统思维

田才是正业,其他都不稳当啊!不像现在的年轻人,都不想种田,一心想着到外面、到厂里去打工赚钱。这样不行啊,忘记了根本啊。他们不懂啊,只有田才是稳定的啊,只要有了田,不管什么朝代都能活命。光有钱没有用啊,只是现在没有"变天",要是哪一天天下大乱,这些钱就变成一堆废纸了,没用啊。(FNN-3-2012.5.18)

此外,M村一直流传着这样的俗语:

◆ 人吃土一辈,土吃人一回。
◆ 三百六十行,种田为上行。
◆ 人靠田活,人离田死。
……

从中,我们可感受到M村人对土地所具有的近乎崇敬的心理。更早之前,晚清思想家曾廉也曾十分形象地比喻道:天下犹一身也,土地犹骨肉也,货财犹精血也。[①] 这一比喻极为直接地展示了在乡村民众心中土地所具有的重要地位。美籍华人学者许烺光在对中国人的心理进行研究时,也发现了乡村民众类似的对土地的依恋。他说:"几个世纪以来,中国人一直处于人口过剩,耕地奇缺,农业艰难之中,不计其数的中国人营养不良,甚至饿死。但是,这些事实不仅不能激发出开拓甚或商业上的进取精神,反而诱使那些居住在乡村的人们更加强烈地依恋于他们土生土长的地方。"[②]除此之外,费孝通也对乡村民众的这一观念特征给予了说明:"乡下人离不开泥土,因为在乡下住,种地是最普

---

① 周晓虹.传统与变迁:江浙农民的社会心理及其近代以来的嬗变[M].北京:生活·读书·新知三联书店,1998:43.
② [美]许烺光.美国人与中国人:两种生活方式比较[M].彭凯平,刘文静,等译.北京:华夏出版社,1989:285.

通的谋生办法。……我记得我的老师史禄国先生也告诉过我,远在西伯利亚,中国人住下了,不管天气如何,还是要下些种子,试试看能不能种地——这样说来,我们的民族确是和泥土分不开的。从土里长出过光荣的历史,自然也会受到土的束缚,现在很有些飞不上天的样子。"①可见,和 M 村人一样,大多乡村社会中的民众都会表现出对土地的依赖,视土地为他们的"命根子"。

乡村民众的土地依赖意识在行为上的表现便是"重迁",他们不愿走出土地及其生活于其中的村落。访谈中,很多老人都曾向我描述过 1949 年之前 M 村人的这一行为特征:他们惧且并不愿走出乡村。在他们的观念中,外面的世界是险恶的,唯有这里才是安全的。不过,在此方面,M 村并不具有特别性。很多乡村社会的研究者都会发现这一现象:"他们不愿轻易地改变自己的生活和居住地,因为那里不仅有他们的亲戚、邻里和朋友,有他们熟悉的山和水,更重要的是有他们生存的依托——土地。……在这种乡土观的支配下,除非遇到无以抗拒的自然或社会压力,人们在一般情况下是不会迁徙的。"②如今,这似乎已被公认为乡村民众的共有特征。

以"土地"为根基的乡村生活、土地依赖的观念以及"重迁"的行为特征三者相互强化,构成了 M 村人生活模式的三个支点,稳固地构建并维持他们自给自足的小农经济生活。

二、"务实求验"思维方式的脉络

以"土地"为根基的、自给自足的小农经济生活,作为 1949 年之前 M 村人的生活情境,形塑了人们的思维方式,建构了他们独特的

---

① 费孝通. 乡土中国[M]. 北京:北京大学出版社,1998:7.
② 周晓虹. 传统与变迁:江浙农民的社会心理及其近代以来的嬗变[M]. 北京:生活·读书·新知三联书店,1998:45.

观念逻辑。这一思维方式和观念逻辑贯穿于他们对世界的思考,作为其知识体系的"轴心"而存在。很多学者将之命名为"小农意识"。就"小农意识"本身来说,它是一个极为复杂、充满张力的观念体系。"小农的意识结构并不是一个单层面的简单结构,而是一个十分复杂的矛盾着的双重背反结构。"由于篇幅的局限以及研究问题的必要,这里无意对这一复杂的结构进行探讨,而只是选择了其中一个重要的、根基性的要素:务实求验。之所以选择它,除因访谈过程中对此的强烈感受之外,一方面是出于它在"小农意识"中的基础地位,是乡村民众知识体系"轴心"的"轴心",在某种程度上影响其思维方式的其他方面;另一方面,相对于"人情""面子"这些描述中国人思维的"名"词,乡村民众思维方式的这一特征常常不受重视,但它对理解民众教育观念的传统及变迁却具有极为关键的作用。出于以上考虑,本研究将"务实求验"这一思维方式从 M 村人的思维和观念体系中割离,作为理解其观念和思维传统的入口,并以此为出发点理解他们教育观念的传统和变化。

"务实求验"可以形象而又贴切地表达 M 村人思维方式的特征,它有机地结合了两个具有乡土特色的要素:"务实"和"求验"。实际上,"务实求验"是一整体的思维方式,此二者并无清晰的界限,而是相互包涵而存在。然而,出于理解的需要,这里只能暂且做出粗略的区分。从"务实"特性来看,M 村人思维着眼于自身现实生活的需要,而非空幻的玄想、抽象的思辨或超验的精神世界。这不同于正统儒家思想中"修身""养性"的道德追求,也异于西方哲学思想中对纯粹"理性""正义"等的追求,更是区别于企图获取精神超越的宗教信仰,而是以自身生活的实际需要、有益于自身的生活作为考虑问题的出发点,具有明显的"务实事""经世致用"的特性。这一思维方式建立于"生存—吃饭"的基础之上,关注现实的、此岸的价值,以解决自身生活中的具体、现实问题为出发点和归宿。"务实"从何而来？这与乡村社会中自给自足的小农经济方式有着密切的关系。在某种程度上，乡村民众思维方式的这一特征可以说是这一经济方式的观念产品。具体来说，自给自足的小农经济方式所采取的家庭经营模式，尤其是对劳动产品的私人占有，使乡村民众具有了"多劳多得"的意识。在长期的生活中，他们形成了这样的意识：只有辛勤劳作，才能拥有更多的收获，即物质资料的多少、家庭的贫富程度直接和劳动的投入相关。"想要富，就要做"成为他们的生存哲学，也促使他们在土地上努力劳动。此外，与这一经济方式相伴的艰苦的自然环境、简单的生产方式、低下的生产效率以及土地所有者的剥削等为乡村民众建构了一个简单而艰难的生活环境，使他们常常面临生存的威胁、处于生存的边缘。生存的威胁更强化了乡村民众的这一意识，同时增加了他们劳作的力度。对于家庭经营模式下乡村民众的辛苦劳作状态，管子曾描述道：

> 均地分力，……民乃知时日之早晏，日月之不足，饥寒之至于身也。是故夜寝早起，父子兄弟不忘其功，为而不倦，民不惮劳苦。(《管子·乘马篇》)

墨子将乡村民众的这一劳作状态归因于他们在土地生活中所形成的"强必富，不强必穷"的意识，他说：

> 今也农夫之所以早出暮入，强乎耕稼树艺多聚菽粟，而不敢倦怠者，何也？曰：鄙以为强必富，不强必贫，强必饱，不强必饥，故不敢倦怠。(《墨子·非命下》)

在传统乡村社会中，自给自足的家庭经济模式以及与之相随的

第三章 "务实求验"：M村人教育观念的传统思维

艰难的自然环境和社会环境,形塑了乡村民众"强必富,不强必穷"的意识观念。这一观念的存在使得乡村民众将现实的生活和生存作为思考问题的出发点,无暇顾及那些非现实的存在,形成了"务实"的思维习惯。对此,程歗在研究晚清社会的乡土意识时也给予了分析,他认为"生活在封建社会早期的小农,已经从切身经验中确认了'均地分力'即家户经营土地这一劳动方式的事实和意义。艰苦的自然环境和大土地所有者的威胁,以及与此需要相联系的利益,农民们产生了'强必富,不强必贫'的动机,引起了对劳动的兴趣,对土地的爱好,以及靠'早出暮入''多聚菽粟'来改善生活的欲望。这些心理活动,归结为'不忘其功,为而不倦'的生活意识——一种面向现实、自强不息的精神力量"①。除此之外,艰难的自然环境和社会环境还使得生计和生存的问题占据了乡村民众的几乎全部时间和精力,在客观上强化了他们"务实"的思维习惯。

单就"务实"来说,它并未能够展现M村人思维方式的乡土特征,其独特性更大程度上表现为他们所选择的"务实"方式："求验"。或者说,"求验"的思维方式赋予了"务实"以独特性。不过,"人类的务实意识本质上是求验的,需要通过社会实践来检验和修正主体的认识。但是求验心态又可以表现为两种不同的思想方式,一种是将客观现实作为认识主体的对立面,经过同现实的对立和斗争来丰富认识的成果。另一种则是将认识限制在既成的经验范围以内,力求和客观现实相协调"②。这里,前一种"求验"方式更多存在于现代人的思维之中,尤其是在现代科学之中。与此不同,M村人的"求验"方式更接近于后一种。当判断某行动或某事物是否具有"务实性",即是否对自身的生活

---

① 程歗.晚清乡土意识[M].北京:中国人民大学出版社,1990:29.
② 程歗.晚清乡土意识[M].北京:中国人民大学出版社,1990:42.

有益、是否能够满足自己的需要时,他们所采用的方法是寻求先例。具体来说,他们会看周围那些做出该行动或使用该事物的人,是否取得了他们想要的效果。如果取得了他们想要的效果,那他们就会毫不犹豫地做出同样的行动或使用同样的事物;如果没有,那他们则会保持原有状态。也就是说,"现实效果"是他们确定"务实性"的依据。在研究晚清乡土意识时,程歗也发现了类似的思维方式:小农平日不做玄想,轻视冒险。未应验的话不信,无先例的事不做。一步一个脚印,"不见兔子不撒鹰"。①

不同于现代工具理性所依据的绝对标准,这一"求验"方式具有很大的情境性和后发性,也即某行动的"务实性"取决于在某情境下的先有行动效应。很明显,这一思维方式的结果便是人们常说的小农意识的"保守性"。然而,乡村民众为何会采用这样的"求验"方式呢?对此,很多学者都给予了解释,程歗在其《晚清乡土意识》中指出:生产力的落后与文化的闭塞,地主的兼并和王朝的压迫,使表面上似乎每一个环节都没有阻塞的"强必富"的信念,在实践过程中变得一步十坎。家族制度保护了个性,也抑制了个性。世变能唤起对生活的希望,也能造成对命运和前途的畏惧。这一切又形成了不可抗拒的心理压力,使人们不敢轻易地放弃现在去追求未知。②

周晓虹在其《传统与变迁:江浙农民的社会心理及其近代以来的嬗变》中也试图对这一现象进行解释:他们的需要层次低,目光短浅,重视眼前的实际利益。造成农民这种社会心理的原因是多重的,但主要的根源在于农民的谋生方式简单单一,在自然和社会力量面前普遍感到无法掌握自己的命运,具有十分强烈的乏力感,他们对未来不敢也不可

---

① 程歗.晚清乡土意识[M].北京:中国人民大学出版社,1990:42.
② 同①。

能抱有太多、太高尚的奢望,因此他们极其看重眼前的既得利益。在农民的日常生活中,他们一方面要以十分低下的生产力应付严酷的自然压力和生存胁迫,要在本来就少得可怜的土地上获取养家糊口的全部或大部分资源;另一方面还要面临地主的剥削、兼并和王朝的统治、压迫。这一切使得小农在日常生活中不愿也不敢冒险,他们信眼前的、实在的东西,信已经得到生活应验的事实,而不信未来的、空幻的玄想。[①]

这些解释说法各异,但它们都会隐约提及依赖土地这一生存方式的影响。以"土地"为根基的乡村生活模式如何造就了乡村民众"求验"的思维方式呢?对此,它们却没有能够给予清楚的说明。实际上,"求验"的思维方式有着极为浓厚的乡土根源,以"土地"为根基的乡村生活模式对此具有关键的影响。具体来说,以"土地"为根基的乡村经济模式和社会模式形塑了乡村民众"无常"的意识,这一意识的存在影响着乡村民众的思维方式。首先,"土地"虽然给人稳定感,然而,在生产工具简陋的传统农业社会,土地上的收成完全依赖于自然环境,这是乡村民众无法掌控的,他们对此充满了不确定感。在谈到过去的经济生活时,村里的老人多次提及:

> 那个时候种田看年份,年份好才有一点收,年份不好的时候一粒粮都没得收都有可能的。比如小麦快要灌浆的时候,突然下一场大雨或刮一场大风,小麦就没有用了。今年小麦就白种了,还陪了种子和肥料。这个就是菩萨的事啊,他想怎么样就怎么样。我们又不能够知道他什么时候想下雨,什么时候想刮风,只能听天由命啊。(TYY-2E-2012.4.21)

---

① 周晓虹.传统与变迁:江浙农民的社会心理及其近代以来的嬗变[M].北京:生活·读书·新知三联书店,1998:73.

自然条件的不确定以及不可控给了乡村民众强烈的无力感,使他们感受到自然的"变化无常",这从 M 村流传着的俗语也可看出:天有不测风云,人有旦夕祸福。

除了自然的"变化无常",传统乡村社会中建立于"土地"之上的社会关系,包括家族关系以及政治关系,也会随着时间或者因突发事件而变化不定。《红楼梦》中的"好了歌"便是这一境况的典型描述:

陋室空堂,当年笏满床。衰草枯杨,曾为歌舞场。蛛丝儿结满雕梁,绿纱今又在蓬窗上。……乱哄哄你方唱罢我登场。

总之,传统社会中或短或长的朝代更替(M 村人称之为"变天")、乡村社会中经常出现的家族起落……所有这些都给 M 村的民众传达了"变化无常"的意识。在 M 村,流传着各种"变"的谚语,支配着人们对世界的思考。

- ◆ 富不过三代,穷不过三代。
- ◆ 三十年河东,三十年河西。
- ◆ 一地千年易百主。
- ◆ 百年田地转三家。
- ◆ 砖头瓦块都有翻身的日子。

对自然和社会"变化无常"的认知,使乡村民众对生活充满无力感。这一不确定感使得他们不敢轻易冒险,在生活的行动中保持"求稳"的心理状态。这样,在确定是否做出某个行动或者使用某个事物时,"求验"便是最好的决定方式。在所有方式中,它的失败可能是最小的。

乡土社会中自给自足的小农经济生活模式和社会生活模式,形成

第三章 "务实求验":M 村人教育观念的传统思维

了乡村民众"强必富,不强必穷"和"变化无常"的意识,塑造了他们"务实求验"的思维方式。此外,在以"土地"为根基的乡村生活模式中生长出来的血缘关系和地缘关系,形成了乡村民众"土地依赖"以及"重迁"的社会心理,赋予了乡村社会以及乡村民众的生活以封闭性。乡土社会的封闭导致了乡村民众无法获取外界的信息,他们的"所知"只限于自身生活的范围,这给他们的决策造成了"信息不对称"。面对这一状况,他们只能从自身生活需求出发,以"是否有先例"为依据做出决策,因为这样的决策风险是最小的。这也强化了他们"务实求验"的思维方式。

在此之前,章太炎也描述了乡村民众的这一思维方式,并认其为"国民常性"。

> 国民常性,所察在政事日用,所务在工商耕稼,至尽于有生,语绝于无验,人思自尊,而不欲守死事神,以为真宰,此华夏之民所以为达。①

在更早之前的小农思想家墨子的思想中也存在着类似的思维方式。例如,在其"言必立仪"的三表法中,墨子提出了用以判断理论或认识正确性的三条根本性标准:上本之于古者圣王之事;下原察百姓耳目之实;发以为刑政,观其中国家百姓人民之利。(《墨子·非命上》)

显然,代表小农利益的墨子,非常强调"事""实""利"在检验认识真理性过程中的决定作用。而对"事""实""利"的强调,正是小农"务实求验"的思维方式的具体体现。

小农"务实求验"的思维方式还体现在他们的宗教信仰中。这是中国乡村民众的信仰特色,很多学者都予以了描述:中国民间宗教的社会

---

① 章太炎.章太炎政论选集(下册)[M].北京:中华书局,1977:689.

功能基本上表现在两个方面,即精神层次上的慰藉功能和行为层次上的实用功能。对执着于务实求存这一价值标准的乡里民众而言,他们固然希望从"诸神救劫"的说教中获得精神支撑,借以消解由于社会压力而引起的心灵焦灼,但他们更希望这种精神慰藉能够落实到社会行为领域,以解决人生的实际需要为归宿。民间宗教适应了人们这种实用性的信仰特征,将宗教宣化和组织世俗生活联结在一起,在仪式活动中表现出似乎是有效有验的实用价值。①

总之,"务实求验"是 M 村人的思维方式,是他们以"土地"为根基的乡土生活的产物。然而,相较于现代社会中的理性思维,这一思维方式并不落后。它也是一种"理性",是乡土社会中的生存理性。只是,和现代社会的理性思维不同,它属于另外一种理性思维的逻辑。这一思维逻辑主导着 M 村人对世界的认识,构成了他们独特的知识体系。

第三节 底层思维的展现:"务实求验"下的教育观念

长期的土地生活赋予 M 村人的观念以乡土性,给他们的思维烙以"务实求验"的逻辑。这一思维逻辑也渗透至他们对教育的理解和认识,构成了 M 村人教育观念的传统,主导着他们对子女教育问题的思考。更为重要的是,在 1949 年之前,它决定着 M 村民众对子女的教育行动,从而决定着其子女的家庭生活的样态。可以说,"务实求验"的思维方式是理解 1949 年之前普通乡村民众的教育及观念世界的入口,由此才能进入乡村民众教育观念的内里,真正实现对之的"同情式理解",而非在其外部"隔靴搔痒"、徘徊不前。这样才可能做到"从乡村民众的

---

① 程歗.晚清乡土意识[M].北京:中国人民大学出版社,1990:254.

第三章 "务实求验"：M村人教育观念的传统思维

视角看乡村民众的教育观念"，避免以简单而粗鲁的方式将之斥为"落后""愚昧"。因而，以此为出发点，我们可更好地理解乡村教育现代化过程中普通民众教育观念的变迁，从而更好地认识乡村教育的现代化过程。

一、一种参照：传统教育观念的精英视角

在以往乡村教育研究中，由于资料的不足或认知的偏差，研究者们往往从正统儒家思想中挖掘教育思想，以此作为乡村教育观念的传统，并以此为出发点理解乡村教育观念"从传统到现代"的变迁。近年来，一些乡村士人的日记问世，乡村教育观念传统的认知路线下移。乡村教育研究者试图从这些日记中探求乡村知识分子思考教育问题的逻辑，以期从更为底层的视角展现乡村人真实的教育观念和心理。然而，由于教育的形塑作用以及传统儒家思想的意识形态功能，这些乡村士人对教育问题的思考已越来越多失去乡土本色，与传统儒家教育观念几近同质化，他们的思维方式并无本质差异。如果借鉴美国人类学家雷德菲尔德的"大传统—小传统"①的理论，它们都可归为传统教育观念的"大传统"。相对而言，普通乡村民众对教育问题的思考方式和思维逻辑，以及由此而形成的教育观念，则可归类为"小传统"。虽然，在某种意义上，"大传统"对于普通乡村民众的教育观念和教育行为也有着规范性的作用，也即"大传统"会对"小传统"产生作用，然而，这两者却有着根本性的差别，它们内含两种不同的思维逻辑。若非必要，用传统教育观念的"大传统"代替"小传统"，并因此埋没"小传统"，这种做法

---

① 该理论由美国人类学家雷德菲尔德在研究墨西哥乡村时提出，用以区别城市和乡村两种不同地区的文化形式和思维方式，用以说明和解释墨西哥乡村地区的城市化倾向。其中，"大传统"指的是以都市为中心，社会中少数上层士绅、知识分子所代表的文化；"小传统"则指散布在乡村中多数农民所代表的生活文化。

确显欠妥。为更好地理解普通乡村民众教育观念这一"小传统",这里将概括性地梳理正统儒家教育思想和乡村士人教育观念(以刘大鹏《退想斋日记》为例),作为传统教育观念的"大传统",以作参照。

传统教育观念的"大传统"以儒家文化为精神内核,"修身养性"和"博取功名"是其两个基本要点,被称为传统教育文化的"道统"和"政统"。在中国传统文化中,"道统"和"政统"的关系极为复杂,并非三言两语可以论述清楚,这里无力也无须进行专门论述。但有一点是确定的,即在士大夫和传统知识分子的观念中,这两者却相互关联而存在,尽管会存在偏重的差异。

在经典儒家思想中,两者有着完美的"交集"。其中,"道统"是"政统"的精神内涵,而"政统"则是"道统"延续和扩散的手段。两者相互交融,共生共存,"道统"是不变的原则。

> 夫子之道至大,故天下莫能容。虽然,夫子推而行之不容何病?不容然后见君子。夫道之不修也,是吾丑也。夫道既已大修,而不用是国家之丑也。(《史记·孔子世家》)
>
> 笃信好学,守死善道。危邦不入,乱邦不居。天下有道则见,无道则见。邦有道,贫且贱焉,耻也;邦无道,富且贵焉,耻也。(《论语·泰伯第八》)

可见,在正统儒家思想中,即使看似极为务实的"博取功名",也具有其精神内涵:使个人修养而得的"道"在社会中扩散。此外,"修道"是传统教育不变的追求,而"功名"则应根据社会环境而变。总之,"道"是传统教育的中心,是其他所有要素的指向。

然而,在一般士大夫和知识分子的观念中,"道统"未必处于中心地位,他们的认识境界远未及正统儒家思想,或者那些少数思想鸿儒。但

第三章 "务实求验":M村人教育观念的传统思维

我们也都能看到两者的痕迹。刘大鹏,作为清末塾师,他在清末身居末途,处于古代知识分子群体的边缘。即便如此,他仍然固守传统"学之道",在他的思想中仍存有着"应考"和"守志"两种学习追求。从此可窥见大多士大夫和传统知识分子的精神世界。他曾在《退想斋日记》中说道:读书之士不能奋志青云,身登仕版,到后来入于教学一途,而以多得几脩金为事,此亦可谓龌龊之极矣。①

可见,他反对只为谋生而读书,梦想着通过科举考试走入仕途,协助治理国家,教化百姓。儒家传统的"学而优则仕"不仅仅存留于其文献当中,也已进入知识分子的思想当中,成为其思考读书问题的基点。然而,科考的废除使得刘大鹏无法实现"求功名""致君泽民"的理想,他虽然备感失意,但却仍谨守其"志"。"志"是什么?这里虽无法对其具体内容做出说明,但可以明确的是,它是儒家传统的价值体系和规范性知识。这种知识不同于赖以谋生的技术性知识,因为后者在儒家经典论述中被视为"小人"之识:

> 樊迟请学稼。子曰:"吾不如老农。"请学为圃,曰:"吾不如老圃。"樊迟出。
> 子曰:"小人哉,樊须也!上好礼,则民莫敢不敬;上好义,则民莫敢不服;上好信,则民莫敢不用情。夫如是,则四方之民襁负其子而至矣,焉用稼。"(《论语·子路篇第十三》)

此外,它也不同于现代自然科学知识和社会科学知识,因为在《退想斋日记》中,后者受到了强烈的批判:

---

① 刘大鹏.退想斋日记[M].太原:山西人民出版社,1990:71.

> 今之为师者,以算学教人,以洋人之学为训,其得善人能多焉? 否耶! 洋人之学专讲利,与吾学大背,趋之若鹜,不知其非,亦良可慨也已。①
>
> 学堂之害,良非浅鲜……凡入学堂肄业者,莫不染乖戾之习气。动辄言平等自由,父子之亲,师长之尊,均置不问。②

不论是"博取功名"还是"修养德性",都是传统教育观念的正统内涵,是士大夫和知识分子生存场域的产物。两者以"道"为中心共同存在于士大夫和知识分子的观念中,成为其思考学习和教育的支点,指导其学习和教育实践。因此,它们构成了士大夫和知识分子精神世界的逻辑,可以称为传统教育观念的"大传统"。

二、"务实求验":传统教育观念的底层视角

和传统知识分子思考教育的逻辑不同,M 村人对子女教育问题的思考遵循着另外一个逻辑:务实求验。在这一逻辑的支配下,他们以"是否是自己生活的必需"以及"是否有先例"为标准对教育进行思考,这样形成的对"何为成才""教育的作用"以及"如何教育"的认识呈现出另一番景象。这一系列的认识不仅决定 M 村人是否让子女去上学和为何让他们去上学,而且决定着他们自身对子女的教育行动,从而也决定着 M 村学生私塾外的生活样态。

1949 年之前,对于 M 村的大多数人来说,土地并不能保证他们的收成。因为他们无力了解自然,更无力掌控自然。对"天上掉下来的荒年",M 村人一无所知、无能为力,只能逆来顺受。这样,他们在"强必

---

① 刘大鹏.退想斋日记[M].太原:山西人民出版社,1990:144.
② 刘大鹏.退想斋日记[M].太原:山西人民出版社,1990:162-163.

富、不强必穷"的观念支撑下享受着土地所给予的稳定感的同时,也充满了深深的不确定感。在今天老人的述说中也常常能感受到深深的担忧和无奈:

> 那个时候,农村人就是靠天吃饭啊!现在还有天气预报,要有什么虫灾之前,村里都会通知打农药。那个时候就看老天爷心情,他要是心情好,一年风调雨顺的,我们也就有点收成,一家人能吃饱,如果好的话还有点剩下来卖点钱。他要是心情不好,发个洪水、起个台风或者弄个虫灾什么的,我们就没有什么粮食收,全家人一年吃饭都紧巴巴的。有的时候一粒粮都没得收,还要贴上成本。没有办法啊,我们那个时候就指望老天爷好点啊,巴望着有个好年份啊!(TJS-2E-2012.5.16)

对于M村人来说,在土地之外寻求另一个生存之道,以弥补"年份"的不确定性,是最为迫切和实际的需要。以此"务实"标准衡量,M村人眼中的"有出息""有能力"的人便是那些"手艺人"。这与费孝通的描述有所出入,在开弦弓村的调查中,他发现:"在人们眼里,这些人不是本村人……理发匠、磨工兼鞋匠、杂货商、纺织工、和尚、水泵操作工、银匠、篾匠、药商……这些不是农民,是从事特殊职业的移民……外来人的孩子,虽生于本村,仍像其父母一样,被视作外来人。……从事特殊职业使他们不会很快被同化。"①

在费孝通的研究中,是否种地决定了一个人在村庄里的社会地位。在乡民眼里,这些手艺人都是没有土地的"非正经"农民,掌握某项手

---

① 费孝通.江村经济:中国农民的生活[M].北京:商务印书馆,2001:38.

艺、具有一定经济收入不能帮助他们融入村庄。然而,在 M 村,情况则完全不同。那些"手艺人"是大多只会种地人羡慕的对象。在种地人眼中,"手艺人"是如此了不起,算得上是村庄里的能人了。在 M 村,这些"手艺人"的头上总是被冠以一圈光环。平时,他们和其他人一样种地,有人家请的时候,他们就去人家做工,每天的工钱一般有六七毛。除此之外,他们还能在人家吃饭。相对那些只能种地糊口的人来说,他们能够挣钱,有经济收入,当然值得人羡慕。村里很多老人都表示:

> 那个时候大多数人家种田只够吃饭,有的人家收的粮食都不够吃,根本就没有钱。那些手艺人就不同啊。学了手艺之后,到人家做一天,能够拿一天的工资,一天三顿都在人家家里吃,家里的粮就省下来了。他们能够挣到钱啊!(TJS-5A-2012.5.16)

然而,这并非问题的根本所在。这些"手艺人"头上的光环更多地源于 M 村民众寻求"稳定感"以弥补对自然的无力感的需求。在 M 村人眼中,"手艺人"可以在种地之外拥有一条谋生之道,他们不必因"年份"的不确定而担忧。相对来说,他们的生活更有保障、更"安稳"。这从至今仍在 M 村流传、老人们经常会提及的俗语便可得知:荒年饿不死手艺人!

当问及在 M 村什么样的人算是"有出息"的时候,人们的答案都是:手艺人。他们的理由也是相同的:

> 荒年饿不死手艺人啊!那个时候人们都是这么想的。能学一门手艺,到哪里都不怕,都有饭吃。手艺人比种田的人好,种田的人遇到荒年就没得收,手艺人遇到荒年也不怕,他

第三章 "务实求验":M 村人教育观念的传统思维

们也有饭吃、有钱挣。随便什么时代,人家总是要请人做点什么的,手艺人在哪个时代都能过活。(HYY-5A-2012.5.2)

虽然细究起来,这一想法未必合理,荒年显然也会影响手艺人的活计。然而,这并不重要。这里并非着眼于 M 村人观念的对错,而是要探究这一想法中的思维逻辑。其中可以看到 M 村人"务实求验"的思维方式。在生存常常受到威胁、生活总是存在不确定性的生活中,"学手艺"在他们看来是减少生活不确定性的手段,这是他们基于自己生活的需要而产生的观念。此外,这一观念的形成和维持还得益于 M 村那些"手艺人"相对较好的生存状态,它给 M 村人坚持这一观念提供了"先例"。在"务实求验"的思维方式的支配下,"手艺人"成为他们向往的职业。1949 年之前,M 村人都希望自己的子女能够学一门手艺。在他们眼中,自己家的孩子能够学一门手艺,那就算是"出人"了,全家人就非常满意了。当村里某家的孩子学会了一门手艺,能够赚钱的时候,他就成了其他家长教育孩子的榜样。他们觉得学了手艺的人才算是有了"铁饭碗"。因此,如果条件允许,他们会毫不犹豫地选择让自己的子女去挣这个"铁饭碗"。

相对来说,读书在 1949 年之前的 M 村并不被看好。当时,愿意让子女去读书的人并不多,村里上过私塾的老人也只有"数得过来的那几个"。村里的老人都说:

> 那个时候不像现在,家家都要给小孩上学。那个时候愿意送小孩去读书的不多,也就那么几个人。我们这一代绝大部分的人都没有念过书。那个时候农村人家不像现在,什么都用机器了,平时没有什么事情做。那个时候农村人种田都是人工的,吃的米都是家里自己磨的。家里有做不完的事情。

那些学不起手艺的人家就让小孩在家种田、帮忙,条件好点的人家就让子女学手艺去。就算小孩小,不能帮忙,很多人家也不让他读书。那个时候流行一句话,"不识字也活到老",一说到读书,很多人都会说,"不识字不是一样的过啊"。那时候人就是想着怎么活下来,有饭吃,想子女将来能学手艺,不想他们去读书。(TYX-5A-2012.4.26)

在M村人看来,识字固然是好,不过不识字也无关紧要。"不识字也活到老""识字不能当饭吃",类似这些是1949年之前大多数M村人不让子女读书的理由。为何会如此?这当然是因为读书未能通过M村人"务实求验"的思维方式。首先,从"务实"的标准来看,读书识字并非他们生活的必需。在M村,那样简单的经济生产和社会生活,不读书、不识字虽然会偶尔遇到不便,但总体来说,生活一样可以继续。不识字不会阻碍人们的生活。更为重要的是,在M村人眼中,读书不能像"学手艺"那样给他们谋得一份活计,读书并不能给他们带来实际的利益。在谈到1949年之前读书的出路时,很多人表示:

◆ 那个时候没有什么东西做。读了书识了几个字回来也没有用,还是种地。不过那个时候读书好像不怎么识字,读了好几年也不能识几个字。读了最好的也就能回来做先生,先生过得也不好,要看每年招学生多少。大家都不重视子女读书,每年能招几个人呢?好的时候,一年招个二十个人,才三四百斤粮食,也就勉强够全家吃。不好的时候,只招五六个人,吃饭都不够。先生那个时候过得也苦啊!(GMD-5A-2012.4.28)

◆ 那个时候家里没钱啊,很多人家学手艺都学不起。那些条件稍微好点的人家,都愿意把钱花在学手艺上,不愿意花在读书上。学手艺不要花钱,就花三年时间,学好之后就肯定有用啊,以后拿的是现钱啊。读书除了花时间之外,家里还要给钱,学出来也没什么用,有用的少得很呢!(HYY-5A-2012.5.2)

可见,在"务实"标准的衡量之下,学手艺的"性价比"更高,读书则显得不够实际。从"求验"的标准来看,读书也逊色于学手艺。那些"早为田舍郎,暮登天子堂"、因读书而改变生活的事件离他们的生活太过遥远,并未在他们身边发生。相比较而言,因"学手艺"而改变生活的事件则经常在他们周边发生,能够更为真切地被他们感受到。这样,在M村人"务实求验"的标准之下,"读书"并未获得今天其所具有的"优势地位",这也使得"读书人"并不具有如今天这般高的社会地位。

虽然,在M村人"务实求验"的思维逻辑的考量之下,"读书"并不具有优势,大多数人都不愿意花钱让子女去读书。但是,也有一些人在条件允许的情况下会送子女去读书,他们或是读过书的,或是家里经济条件比较好,又或是疼爱子女的……"读书"成了M村的文化奢侈品。在他们看来,虽然不读书无所谓,但能读书也是件"好事"。读书在M村是"可有可无的",是人们简单生活中的一种点缀。

不过,在M村人的观念中,读书的"好"已非源自于传统儒家文化"修身养性"或"学而优则仕"的精神,而是源自于其"务实求验"的思维逻辑。和不好读书一样,读书的"好"也是M村人"务实求验"的思维方式的产品。当被问及读书的原因时,村里那些读过私塾的老人都会给以同样的回答:识字三分巧!

"巧"该如何给予理解呢?也即,读书的"好"体现在哪些方面呢?对此,不同的人提供了不同的说法。其中,读书识字了会记账,会写名

现代教育观念的乡村遭遇

字和日期,是大部分 M 村人的追求。这样,他们在 M 村的生活就更为"顺当"。

◆ 那个时候让小孩去上私塾就是因为小孩一点点大,在家里没有人带,省得家里人带。……只是想着小孩不是文盲,识几个字,会记记账就好了。那个时候,很多小孩上几年私塾,都不等到可以做体力活,只要会割割草,就不让小孩上了,就回来帮家里割割草,做做事。那个时候农村里人会说这样的话:种田也吃饭。那个时候就是田多,人家都要种田。(GMD-6AB-2012.4.28)

◆ 那个时候农村人要记账,你上了学之后,家里帮人家做事,不记得,要记人工账,或者人家到你家来做事,要记个名字,记个日子。有的人不会记账,只能用线打结,在墙上划杠,那些不识字的人就用这个方法。过去上学就是记账的。会记账了就不上了,会认识名字就不上了。我们那个时候上私塾的人就是这个意思。(DYZ-6AB-2012.5.8)

除了"识字"这一最为朴素的要求之外,简单的算术也是他们生活中会遇到的问题。不会算术,他们在日常消费生活中会被"骗",也即他们口中的"被人欺负"。为了不"被人欺负",他们希望子女能够会"算账"。这也是他们让子女读书的追求之一:

◆ 我们读书的时候愿意给小孩读书的人家不多,因为大多数家长都不识字,只要小孩读书之后会记记账,不让别人欺负,就这么点理想,别的没有什么理想。(QJF-6AB-2012.5.5)

◆ 那个时候一斤是十六两,你要会算账才行,不识字不会算账,人家就欺负你,你只能随便人家怎么算。你买个肉,或者其他东西,人家说多少钱就是多少钱。(TAM-6AB-2012.4.20)

除此两种主要的"巧"之外,读书识字之后也还有其他一些"用途":

◆ 读书有点用啊,比如你算盘好的话,可以帮人家站店啊,帮人家写写东西啊,不管怎么样,识了字的人总比那些不识字的人要好些。(TAM-6AB-2012.4.20)

◆ 那个时候家里给我们读书,也就是为了让我们识几个字,"识字三分巧",识字的懂处世,能跟人家讲道理,别人说话能听得懂啊!(JHQ-6AB-2012.5.4)

尽管上述说法各式各样,但它们有一个共同的特征,即它们都起源并生长于M村人自身生活的现实需要,和他们的生活是融合在一起的。对于读书的作用,他们的观念形成都是基于自身当下生活的需要或以此为基础所设定的子女未来生活需要,而非子女素质或传统思想所追求的"道德修养"的提高。在他们看来,让子女上私塾,既无"博取功名"的目的,也无"修养德性"的追求,生活中所需的最基本的"照管孩子""识几个字"和"会算账"是他们仅有的目的。当然,这些"需要"也并非他们对未来的"长远计划",只是他们在实际生活中所体验和感受到的。所有这些,都透露出M村人"务实求验"的思维方式。传统儒家教育中的"修身养性"和"齐家、治国、平天下"的精神内涵经过M村人"务实求验"思维方式的"过滤"或"重塑",成了纯粹"识字"和"学算账"的工具。读书,作为M村生活的文化"点缀",也是"务实求验"的。

M村人对教育作用的这一"务实求验"的认识方式,实际并非M村人所独有的,它几乎成了乡村民众的思维特色。张倩仪在研究民国时期知识分子的童年及教育时便指出:读书是为了科举功名的观念似乎牢不可破。其实,为了出将入相而读书的,固然很多,但是,在许多破山沟的乡村学塾里"天地玄黄喊一年"的,若说都以争取功名为目标,未免太过。……读书就不免有当前实用的作用。①

　　通过对民国知识分子自述的研究,她对这些"实用的作用"进行了简单的分类:

　　　　首先是自保,唐弢的祖上出身农民,几代不识字,父因不识字吃过大亏,受人欺侮。和人打了一架,一心支持孩子上学,卖田典屋,在所不惜,只要唐弢说某本书有用,即使手无分文,也要千方百计满足,免得失去求知机会。这种学文化,大有防身自卫的意思。

　　　　其次,穷人读书也有实用的目的。多识几个字,可以写字条,记记账。齐白石的母亲靠收集掉下来的稻谷,供八岁的齐白石上学,"有了这么一点挂数书的书底子,将来扶犁掌耙,也就算个好的掌作了",所指望的本来并不多。

　　　　另一方面,不愁生活的人家也并不是只惦记着功名。……②

　　从上面,我们也可感受到乡村民众"务实求验"的教育观念,这不同于传统知识分子精神世界中的教育。

---

① 张倩仪.再见童年:消逝的人文世界最后回眸[M].北京:世界图书出版公司北京公司,2012:74.
② 张倩仪.再见童年:消逝的人文世界最后回眸[M].北京:世界图书出版公司北京公司,2012:75-76.

第三章 "务实求验":M村人教育观念的传统思维

这种对教育作用的"务实求验"的思维,导致乡村民众对子女读书的"低"期待。加之乡村生活的艰难,乡村民众无力也无意对私塾的教育情况、子女的学习情况以及如何教育子女进行自觉的思考。对于这些问题,他们都没有自觉的意识,当然也不会有自觉的教育行动。很多乡村老人都表示,对于他们的学习,"家长从来不问,也问不了",甚至他们有没有去私塾,家长也不清楚,也没有心思去管。这样,传统私塾教育和乡村民众生活是两个"格格不入"的系统,两者少见沟通和交流。在家里,小孩过着和私塾中完全不同的生活,读书不是首位的,生活的实际事务才是首先必须予以考虑的。张倩仪在《再见童年:消逝的人文世界最后回眸》中记述的齐白石读书忘记捡柴时齐祖母的说辞可谓典型:

> 你母亲生了你,我有了长孙了,真把你看作夜明珠,无价宝似的。以为我们家,从此田里地里,多了个好掌作……你小时多病,我和你母亲急成什么样子!求神拜佛,烧香磕头,哪一种苦没有受过!现在你能砍柴了,家里等着烧用,你却天天只管写字,俗语说得好:三日风,四日雨,哪见文章锅里煮?明天要是没有米吃,阿芝(齐白石乳名),你看怎么办?难道说,你捧一本书,或是拿着一支笔,就能饱了肚子吗?①

从这,我们既可感受到乡村民众"务实求验"的思维方式,也可感受到,即便是读书的实用功能,在他们心目中也仅处于"可有可无"的附属地位。当读书与生活的实际事务相冲突时,读书便需退后。

---

① 张倩仪.再见童年:消逝的人文世界最后回眸[M].北京:世界图书出版公司,2012:75.

以上所有,"务实求验"的思维方式及这一思维方式之下的教育观念,构成了 M 村的观念传统。在新学校进入之前,它支配着 M 村人对子女教育问题的认识,也决定着他们对自己子女的教育行动,也影响着 M 村孩子的乡村生活。它等待着即将到来的新式学校,等待着现代教育观念的到来……

第四章

传统主导型互动：现代教育观念的乡村漂浮（1949—1978）

第四章 传统主导型互动:现代教育观念的乡村漂浮(1949—1978)

新中国成立,对 M 村的教育来说,是一个重要的转折点。为贯彻国家"以工农为主体的""民族的、科学的、大众的"文化教育方针,1949 年后的如皋县积极改造其"封建的、买办的、法西斯主义的"教育,迈入了教育的社会主义改造大潮。在这场风起云涌的教育改造运动中,M 村的教育传统难以继续维系。和其他乡村一样,作为农民的居住地,M 村是"以工农为主体"的教育改造运动的"主体"。经新民主主义教育性质的审视,其唯一的教育形式——私塾,具有典型的"封建性"。因此,以国家教育方针为考量,M 村是教育改造运动的重点对象之一。在此运动的推动之下,现代学校于 1951 年入驻 M 村,开启了其教育的现代化进程。于此,M 村人首次接触现代学校。然而,他们并未表现出其他研究中所发现的对新事物的抵制心态,而是静静地接受了这一转换。现代学校毫不费力地挤走了传统私塾,得以在 M 村立足,成为 M 村儿童接受教育的唯一途径。从此至改革开放的 20 多年间,M 村经历了无数的政治、经济变革,其教育政策也历经了数次改革,学校教育的形态也发生了很多的变化。然而,这些并未影响 M 村民众对教育的认识。在宏观层面喧嚣奔腾的变革之下,M 村人用他们自己的方式对这一切进行诠释。面对新的教育机构和形式,他们依然用传统的思维方式加以认识,以此思考子女的教育问题,做出相应的教育行动。在这 20 多年的时间中,现代学校凭借着政治力量闯入 M 村之后,被 M 村人所"接受"。然而,其背后的现代教育观念却不具有如此的"强势"。相反,M 村人的传统思维方式却占据着"强势"的地位。在接触现代学校教育的过程中,他们用传统的思维方式对其进行理解,对其背后的现代教育观念进行"同化"和"再造",将其"传统化"。这样,现代学校教育和传统的教育观念以独特的方式相互融合,共存于 M 村人的世界之中,并支撑着他们对子女教育的思考和行动。

第一节　M 村的生活与教育

1949 年,新中国的成立给 M 村带来了翻天覆地的变化,安静的乡村生活被打破。从此时起,国家和政府依靠政治力量在 M 村自上而下地推行了一系列大刀阔斧的改革,并带来了立竿见影的变化。所有这些改革措施旋风般地改变了 M 村人原有的乡村生活生态,并将他们驱入一个新的乡村生活生态。这一乡村生活生态一直持续至改革开放,未有根本的变动。在这段时期,它构成了 M 村人主要的生活环境,赋予了他们的生活以历史的独特性。在这一环境中,他们以各种方式维系生活,进行思考和行动。

一、巨变的惨痛:M 村的生活环境

1949 年初,"在约有 2.64 亿多农业人口的新解放区还没有进行土地改革,农村中的封建剥削制度依然存在"[①],M 村便是其一。为贯彻落实国家的农村改革政策,如皋县白蒲镇政府对 M 村的政治、经济和文化等方面都进行了新的规划,采取了各种改革措施。然而,对于以土地为生的 M 村人来说,土地所有制的改革无疑是其中最为"感受真切"的。据新编《白蒲镇志》记载:于 1950 年 8 月起,根据《中华人民共和国土地改革法》,隶属南通刘桥区的勇敢乡,隶属如东县蒲东区的新姚地区和隶属如皋县白蒲区的蒲西,都进行了土地改革工作,并颁发土地执照,该工作于 1951 年底结束。[②]

其中,"蒲西"便是 M 村的所在地。至 1951 年,M 村的民众便都拥

---

① 陈方南.新中国农村土地政策评析[J].学习与探索,2006(4):95-99.
② 参见秦镜泽等编写的《白蒲镇志》,暂未出版。

第四章 传统主导型互动:现代教育观念的乡村漂浮(1949—1978)

有了自己的土地,不需要再向地主交租,基本实现了"耕者有其田"的目标。这与当地老人的记忆是相吻合的:

> 1949年,新四军就到这里了。① 1951年的时候,M村就分了田,共产党把地主和富农的田都分给了那些没有田的人家,大家就都有自己的田了。那个时候还是"单干"啊,各人家种各人家的田,种了田交了国家的税之后就都是自己的了,不要再交地主家的租了。(TYY-2B-2012.5.6)

将地主和富农的土地分给贫农,变土地的封建地主私有制为农民所有制,这改善了M村大部分贫困农民的生存状况,使他们的生活有了一个新的起点。然而,还未等这一举措产生效果,国家又制定了一系列政策,决定在乡村实施土地的集体所有制。受此推动,M村人又走入了另一个生活模式,而这一直持续至改革开放。相较于前者的短暂,这可以说是1949年后至改革开放前M村人生活的基调。

为解决土地私有、小农经营的问题以及适应国家整体经济发展的规划,中央政府于1953年先后颁发了《关于农业生产互助合作的决议》和《关于农业生产合作社的决议》,决定将农村土地的所有权和使用权分离,在保证农民土地所有权的基础上,实行对土地的统一经营和管理。1954年,白蒲镇也着手进行这一工作,开始将农业生产推入"互助合作"的进程。新编《白蒲镇志》记载:1954年白蒲镇郊菜农组织成立互助组,白蒲周边农村也纷纷办起初级农业生产合作社,实行土地入股和按劳动分红的制度。②

---

① 这里指的是M村的解放,据当地镇志记载,白蒲镇是1949年解放的。
② 参见秦镜泽等编写的《白蒲镇志》,暂未出版。

在这一改革运动中,M 村也走上了初级合作社的道路。据当时担任村干部的人回忆:

> 我们这个村 1954 年响应政府的号召,开始走合作化的道路。我们就要求村民把田、农具、牲口交给村里合作社,到年终的时候我们再统一分粮。那个时候是自愿的,有的人报名参加,有的人不报名参加。那些家里条件好的,田多的,劳力够了的,就不愿意参加,他们就单干。那些条件不好的,单干不方便的都报名参加。我们村里大部分人都参加,那个时候条件好的人家不多。(XYY-2B-2012.4.16)

紧接着,国家加快了合作化的力度和进程。1955 年 11 月,国务院公布《农业合作社章程(草案)》,1956 年 1 月,中共中央又提出《1956 年到 1967 年全国农业发展纲要(草案)》。在这两个政策文件中,政府决定在初级合作社的基础上,将农民对土地的所有权也收归集体所有,开始实施高级农业生产合作社。在国家政策的要求下,M 村所在的如皋县,也加快了农业生产合作化的进程,掀起了改革运动的高潮。高级农业生产合作社采取这样的运行机制:取消"土地分红",实行"土地公有,统一经营,集体劳动,计工分配"。高级社土地在统一经营下,划耕作区,编生产队,社与队实行"包工、包产、包本、超产奖励"的"三包一奖"制度。社员劳动按劳动定额评记工分,年终凭工分分配。[①]

据《如皋县志》记载,至 1957 年,全县有高级社 736 个,入社农户占 96%。在 M 村,据当时村干部回忆,从 1956 年开始,他们就响应镇里组织高级农业生产合作社的号召,加大了组社的进度和力度,将那些之

---

① 参见秦镜泽等编写的《白蒲镇志》,暂未出版。

第四章 传统主导型互动:现代教育观念的乡村漂浮(1949—1978)

前不愿入社的农户的土地也收归了集体,使他们加入合作社。至 1957 年底,所有村民都"上社"了,M 村顺利"合作化"。当然,这一改革运动的顺利完成,倒也并非完全出于人们对这一改革的拥护。在这一过程中,也动用了一些强制性力量。特别是对于那些家里条件好一些的人家,这一改革并不具有吸引力。他们说:

> 村里有的人家单干先上社的,有的人家后上社的。初级社的时候不强迫,是自愿的。那个时候有的人家单干,发现不方便,就报名加入合作社。我们家那个时候条件好点,种田成本够了,家里劳力也不缺,参加初级社就不划算。后来到了高级社的时候,村里跟我们家差不多的,或者比我们家条件好的人家,也都不愿意参加。村里那些干部就把一些不愿意的抓过去,打个半死。我们家里人害怕,就被迫同意了! 实际上,对我们来说,一点好处都没有,损失倒不少。(DHM - 2B - 2012.5.6)

紧跟其后,1958 年 8 月,中共中央政治局北戴河会议通过《关于在农村建立人民公社问题的决议》,进一步强化和推动乡村的集体化程度。一个月后,白蒲镇便着手落实这一政策,以白蒲镇为中心,成立了"火箭人民公社"。1959 年,对已成立的人民公社进行了整顿,确定了物质资产的所有制及管理方式。新编《白蒲镇志》中记载:人民公社实行"政社合一"的体制,人民公社为土地集体所有制,原农业社耕种的土地及所有的农具、生产设施,各种物资及社员自留地,全归公社所有。在公社范围内统一核算、统一分配。①

---

① 参见秦镜泽等编写的《白蒲镇志》,暂未出版。

1961年，中共中央颁布了《农村人民公社工作条例（草案）》和《关于改变农村人民公社基本核算单位问题的指示》，将原有的公社统一核算和管理方式改为公社、生产大队、生产队三级所有，以生产队为基础和基本核算单位。此后，白蒲镇也迅速响应这一指示，完成了公社管理制度的变革。

这一番迅速而又喧嚣的改革，使得原有的乡村生活被仓促地清除，一个新的生活环境得以基本构架。尽管此后国家的政策和改革仍不断更新，然而这一生活环境的基本架构并未有根本的改变。在这一历史时段中，M村人就在这样的环境中维系着他们的生活。

在这些喧哗的改革浪花之下，M村人的生活是什么样的呢？由于政策本身的局限、落实过程中的偏差以及自然环境等众多因素的缠结，M村人的生活并无表层的"欣欣向荣"，两者形成了强烈的反差。在乡村改革的"红火"表象之下，人们过着极为艰难的生活。"忙""苦""穷"是这个时期M村人生活的关键词。根据人们的回忆，可以基本拼接出当时M村人的生活图景。

在这种种改变之外，有一点是没有改变的：M村人与土地的息息相依。这一时期，土地依然是人们获取生存资料的最主要来源，他们以种地为生。而且，相较于前一阶段，这一阶段M村人被更为牢固地束缚于土地之上，其程度有增无减。究其原因，除了原有对土地的依赖以及封闭的乡村生活之外，这一时期国家的人口流动政策也起到了重要的外部强化作用。1953年，国家开始实施第一个五年计划，在其"重工业优先"发展战略之下，农业成了工业的重要资源供给。"农业哺育工业"成了这一时期国家发展的战略机制。为了确保农业的发展，给农业留有足够的劳动力，同时也因社会治理的需要，国家颁发了一系列的政策，限制农业人口向城市流动，将乡村民众固

第四章 传统主导型互动:现代教育观念的乡村漂浮(1949—1978)

定于土地之上。1958年,国家颁布《中华人民共和国户口登记条例》,开始限制乡村民众向城市流动:

◆ 公民由农村迁往城市,必须持有城市劳动部门的录用证明,学校的录取证明,或者城市户口登记机关的准予迁入的证明,向常住地户口登记机关申请办理迁出手续。①

◆ 公民在常住地市、县范围以外的城市暂住三日以上的,以暂住地的户主或者本人在三日以内向户口登记机关申报暂住登记,离开前申报注销;暂住在旅店的,由旅店设置旅客登记簿随时登记。②

◆ 公民因私事离开常住地外出、暂住的时间超过三个月的,应当向户口登记机关申请延长时间或者办理迁移手续;既无理由延长时间又无迁移条件的,应当返回常住地。③

1964年,国务院批转了《公安部关于处理户口迁移的规定(草案)》,进一步强化了这一限制:从农村迁往城市、集镇,从镇迁往城市的,要严加限制,从小城市迁往大城市,从其他城市迁往北京、上海两市的,要适当限制。

1977年,国务院转批《公安部关于处理户口迁移的规定》,其中规定:从农村迁往城市、镇(含矿区、林区等,下同)由农业人口转为非农业人口,从其他城市迁往北京、上海、天津三市的,要严格控制。从镇迁往市,从小市迁往大市,从一般农村迁往市郊、镇郊或国营农场、蔬菜队、

---

① 全国人大常委会.中华人民共和国户口登记条例[EB/OL].(1958 - 01 - 09)[2019 - 11 - 30].http://www.people.com.cn/item/flfgk/rdlf/1958/111605195801.html.

② 同①。

③ 同①。

经济作物区的,应适当控制。①

与此同时,公安部为贯彻上述规定,给全国各省、市、自治区下达了"农转非"控制指标:每年批准从农村迁入市镇和转为非农业人口的职工家庭人数,不得超过非农业人口数的1.5‰。②

这样,改革开放之前,乡村民众被严格限制于土地,M村人也不例外。他们或有意识、或无意识,或自愿、或非自愿地生活于乡村,以种地为生。然而,此时的乡村生活已失去了以往的"悠闲"和"自主",在生产队的统一经营和管理之下,M村人总是生活于"忙碌"和"紧张"之中。谈到当时的生活,村里人都说:

◆ 那个时候我天天早上天一亮就起来,起来煮早饭。队里哨子一吹我们就去上工。早饭前面做一会儿回来吃早饭,吃了早饭就洗碗,有的时候还没等做好就要去上工啊。有的人家有老人在家里准备准备中饭菜,做做杂事,就稍微好点。到了中午的时候才回来煮中饭。比如到了收麦子的时候,中午十点多钟就放工,放了工回来人家就抢着煮午饭,中午的时候还要去大场上打麦子,中午的时候去打一趟,回来吃午饭,吃完饭歇一会儿,再去打。一天到晚都在外面做事。(XNN-2F-2012.4.23)

◆ 过去我们过的日子可怜,一放工,立马煮了吃了,就去割猪草。哨子一吹,就去上工。到大场排队点名,点不到名就

---

① 江苏省革委会.江苏省革委会关于执行国务院批转公安部关于处理户口迁移的规定几个问题的通知[EB/OL].(1978-03-30)[2019-11-30]. http://www.people.com.cn/item/flfgk/dffg/1978/C222002197801.html.

② 公安部.公安部关于认真贯彻《国务院批转〈公安部关于处理户口迁移的规定〉的通知》的意见[EB/OL].(1977-11-22)[2019-11-30]. http://www.klmy.gov.cn/gov/xxgk/Pages/Detail.aspx?id=e6004812-4acd-42a7-8c7a-30eeb2cd6a9d&indexno=RR013-3313-1977-00002.

第四章 传统主导型互动:现代教育观念的乡村漂浮(1949—1978)

扣五厘工。有的人离得远的,像救火的一样,跑了过来啊。中饭煮了之后,哨子一吹,就打场,以前没有收割机啊,全部是人工割的,不打好了不能吃午饭。农忙的时候,来不及的话就要开夜车啊,晚上也要干活,不做好了不能回家睡觉啊!(TYQ-2F-2012.5.9)

◆ 农业社上的时候人没得歇啊!那个时候,我儿子刚生下来,我就要去干活,只好把他放在家里。大便、小便都没有人管,随他去啊!半天只有半个小时的休息时间,我回家喂他都是从田里走,来不及啊,去晚了就要被罚工分。(TMZ-2F-2012.5.5)

◆ 那个时候一年到头都有做不完的事情啊,正月初一也有事情做啊。每年如果客气的就是正月初一上午不做,下午就开始做。哪有的歇啊,不做就没有工分啊,到时候就没有粮称啊,就没得吃啊。(XNL-2F-2012.5.16)

一年中,他们似乎每时每刻都紧张地干活,和时间斗争。他们的生活中没有休息,更没有休闲。为了"挣工分",为了不被"扣工分",他们需要不停地干活,一点儿也马虎不得。"忙碌"是他们生活的常态,他们就这样被生活催着、赶着。这样,种地几乎占据了他们吃饭、睡觉之外的所有时间,忙碌的生活节奏使得M村人被牢牢地限制于土地之上,没有可能从事其他"私活"。不过,村里那些"管理者",比如大队长、小队长、会计等,他们的生活则显得悠闲很多,村里很多人向我描述:

那个时候像我们普通社员就忙得要死、做得要死啊,那些干部就只要看看、记记工分或者管理管理就行了啊,他们不要

干活啊！最后，每天都记"十分工"，比很多做得要死的人还多。（YNN-2F-2012.5.10）

不过，干部的"好"也就仅限于此，他们和普通民众的差别并不大。除了能够"贪污"或者"捞点外快"以及不用干体力活之外，他们的生活就再也没有特别之处。除了种地之外，M 村人也有副业，"养猪"和"养牛"是其中最主要的。不过，这些副业的收入都要上交集体，而非他们自己所得，也不能改善他们的收入。

但是，这样紧张而忙碌的工作并未能改善他们的生活。相反，各种主客观因素的结合，使他们的生活被推向了比 1949 年前更为糟糕的境况。在所有的财产都收归集体，原有穷富差距几乎被抹平之后，M 村人陷入了"普遍贫困"的生活之中。在"记工—分配"的收入分配制度之下，他们几乎失去了其他一切收入途径，只能依靠每天在集体劳动中"赚工分"获得生活的来源。然而，这一来源带给他们的收入并不可观，村里那些经历过这一时代的人向我计算了他们当时的收入状况：

那个时候，一个劳动日，按十分工算，高的是八角钱，中等是四角或者六角，最低是八分到一角二分。一年三百六十五天，除去那些不能干活的时间，按照三百天算，一年高的也就两百四十，中等一两百，最低的只有几十块钱。很多时候，做一天还拿不到十分工，只有七八分工。这样，收入还要再扣点。这样一年做下来，再扣去你平时的口粮，剩下来的就是你一年的收入。（TYQ-2D-2012.5.9）

这是以人为单位来计算的。不过，如果以家庭为单位计算，各个家庭之间会有不同程度的差别。这主要来源于家里的劳动人数以及吃饭

第四章 传统主导型互动:现代教育观念的乡村漂浮(1949—1978)

人数,也即他们所说的"劳力"的多少。如果一个家里的人都能干活,没有"吃闲饭"的人,那他们家的生活就会"好过一点"。如果家里"劳力"少,"吃闲饭"的人多,那日子就很"难过"。一个家庭的生活条件与"劳力"人数和"吃闲饭"人数之差成正比。

> 那个时候虽然每个人的收入差不多,但是放在一家就不同啊。有的人家每个人都能干活,这样到年底的时候就能拿到点钱或者粮。大多数人家只能基本维持平衡,够全家人一年吃的。还有一些人家做了一年,还不够,还要给队里钱。那个时候其他又没有经济收入,哪有钱给啊?就只能欠着,等下一年年底的时候再还啊。有的人家连续几年都要欠着,没有钱啊!那个时候,在这个村里,那些不用给队里钱的人家就算好的,那些能拿到钱或者粮的,就算是富裕的。(XNN-2D-2012.4.23)

这样,一个家庭经济条件的好转就只能寄希望于子女长大成人,能够到队里"赚工分",用M村人自己的话来说,这就是"得了子女的力"。很多人都描述了类似的转变过程:

> ◆ 我上高中的时候,姐姐都嫁人了,哥哥也都自己成家分出去了,爸爸妈妈都生病,不能干活,还要用钱买药。家里没有人做事,年年要找(给)队里钱,自己生活都糊不过来,没办法,我就不上了。之后,我在队里正儿八经地做了一年,一点都没歇,我做的工分最多,也只有一百四十六块钱,那一年没有找钱还拿了七十多块钱。不过前几年要找钱的都没找,就记着账在那里,那一年刚好把以前的账都还了。没要给钱,也没拿到钱。(QJQ-2D-2012.4.24)

> ◆ 那个时候我们家穷,一个队就我们家最穷。不是别的

啊,那个时候要到队里做工分,按照工分多少分粮的啊,没得工分就没有粮分。那个时候我们家吃饭的人多,做事情的人少。后来等我开始上学的时候,我最小,我的哥哥姐姐都能做事情了,我们家六个人做工分,做了一年一共拿了三百多块钱,轰动了一个大队。(LJJ-2D-2012.5.25)

对 M 村大多数人来说,这样的收入难以维持基本的生活。他们在生存线的边缘徘徊,能够越过生存线得以存活是他们的目标。正如当地民众所言,当时他们的生活就是在"吃穿"上"兜圈子"。"吃饱穿暖"是他们亟待解决的问题。在生活中,他们常常面临吃饭的困难:

◆ 那个时候没有现在条件好,一家那么多人,煮一锅甜菜,油都没有,水一加就这么烧,吃了都要死。烧呢,又没有草,只有去捡,还不是整的,只有蚕豆那么大,一点一点地捡回来,放篮子里,等着捡回来烧饭吃,就过的这种日子。(TYY-2G-2012.4.21)

◆ 那个时候要赚工分啊,没有草烧饭,要去捡草,一放工之后就去路上铲青草回来晒干了烧饭啊!没有烧啊,可怜啊。也没得吃,可怜啊。(YNN-2G-2012.5.10)

◆ 我们放学的时候蚕豆好吃了,边走路边偷人家的蚕豆吃。那个时候树叶绿了,人家就摘了回来蒸了吃,哪像现在树叶绿的啊,那个时候树都是秃的。一年一家就一斤多油,舍不得吃啊,有的人家还省了卖掉,那个时候没有钱啊。(LJJ-2G-2012.5.25)

除此之外,1949 年之前村里的"名人"——手艺人,他们依然维持着以往的收入水平。不过,当时的管理制度也给他们的收入带来了影响。由于他们不去社上劳动,他们必须每天从工资里拿出一部分交给队里,叫作"积累"。这样,他们才能从队里分到粮食。当时村里的一个手艺人描述:

> 我那个时候做木匠,一天六毛钱的工资,回来还要缴三四毛给队里,没什么钱剩下,只有一天吃人家三顿饭,自己家的粮食就省下来了。(YCY-2F-2012.5.6)

相比于那些在社上"做得要死"又"没有收入"的普通社员,手艺人当然要好得多,他们有一些收入,虽然所剩无几,但他们不用吃自己家的粮食,也不用那么费力劳动。不过,手艺人的"好"也仅仅这些了。

在这样的生活环境中,1949年之前M村人并不是很大的贫富差距被进一步缩小,人们过着"差不多"的生活。然而,这种差距缩小的代价却是共同贫困,"能否吃饱饭"是他们划分穷富的标准。为"活命"而挣扎成为M村人在这一历史时代中的生活特点,他们拼命劳动,但却越陷越深……这给他们留下了惨痛的回忆,至今想起仍心有余悸。

二、朴素的现代性:M村的学校教育

在M村人为生存而努力时,其教育的现代化进程也开启了。据相关文献资料的记载以及该村老教师和其他老人的回忆,1951年,应国家及县政府改造新解放区封建教育的要求,在镇政府的推动之下,M村设立了第一所现代学校——M小学,新教育体系初步形成。在行政力量的推动之下,它取代了传统私塾,成为该村儿童唯一的受教育途径。在心理上,它并未遭到M村人的抵制。新学校出现后,1949年之前那些想让子女读书的M村人都将子女送去新学校上学。私塾走出了他们思考子女教育问题的思维阈限。很多老人表示:"有了学校之后,村里小孩就不去上私塾了,都去学校。没有人家再去私塾了啊!"这样,新学校异常顺畅地进入了 M 村,并被该村民众所认可和接受。

这是一所极为普通的乡村小学,在白蒲镇的教育史上,它并不具有特殊的地位,有关它的文献记载也是空白,甚至在《白蒲镇志》中都未提及它的名字。此外,虽然新编《白蒲镇志》中记载了这段时期白蒲镇小学教育的状况,也详细记载了当时几所小学的教学与管理等各方面的改革与发展状况,然而,这些都是集中于镇区且作为教育部门重点发展对象的小学,它们在这段历史时期的状况都不能作为 M 小学教育发展状况的替代。相比较而言,M 小学的现代化程度要"落后"很多,两者具有较大的距离。为相对真实地了解这一历史时期的 M 小学,此部分研究以白蒲镇教育改革和发展的历史及《白蒲镇志》中所记载的几所学校为参照,以这一时期的教师和学生的"口述史"为主要研究资料,尝试一定程度上还原 M 小学的教育图景。

在形式上看,刚"建成"的 M 小学和原有私塾具有很大的差别,它已初具现代小学的雏形。然而,这一"雏形"却极为朴素和简单。类似于新中国成立之初的很多乡村小学,M 小学最初设在村里的一所老庙中,其物质条件极为简陋。一些当时在 M 小学读过书的老人描述了学校的物质环境:

◆ 新中国成立之初,国家破除迷信,把庙办成了一个学校。就是桥那边的庙里,庙里都是供的菩萨,我们就在中间上课。(DYZ-1B-2012.4.16)

◆ 那个时候庙里总共只有两间房子,前面没有墙。(DHM-1B-2012.5.7)

◆ 那时候是用哨子吹的,一吹上课了,一吹就下课了。(JHQ-1B-2012.5.4)

◆ 那个时候教室里的黑板就是用墨汁在墙上刷了一层,

第四章 传统主导型互动:现代教育观念的乡村漂浮(1949—1978)

坑坑洼洼的,不像现在的黑板。我们坐的桌子、椅子都各式各样的,摇摇晃晃的。那个时候不像个学校啊!(GMD-1B-2012.4.23)

和当时如皋"师资数量不足"的整体状况一致,M小学最初只有两个老师。据《如皋县教育志》记载,1952年至1953年之间,如皋县的师资数量有过一次较大发展,"吸收了大量文化素质不合格的新教师"。在这一整体形势之下,教师数量有所增加,但是其质量却很低。《如皋县教育志》记载,1954年8月19日,县文教科对教师的分类排队情况是:在1 962名教师中,称职的1 193人,占60.8%;尚称职的646人,占32.9%;不称职的123人,占6.3%。①

且不论其评价标准的高低,就这一状况来看,当时全县整体面临着严重的师资质量问题。M小学,作为其中的一所乡村小学,其师资质量问题当然更为严峻。据村里上过学的老人回忆:

那时候教师都是国家收过来的,有的是村里的,也有外面的。那个时候没有老师啊,村里都是不识字的。农村里那些以前上过私塾的,识了一百个字的人就被找了去做老师。那个时候的老师就认识字。(DYZ-1D-2012.4.16)

所有报名进M小学的学生不再"混"在一起,而是被粗略地根据年龄和过去上私塾的时间,分为不同的年级,只是此时还没有严格的划分标准,带有很大的随意性和主观性。由于物质资源和教师资源的有限,M村只能将该小学办成一所"初小"。在学校里,只有一年级到四年级。四年级结束时通过考试的学生如果要继续上学,就要到邻村或者

---

① 沈达康,顾肇甲,如皋县教育局.如皋县教育志[M].如皋县印刷厂,1987:109.

乡里去上高小,即五年级和六年级。在教学组织形式上,M小学采取班级授课制,这和以往私塾中"点章制"的个别教学不同。在一个班级中,一个老师同时讲给所有学生听,他们学习同样的内容,有着共同的学习进度。村里一些既上过私塾也上过学校的老人这样描述两者的差别:

> 以前私塾先生是一个一个地教,学生都是各学各的,老师教完这个再教那个。到了学校的时候,就分了班级,这就和以前不同了。老师是一起教的,每个学生学的都是一样的,进度也是一样的。这样教师就舒服多了,比私塾先生舒服多了。学生也更加容易识字。(DYZ-1F-2012.4.16)

然而,M小学在建立之初却没有足够的生源,全校只有三十几个学生。由于政策要求每所学校的学生人数必须达到40才能办学,"学额不足"使得M小学经常处于生存的边缘,面临关闭的危险。据当时的老师和学生介绍:

> 那个时候没有多少学生,全校也就三十个人左右,还达不到镇政府规定的"学额"。为了应付镇里视导的检查,学校需要"拉"村里的小孩暂时"充当"学生,数个人头。等视导走了之后,就让这些小孩回家。要不是这样子,M小学没有办法维持下去啊!(DYZ-1A-2012.4.16)

学生人数不足,加上物质设施以及教师数量的限制,M小学在教学形式上只能采取"复式教学"这一特殊的班级授课制。具体来说,M小学实施"一三复、二四复",即一年级和三年级的学生在一个教室,二

第四章 传统主导型互动:现代教育观念的乡村漂浮(1949—1978)

年级和四年级的学生在一个教室。他们在同一个教室里,但是上着不同的内容。当时的学生描述了这一教学组织形式:

> 那个时候是复式班,教室一边坐一年级的学生,一边坐三年级的学生。老师一半一半地教,半个班做作业,半个班上课。这边上课,那边的孩子就做作业。老师作业布置很多,要是偷着玩作业就不能完成。这样,老师给这边学生上课的时候,那边的学生就不敢偷着玩。那时候就是这样的。
> (GMD-1F-2012.4.23)

初设立的 M 小学只开设了两门基础课程:语文和算术。教材是当时国家统一发放的。这是新学校的重要可见特征。传统的儒家经典被作为封建教育的重要标志而废弃。这两者也是有着重要的区别的:第一,相对于传统儒家经典的道德取向,语文和算术更具经验取向;第二,在内容安排上,语文和算术更具规划性。教材内容根据难易程度,被划分成不同的等级,以此按照先后顺序进行教学。这和以前私塾的教学方式有很大的不同。村里经历过两种教学方式的老人说:

> 私塾的时候和学校不一样啊,学校学的东西都是一课一课的,这个学期学了之后就不要再学了,书也就没用了。私塾的时候,每天背书都要把以前背的再背,每天都要从头背起。书都不能扔的啊,随便到什么时候都要把前面的放在一起背。
> (JHQ-1G-2012.5.4)

虽然他们的表述不够学术化,然而,这确是新学校在课程内容的设置和教学方式方面的重要特征,是其现代特征的重要因素。不过,在具体实施过程中,这一内容设置被"大打折扣"。由于教师的能力局限等各方面原因,语文教学成了识字教学,算术即是"加减乘除"的计算教学。很多当时的学生都表示:

> 那个时候语文就是教的字啊,那个时候又没有字母。书上有生字表,老师就把字写在黑板上,然后就教学生读啊,写啊,别的就没什么了。算术就是教教加减乘除,别的没什么。
> (GMD-1EG-2012.4.23)

此外,在教学内容上,M小学在初建时也有所变通。除了国家规定的内容之外,教师在学校也会"偷偷"教一些实用的知识,比如教念经书和医书,这直接有利于他们走出学校之后找到一份职业,比如和尚、赤脚医生。在生源不足的情况下,这是一条吸引生源的途径。不过,老师也仅仅是在"认字"的层面上教他们。

由于班级授课制的形成,M小学可以采取"考试"作为学生"升级"的依据。考试记分办法学习苏联,采取"五级记分制"。据当时的学生介绍,一分、二分属于不及格,三分及格,四分中等,五分最好。因此,那些考试成绩在三分及以上的学生,便可升一个年级,继续学习。而那些没有通过考试的,就要"留级"。当时,一个学期有两次考试:期中考试和期末考试。不过,当时考试的功能仅限于筛选。平日里是没有考试的,老师也不知道学生学得怎么样,只是上完课就好了。期中、期末考试之后,老师只是"报一下分数"。这些分数就是决定升级与否的依据。此外,在学生管理方面,M小学依据国家颁布的《小学生日常守则》。不过,这一规则并未被严格执行,学校秩序仍极为"松散",这从当时学生对到校时间这一基本规范的遵守方面便可看出。当时的学生在谈到

第四章 传统主导型互动:现代教育观念的乡村漂浮(1949—1978)

到校时间时说:

◆ 那个时候不谈时间,也没有迟到不迟到。那个时候老师都上课了,你去学校,只要往那里一坐就行了,老师不会问。那时候跟现在不同。(DYZ-1K-2012.4.23)

◆ 那个时候又没有规矩,高兴去就去,不高兴就不去。高兴什么时候去就什么时候去,迟到了也没关系。(DHM-1K-2012.5.6)

最初几年,M 小学一直在这一制度体系之下平稳运转,未有大的改变。1958 年,它有了重要的改变。由于 1956 年开始的农业合作化运动以及政府实施的学费减免政策,M 村人都让子女上学,M 小学的学生人数飞速增加。虽然具体数据已无从考察,但从当时学校扩建的举措以及学校规模中可窥见一斑。由于古庙的两间屋子已容纳不下学校的学生,1958 年 M 小学迁址。与此同时,复式教学也无实施的必要,真正意义上的班级授课制开始实施。此外,1960 至 1966 年间,县政府推行了各项提高教育质量的教育政策,M 小学的制度体系进一步规范化。

然而,好景不长,1966 年国家开启新一轮改革。这给 M 小学带来了很大的影响,初步完成的制度体系不复存在。政治流入教材之中,成为 M 小学主要的教学内容。学校日常教学秩序消失,教学活动陷入放任状态。

◆ 那个时候上课老师不是教啊,老师就站在讲台上,说把书翻到第几页、第几页,然后老师读一读,就这样了。之后,你就自己读一读,只要会背就行了,不过不会也没关系。(TYB-

1G-2012.4.21)

◆ 我们上学的时候考试是开卷的。考试的时候随便你翻书,实在翻不到的话,谁写完了你就抄一下他的。那个时候老师也马虎,学生也马虎,也学不到什么……我们怎么不识字的呢,因为我们那个时候上学就是糊弄的。那个时候老师的觉悟也不高了,也就是糊弄。(TYB-1G-2012.4.21)

"推荐"取代"考试",升学依据由"分数"变为"成分":

我们那个时候你小学毕业,上初中,不要考试,就直接推荐上去的,只要家里是贫下中农的,成分好的都去上初中。初中毕业之后,上高中学校是有数额的,或者一个大队三个,由大队推荐。上大学还是推荐。过去以成分来决定的,不需要考试,根本不依成绩决定。(TYB-1H-2012.4.21)

"劳动"取代"教学",成为学校主要日常活动:

◆ 那个时候,学校搞勤工俭学,不上课。记得当时上学的时候我们每天天不亮就起来,吃了早饭去学校。然后一起走到农场,在农场上干活。(DYZ-1J-2012.5.18)

从以上可以看出,M小学真正意义上的现代化历程始于1951年,而止于1966年。这一时段中,其制度体系虽极为"简单""朴素",但它却是M村传统教育向现代教育的"转折",在很多方面都已露出现代性的"端倪"。在教育内容上,语文和算术等现代学科知识取代了《三字经》《百家姓》等儒家经典;在教育方式上,个别教学和点章制被班级授

第四章 传统主导型互动:现代教育观念的乡村漂浮(1949—1978)

课制所代替,学生被按照年龄分成若干年级;在教育管理上,基本学制和日常规章制度形成,考试制度建立。这些教育措施和制度已经具有了现代教育精神的痕迹。教育的现代性质已经初露雏形。

第二节 "政治式"思维下的现代教育观念萌芽

制度研究表明,"空壳"式制度是不存在的。任何制度的背后,总是或显在或潜在地存在着一套观念的体系。这一观念体系为制度提供存在的合法性,告诉人们为何执行制度,并指导人们如何执行制度。对于M小学来说,情况也是如此。从新中国成立之初至改革开放,顺应国家和县、镇政府的教育改革政策,M小学采纳了种种新的制度,构建了现代教育制度体系的雏形。在学校教师采纳和遵守这一制度体系的同时,他们总是拥有着对该制度体系的理解和认识,这便是教师的教育观念体系。这一观念体系作为该制度体系的"血肉",存在于M小学中,支撑着M小学教师的教育生活。当新的教育制度与M村民众相遇,这一教育观念体系也随之触碰到乡村民众的生活,与其观念传统产生各种各样的"反应"。那么,作为一种新的教育观念体系,它的思维方式和逻辑是怎样的呢?它有哪些特征呢?

然而,由于文字记载的缺失,这些观念已跟随当事人的离开而离开。对于作为后人的研究者来说,他们对教育的思考,他们如何理解这些制度,他们为何采纳、遵守这些制度,都是一个无法获知的、"谜"似的存在。面对这一状况,研究者可从国家的政策中挖掘这些制度背后的教育观念体系,了解其思维方式的特征,并以此作为M小学教师教育观念体系的替代。从理论上来说,这一做法是偏颇的,因为我们无法确证这两个相异的观念体系中所蕴含的共性。不过,这一做法在中国这样一个特殊的文化环境中又具有一定的合理性。在中国大多数社会和教育改革中,

"政治"都占据着主导地位,政策是人们改革行动的依据,很多学者称之为中国人行动的"政治逻辑"。在 M 村所在县——如皋,这段时期的教育改革也具有同样的特征。《如皋县教育志》记载:如皋县中小学几乎都是执行的教育部、省教育厅、地区教育局颁发的教学计划。①

前面 M 小学的历史发展过程也展露出"政治"和"政策"的主导作用。在这一行动逻辑中,将国家和县、镇政府教育政策中的观念体系作为 M 小学教师观念的替代便具有了一定意义上的合理性。此外,教师,从其本身的特质来看,他们是已接受"政治教化"的群体,是国家所认可的合格的"社会代表者"。因此,他们对于制度的认识在某种意义上可以说与国家政策中的观念具有"同质性"。这便赋予了这一做法以合理性。

深入国家教育政策的内部,发掘其中的主导教育观念,我们能感受到"政治意识形态"的思维逻辑。在这种"政治挂帅"的思维逻辑之下,"阶级斗争"是思考教育问题的起点,更是其"轴心"。在《当前教育建设的方针》中,钱俊瑞便强调了新中国教育的政治性,认为这是新中国"新民主主义"教育改造的"中心方针"。

> 教育不为工农兵服务,可以吗? 是可以的。不但可以,而且那是几千年来中国的旧教育和近几十年来中国的旧教育的现实。蒋介石反动派所实行的教育,就是不为工农服务,而为工农的死敌帝国主义、封建主义和官僚资本主义服务的反动教育。这种教育曾经残害和荼毒了成千上万的儿童和青年,使他们成为中国人民公敌的工具和牺牲品。但是,尽管如此,反动的旧教育并不曾最后地救了反动派的

---

① 沈达康,顾肇甲,如皋县教育局.如皋县教育志[M].如皋县印刷厂,1987:123.

第四章　传统主导型互动：现代教育观念的乡村漂浮(1949—1978)

命。现在，帝国主义给赶走了，封建主义和官僚资本主义基本上给打倒了，那个不是为工农兵服务，而为反动派服务的卑贱的工具——反动教育，不也就应该跟着它的主人——国民党反动派一齐钻进坟墓吗？

"我不为谁服务，我不参加政治，我为教育而教育"，这叫作自欺欺人。在旧中国，你如果不是一个自觉地为人民服务的教育工作者如同陶行知先生那样的战士，而是一个所谓"在政治之外""为教育而教育"的人，那么，不管你的主观愿望怎样，你在客观上不免成了反动派的工具，因为你尽管说是"为教育而教育"，而客观上则是驯服地执行了反动派的反动教育政策。谁人不知，这种政策是直接地反对中国人民的利益，维护帝国主义、封建主义和官僚资本主义的利益的。①

以此为起点，对知识分子的思想改造、对学生的社会主义思想政治教育成为这一时期教育的重要任务。新中国成立之初的第一次全国教育工作会议就指出：新区学校安顿以后的主要工作，是有效地在师生中进行政治思想教育，使他们逐步建立革命人生观。②

至1958年，这一教育内容和任务不再仅仅是新区教育的初期任务，而成为所有学校的长期任务：在一切学校中，必须进行马克思列宁主义的政治教育和思想教育，培养教师和学生的工人阶级的阶级观点（同资产阶级进行斗争），群众观点和集体观点（同个人主义观点进行斗争），劳动观点即脑力劳动与体力劳动结合的观点（同轻视体力劳动和体力劳动者、主张劳心劳力分离的观点进行斗争），辩证唯物主义的观

---

① 钱俊瑞.当前教育建设的方针[J].人民教育,1950(1):10-16.
② 中央教育科学研究所.中华人民共和国教育大事记[M].北京:教育科学出版社,1984:7.

点(同唯心主义和形而上学的观点进行斗争)……评判学生学习成绩的时候,应当把学生的政治觉悟放在重要的地位,并且应当以学生的实际行动来衡量学生的政治觉悟的程度。轻视政治思想工作和拒绝在学校中设政治课,不论用什么借口,都是错误的。①

此后,这一思想在1963年的《全日制中小学工作条例草案》中得到进一步强化,成为此后至"文化大革命"结束期间中小学教育的指导思想。在这一思想的指导之下,思想政治课、集体活动课等德育课程成为这一历史时期中小学教育的重要内容。这一思想不仅影响着学校的课程设置,而且也影响着教师对教学方法、评价方式和管理制度等问题的认识。在这一时段中一直以各种形式存在的劳动教育便是这一思想的集中反映,成为落实这一教育思想的典型方式。1954年中共中央《关于高小和初中毕业生学习与从事生产劳动问题的请示报告》的批语指出:目前中、小学毕业生之所以普遍发生紧张的升学问题,主要由于过去几年中央教育部对中、小学教育的指导思想上有忽视劳动教育的偏向,在教学改革中,在教师思想改造中,都没有着重批判鄙视体力劳动和体力劳动者的剥削阶级的教育思想,也没有向广大群众和学生明确地阐明中、小学教育的性质与任务,使旧中国遗留下来的鄙视体力劳动和体力劳动者的错误的教育思想,继续支配着广大教师和学生,这是中、小学教育方针上一个带原则性的错误,中央教育部应在这方面进行公开的自我批评。②

《如皋县教育志》也记载,1953年、1954年……县教育行政扩大会议指出:我们必须理解劳动教育乃是共产主义体系中最基本的不可缺少的组成部分之一,培养学生具有新的社会主义劳动态度,乃是我们培

---

① 中共中央国务院关于教育工作的指示[J]. 江苏教育,1958(18):4-6.
② 中共中央.《关于解决高小和初中毕业生学习与从事生产劳动问题的请示报告》的批语[EB/OL]. (1954-05-24)[2019-11-30]. http://news.xinhuanet.com/ziliao/2004-12/27/content_2385478.htm.

养全面发展的新人的一个基本特点。①

此后,劳动教育以各种形式在各个阶段的教育中占据着重要的位置,并一度超过了知识的教学,成为学校教育中的主要活动。这也成为这一时期中国教育的特色。

不过,除去教育观念中的种种"政治"思维,处于萌芽中的另一种思维方式便展现在眼前。这支配着人们对教育的各个要素的思考,形成了另一种教育观念体系,它们存在于处于雏形阶段的现代教育制度和举措的背后,为其提供存在的依据,并贯穿于其运行过程中。这一教育观念体系不同于上面政治式的思维,也异于传统儒家教育精神,更区别于乡村民众"务实求验"的思维方式,它具有自身独特的思考教育问题的思维方式。

一、"人"观:主客的张力

任何教育观念体系都是以对人的定位为起点的,对人的定位不同,教育观念的体系便不会相同。人在自然面前处于什么样的地位?人应该是什么样的?对这些问题的回答,即"人"观,决定着人们对教育各个环节的思考,是教育观念体系的基点。这一时期的教育观念也是如此,它也有着对"人"的独特认识。

梳理这一时期的教育政策,理解其中蕴含的教育观念,涉及对"人"的认识的教育观念主要存在于有关新中国教育的目的和发展任务的论述中。

◆ 中华人民共和国的文化教育为新民主主义的,即民族的、科学的、大众的文化教育。人民政府的文化教育工作,应

---

① 沈达康,顾旋甲,如皋县教育局.如皋县教育志[M].如皋县印刷厂,1987:119.

以提高人民文化水平、培养国家建设人才、肃清封建的、买办的、法西斯主义的思想、发展为人民服务的思想为主要任务。①

◆ 中华人民共和国的教育是新民主主义的教育,它的主要任务是提高人民文化水平,培养国家建设人才。②

◆ 一九五四年文化教育工作的方针和任务是遵循国家过渡时期总路线和第一个五年计划的基本任务,在现有工作的基础上,继续贯彻"整顿巩固、重点发展、提高质量、稳步前进"的工作方针,推进各项文化教育事业,培养国家建设所必需的各项人才,特别是有关工业建设的科学技术人才和管理人才。③

◆ 要实现社会主义工业化,要实现对农业、手工业和资本主义工商业的社会主义改造,工人、农民均应提高其文化水平。建设社会主义,没有文化是不行的。④

◆ 我们今后的教育方针,应该是培养有社会主义觉悟的、有文化的、身体健康的劳动者。⑤

◆ 大力举办农业中学、工业中学和手工业中学,把高小毕业生培养成为有社会主义觉悟、有文化又有一定生产技能的劳动者。另一方面还要发展普通中学,提高教育质量,以适应培养专门建设人才和提高国家文化科学水平的

---

① 中华人民政治协商会议共同纲领[EB/OL]. (1949-09-29)[2019-11-30]. http://www.cppcc.gov.cn/gzzd/200702130271.htm.
② 中央教育科学研究所. 中华人民共和国教育大事记[M]. 北京:教育科学出版社,1984:7.
③ 中央教育科学研究所. 中华人民共和国教育大事记[M]. 北京:教育科学出版社,1984:99.
④ 中共中央.《关于解决高小和初中毕业生学习与从事生产劳动问题的请示报告》的批语[EB/OL]. (1954-05-24)[2019-11-30]. http://news.xinhuanet.com/ziliao/2004-12/27/content_2385478.htm.
⑤ 中央教育科学研究所. 中华人民共和国教育大事记[M]. 北京:教育科学出版社,1984:200.

第四章 传统主导型互动:现代教育观念的乡村漂浮(1949—1978)

需要。①

◆ 我们能不能在比较短的时间内,把我国建设成为一个具有现代工业、现代农业、现代科学技术和现代国防的社会主义强国,在相当程度上取决于现在中小学教育的状况如何。②

纵观这一时期所有对教育方针、目的和任务的论述,"培养建设者"贯穿始终,是其不变的中心。在这一教育目的和任务中内含着关于人的两个既矛盾又统一的认识。第一,作为"建设者"的人。新中国成立之后,"全面建设"取代"阶级斗争"成为这一阶段的主要任务,其中工业和农业的现代化更是重中之重。为完成这一任务,一批"有文化的建设者"便成为需要。传统农业社会中的"人"观难以为继。这里,人不再是"自然的一部分",不再必须听命于自然的意志。相反,人从自然中跃出,站在了自然的对立面,成为认识和改造自然的"主体",自然成了被认识和被改造的客体。将人作为"建设者",实际上便意味着在人与自然关系方面"主客"观念的形成。人为何可以成为主体呢?或者人作为主体,凭借什么改造自然呢?答案是:科学知识和技术。人掌握了科学知识和技术,便具有了改造自然的主体性,成了独立的主体。

然而,人并非天生具有这些科学知识和技术,这需要人为的"培养"和"教育",即人是可以而且必须被"教育"的。这便形成了现代教育观念中"人"观的第二个方面:作为"被建设"的人,也即通过一定的外部措施,人是可以被改变和塑造的。这样,主体人所指向的客体从

---

① 第四次全国教育行政会议的成果[J]. 人民教育,1958(5):20.
② 中共中央关于讨论试行全日制中小学工作条例草案和对当前中小学教育工作几个问题的指示[EB/OL]. (1963-03-23)[2019-11-30]. http://news.xinhuanet.com/ziliao/2005-01/28/content_2519073.htm.

自然转向人本身,人自身成为主体认识和改造的客体。人不再是一个"自发生长"的存在,而是一个可被认识和改造的对象。教育成为实现改造或塑造的工具。通过教育,人可以掌握科学知识和技术,成为主体。

"建设者"和"被建设者"构成了这一阶段教育观念中"人"观的两个相互张弛而存在的方面。在这一观念中,人既是主体,也是客体。这看似矛盾的两种性质却共存于对"人"的认识之中,构成了这一历史时期人们思考教育问题的独特起点。

二、知识观:科学与技术

基于以上"人"观,人们需要思考的是:以什么内容、通过什么样的方式可以更好地实现对人的塑造,形成理想的人。对所有这些问题的思考,便构成了现代教育观念的体系。其中,首先涉及的便是教育内容,即什么内容最宜于传递给教育对象,使他们成为理想中的人。这便涉及对"什么知识最有价值"的回答。

从这一阶段的教育政策中,我们也可看到政策制定者对这一问题的认识。首先,我们可以从新中国教育的性质规定中看出他们对这一问题的认识。在《中国人民政治协商会议共同纲领》中,他们如此规定新教育的性质:中华人民共和国的文化教育为新民主主义的,即民族的、科学的、大众的文化教育。[①]

其中,"科学"是从教育内容方面对新中国教育性质所做的规定,是这一阶段人们的知识观。它一直主导着人们对教育问题的思考。此后,在《当前教育建设的方针》中,钱俊瑞对其内涵进行了更为详细的说明:

---

① 中华人民政治协商会议共同纲领[EB/OL].(1949-09-29)[2019-11-30]. http://www.cppcc.gov.cn/gzzd/200702130271.htm.

第四章 传统主导型互动:现代教育观念的乡村漂浮(1949—1978)

我们的首先为工农服务的新教育,必须是彻底的科学的。这种科学的教育,"是反对一切封建思想与迷信思想,主张实事求是,主张客观真理,主张理论与实践一致的"(毛泽东,新民主主义论)。因此,我们要"提倡用科学的历史观点,研究和解释历史、经济、政治、文化及国际事务",要"努力发展自然科学"和"普及科学知识",要使"爱科学"成为中华人民共和国全体国民的一条功德。

今天,我们应该着重地宣传马克思列宁主义的普遍真理,批判唯心论和各种迷信思想;要用大的力量介绍苏联的自然科学,并结合着进步的资产阶级的自然科学思想,来提高广大工农大众的文化科学水平,克服他们的落后愚昧状态。要联系工农大众及其干部的生产与实际生活,来普及科学的基本知识;要使关于一般科学的基本教育,与关于工农业生产的专门技术教育,两者正确地结合起来,不可偏废。要坚决反对科学研究与科学教育中"墨守成规",拒绝新发现新发明的态度,以及无原则的宗派主义的立场。[1]

从此可以看出,"科学"与"技术"是该历史阶段教育内容的重点,而让学生掌握这些科学知识和科学技术则是教育的重要目的和任务。可见,对于"什么知识最有价值",他们给出的答案是:科学知识和技术。这不同于传统教育观念中将其视为"小人之学"的认识。对于科学知识和技术在教育内容中所占据的重要位置,我们还可从国家的教学计划安排中看出。

---

[1] 钱俊瑞.当前教育建设的方针[J].人民教育,1950(1):10-16.

表 1　1954 年小学（四二制）教学计划（草案）[①]

科目		教学总时数			初级								高级			
					第一学年		第二学年		第三学年		第四学年		第五学年		第六学年	
		初级	高级	总计	上学期 19 周	下学期 19 周	上学期 19 周	下学期 19 周	上学期 19 周	下学期 19 周	上学期 19 周	下学期 19 周	上学期 19 周	下学期 19 周	上学期 19 周	下学期 19 周
语文	阅读				11	11	11	11	10	10	10	10	7	7	7	7
	作文								2	2	2	2	2	2	2	2
	写字				3	3	3	3	2	2	2	2	1	1	1	1
	合计	2 128	760	2 888	14	14	14	14	14	14	14	14	10	10	10	10
算术		988	532	1 520	6	6	6	6	7	7	7	7	7	7	7	7
历史			228	228									3	3	3	3
地理			152	152									2	2	2	2
自然			152	152									2	2	2	2
体育		228	152	380	1	1	1	1	2	2	2	2	2	2	2	2
音乐		304	76	380	2	2	2	2	2	2	2	2	1	1	1	1
图画		152	76	228	1	1	1	1	1	1	1	1	1	1	1	1
各科教学总时间		3 800	2 128	5 928	24	24	24	24	26	26	26	26	28	28	28	28

① 江苏省人民政府. 小学（四二制）教学计划（草案）[J]. 江苏教育, 1954(6).

第四章 传统主导型互动:现代教育观念的乡村漂浮(1949—1978)

表2　1952年初中教学计划(草案)①

科目 每周节数 年级 / 每周时数 年级	第一学年		第二学年		第三学年		三学年总计
	上	下	上	下	上	下	
本国语文	8	8	7	7	6	6	756
数学　算术	6	6					216
数学　代数			3	3	3	3	216
数学　几何			2	2	2	2	144
物理			2	2	2	2	144
化学			2	2	2	2	144
生物　植物	3	3					108
生物　动物			3	3			108
生物　生理卫生					2	2	72
地理	3	3	2	2	2	2	252
历史	3	3	3	3	3	3	324
中国革命常识					2	2	72
时事政策	1	1	1	1	1	1	108
外国语	3	3	3	3	3	3	324
体育	2	2	2	2	2	2	216
音乐	1	1	1	1	1	1	108
美术	1	1	1	1	1	1	108
每周教课时数	31	31	32	32	32	32	
每学期上课周数	18	18	18	18	18	18	
教学总时数	558	558	576	576	576	576	3 420

从上面教学计划的课时安排中,我们可以看出,科学知识和技术在小学和初中的教学内容中都占据着重要的位置。在初小的四个年级,

---

① 中学暂行规程(草案)[J].山西政报,1952(7).

科学知识①的教学时间分别占据了83.3%、83.3%、81%和81%;在高小的两个年级,科学知识的教学时间都占75%。在六年5 928节的总课时中,科学知识有4 636节,占78.3%。在初中,每年科学知识的教学时间占据总时间的64.5%、65.6%和59.3%;在三年3 420节的教学总时数中,科学知识有2160节,占63.2%。此后,国家多次对上面的教学计划给予调整,但都未能动摇科学知识所占据的重要地位。

除了全日制学校之外,这一知识观也主导着这一时期其他各类非全日制学校中教育内容的选择,包括:工农干部和人民解放军的教育,工人的业余补习教育、农民的业余补习教育(冬学)、识字教育以及工农速成中学。"让学生掌握一定的科学知识和技术"是所有学校的共同教育目的。

在所有这些教育形式中,"识字教育""扫盲运动"以及小学低年级语文的目的似乎都是"识字"。这本身看似是有别于科学知识和技术的学习,但它们却作为其前提和基础而存在,即识字是为了科学知识和技术的学习。对此,国家在教育政策中曾予以明确的说明:

◆ 毛主席说过:"从百分之八十的人口中扫除文盲,是新中国的一项重要工作。"我们必须努力创设这个条件,以便工农大众易于掌握文化科学,作为斗争与建设的武器,作为巩固和发展人民民主专政的武器。②

◆ 在这样普及的基础上,从识字教育和基本政治文化科学教育,提高到较高级的科学技术和政治教育。③

---

① 这里的科学知识包括语文和算术,之所以如此,主要是因为在这一时期,语文被作为学习科学知识的基础学科。
② 钱俊瑞.在第一次全国教育工作会议上的总结报告要点[EB/OL].(1949-12-30)[2019-11-30]. http://info.jyb.cn/jyzck/200908/t20090812_302300.html.
③ 同②。

这一时期,教育观念在知识观方面表现为对科学知识和技术的重视,将科学知识作为主体人所应具备的素质,并因此将其视为教育所要传递给学生的重要内容。

三、教学观:计划与系统

在教育过程中,教学是最为关键的一个环节,它直接关系到教育内容的传达、影响着教育目的实现和任务的完成。可以说,教学从根本上决定着教育的质量。因此,在新中国成立至改革开放的教育事业摸索阶段,指导教师进行教学是国家和省县教育建设事业中的重要组成部分,颁布各科"教学大纲"是其主要途径。此外,发表文章介绍教学法,组织各种教学研究活动,也是常用的方法。在所有这些政策和活动中,存在着某种教学观的主导。

深入这些教学观的内部,我们发现其中有着两个重要的支撑点——"计划"与"系统",它们是这一历史时期教学观念的关键特征。在1952年颁布的《小学暂行规程(草案)》中,教学的"计划"和"系统"便被加以强调,它们被视为教师对教学活动主导作用实现的两个"节点":以上课为教学的基本形式。教师应在教学方面起主导作用,充分准备功课,掌握教材内容,有计划有系统地进行教学,以完成教学计划。①

不同于传统私塾教育的"随遇而安",在这一阶段,教师被要求对教学活动的各个环节进行设计和规划,以增强教学的质量,实现教师的领导作用。徐特立在《各科教学法讲座》中强调:教师是领导者,不是平等分工之一半……没有计划是不能算领导的,这个计划不是空的,有时要到学生的家中去商量,和政府、和地方商量,计划有一年之计,一月之计,一天有一天的计划。计划着要干些什么东西,计划了之后就要按期

---

① 小学暂行规程(草案)[J].山西政报,1952(7).

完成这个计划,一天完成一天的计划,一周完成一周的计划,不要积累,如果积累了就要在后面补上,这就叫作领导。①

对每年、每月、每周以及每天的教学工作进行"周密"地规划,并且严格按照教学计划行动,在这一阶段的教学观念中被特别强调,成为减少教学混乱,提高教学效率的方式。《如皋县教育志》中也记载了对"教学计划"性的要求:教师要经常地了解学生的年龄、程度、性别、家庭职业、生活习惯、思想情况。根据对象对教材的内容、教学方法、进度分量,都要作精确的计划。②

这一注重教学"精密计划"的观念,最微观而典型的体现便是"备课"的要求。"备课"将教学"精密计划"的观念落实至一堂课之中。它要求教师在上课之前认真研究教材内容,在正确掌握教材内容的基础上提前组织教学内容、安排教学活动,以此实现教学活动的计划性,实现有秩序的教学,并提高教学效率和质量。对此,《如皋县教育志》中这样记载:1954年、1955年,全县系统学习苏联普希金、凯洛夫的教育理论和教学方法,把钻研教材作为改进教学的中心环节,强调掌握教材的思想性、目的性、科学性,"达到政治上不犯错误,科学上不犯错误,教得学生容易懂"。③

M村的老教师在谈到自己当年的教学时,对备课的印象极为深刻:

> 那个时候,上课之前自己要备课。像段落大意啊,哪一段什么意思啊,都要备,上课的时候才好讲!你不备的话,上课的时候有的就不知道什么意思,这个课堂就乱,一堂课也讲不

---

① 徐特立.各科教学法讲座[J].人民教育,1951(4):25.
② 沈达康,顾旋甲,如皋县教育局.如皋县教育志[M].如皋县印刷厂,1987:149.
③ 同②。

了什么东西。这是语文,算术也是这个意思啊,算术首先要把书上的例题弄懂,这个例题都是重要的啊。备课就从例题上来解释,一步一步地都提前想好怎么讲,这样子课堂就很顺畅。那个时候上课,所有内容的安排,课堂里的活动,都要提前安排好,都要有计划性,没有计划不行啊!

除此之外,教学"系统性"是这一时期教学观的另一个重要方面,也是这一时期主导教师教学的一条重要"教学原则":

> 丰富知识的获得,必须有科学的系统性,系统的研究问题,可以养成儿童系统的工作能力和习惯。①

以"系统性"为标准、以生活为中心设计教学法被认为是资产阶级的教育思想,受到了强烈的批判:

> 设计教学法,就是拿一个具体问题,设计来解决,在设计中,需要哪一种知识,需要哪一种科学,就教哪一种知识,就教哪一种科学。这样教科学就变成了手工业方式,就是不要科学系统,把科学系统全部打乱,这样是妨碍科学的进步的,这样干点滴的,是一种狭隘的经验主义,学校里有些什么问题,有时是可以设计的,比如我们布置一个会场要设计,出一个壁报,也要设计,这就是把科学运用到实际方面去,而不是用设计来作为教科学的方法。②

---

① 沈达康,顾旋甲,如皋县教育局.如皋县教育志[M].如皋县印刷厂,1987:149.
② 徐特立.各科教学法讲座[J].人民教育,1951(4):25.

从具体内容来看,教学的"系统性"在这一时期主要指教学内容组织方面的"系统性",也即知识的深浅、新旧关系安排的"系统性"。这一教学观要求教师在教学过程中,要使新的教学内容与学生已有知识产生联系,在已有知识的基础上组织新教学内容;此外,新教学内容的组织也要按照其深浅、难易程度,循序渐进、由浅入深、先易后难地进行教学。

◆ 讲解时要有系统有中心,生动透彻,不要操之过急,教学要能联系实际,注意新旧知识的联系,已得的知识必须使之系统化。①

◆ 避免过去那种以生活为中心的设计教学与中心教学,必须有周密的教学计划,教师可系统地讲述,注意经常巩固连贯,并使知识领域逐渐扩大。②

在这一历史时期的教育观念中,教学"计划性"和"系统性"是两个相辅相成的方面。对教学"计划性"的强调,有利于实现教学的"系统性";而教学"系统性"也是其"计划性"的体现。这两者的结合共同体现为提高教学质量和效率的要求,构成了该阶段教学观念的两个核心要素。

四、评价观:科学与筛选

在"有计划"和"有系统"的教学之后,教师需要对学生的学习效果进行评价,这已被大多数教师所接受,成为他们教育观念中的重要部

---

① 沈达康,顾旋甲,如皋县教育局.如皋县教育志[M].如皋县印刷厂,1987:149.
② 同①。

第四章　传统主导型互动:现代教育观念的乡村漂浮(1949—1978)

分。以何种方式进行评价呢？对此问题，考试，即学生学业成绩考查，成为学校首选的评价制度，尽管在具体实施形式方面未能达成共识。因此，考试制度一直是国家和政府教育改革的关注点。在1952年颁布的《小学暂行规程（草案）》和《中学暂行规程（草案）》中，"成绩考查"都是其重要内容。在1957年江苏省教育厅颁布的《江苏省小学学生学业成绩考查暂行办法（草案）》中，明确提出：小学生学业成绩考查的目的，在于使学生和教师随时知道自己学习上和教学上的成绩、缺点，从而积极学习和改进教学方法。①

在这一阶段的教育观念中，考试成为教师了解学生学习情况的主要方式，是学校教育活动的一项重要内容。相对于传统评价观，在观念上对考试这一评价方式的重视的"新"特质体现为对"统一性"和"标准性"的追求，即认为一个年级的学生应该进行同样内容的考试，采取同样的评价标准。这从《江苏省小学学生学业成绩考查暂行办法（草案）》中对补考的说明便可看出：补考题目的难易程度和评分标准，都应当同正式考查相同，不得降低或提高。②

除此之外，它的"新"特质更为典型的表现却来自于该阶段教师对"记分法"的认识。在此阶段，虽然存在"五级记分法"和"百分制"两种记分法，但它们都表现为人们在观念中对"科学性"和"精确性"的追求，试图排除评价中的主观性和模糊性。在《介绍苏联五级分制记分法》一文中，葛天民对采用五级记分法的原因说明便反映了这一追求：五级分制记分法是评定学生成绩的一种最科学、最准确、最简便的记分法……"在学校中采用之文字的评定学生的成绩和品行——优等、上等、中等、下等、劣等——是不能符合自己的使命和在相当程度上促进学生知识水

---

① 江苏省教育厅.江苏省小学学生学业成绩考查暂行办法(草案)[J].江苏教育,1957(z2).
② 同①。

平的提高。这样的评定因模糊和过于笼统而受损失。……在目前所使用着的许多文字评定法中,最拙劣的方法乃是评为中等。这个评定确定的意义最少,并且在相对的方向下,给予最大应用的可能性,即当教师不愿给予下等评定时,或是有时当他自己不愿负责给予上等评定时,倒不如以模糊的字眼中等来敷衍了事"……等第记分法本身就没有明确的记分标准,仅凭教师主观决定,所以看不出真正的成绩。①

在此方面,百分制的使用也能体现人们同样的认识和观念。基于这一认识,江苏省教育厅制定了小学生学业成绩考查办法。

考查学生学业成绩的标准,一般规定如下:

1. 采用五级分制考查学生学业成绩的:

5分:对教学大纲规定的教材,全部理解、熟练,并能联系实际。回答问题明白、正确而且完整。按时完成课内外作业,没有错误,而且作品或作业本整齐清洁。

4分:对教学大纲规定的教材全部理解、熟练,并基本上能联系实际。回答问题不感到大的困难,不发生大的错误。按时完成课内外作业,只有很小的错误。

3分:对教学大纲规定的教材,基本上了解、熟练,但是联系实际感到困难。回答问题和完成课内外作业,常会发生一些错误。

2分:对教学大纲规定的教材,大部分不了解。回答问题不正确。课内外作业经常发生重大的错误。

1分:对教学大纲规定的教材,完全不了解。

2. 采用百分制考查学生学业成绩的:

---

① 葛天民.介绍苏联五级分制记分法[J].人民教育,1950(4):41-48.

第四章 传统主导型互动:现代教育观念的乡村漂浮(1949—1978)

对教学大纲规定的教材,全部做到理解、熟练,并能联系实际,回答问题明白、正确,而且完整;按时完成课内外作业,没有错误的,给予100分。只做到95%或86%的,给予95或86分。其余类推。书写潦草,不整齐清洁的,应当适当扣分。①

在他们看来,成绩考查的评分标准应减少教师的主观性,各个分数级别的标准应明确,不可模糊。为此,他们制定评分标准的重点便在于明确各分数级别之间的界限,以求能对学生的学业成绩给予精确的评价。只不过,"全部理解""没有错误""只有很小的错误""基本上理解""常发生错误""大部分不了解""经常发生重大错误""完全不了解"等分数级别的界限显得过于模糊而笼统。此外,这一历史时期的评价观在追求"科学性"和"精确性"的同时,也注重打破"分数和名次"的观念,不主张"追求分数毫厘之差"。葛天民在《介绍苏联五级分制记分法》中谈道:专赖月考期考,形成学生"临时抱佛脚""开夜车"等不良现象,因之成绩常常是表面的,不是实际的真正的成绩,常因分数的毫厘之差,就有及格和不及格,第一名与第二名的区别。②

为了避免这一现象,他提出要注重"平时成绩",加强平时测验:重视平时成绩,反对形式主义,端正师生教学态度,养成师生实事求是的精神和科学的观点方法,以符合教育目的,促进学生知识水平的提高。③

因此,在实施五级记分法时,平时测验也被按一定比例纳入毕业总成绩之中。虽然这一做法是针对百分制的缺陷,但这一阶段百分制的实施也借鉴了这一做法,以防止落入形式主义。然而,对平时测验的注

---

① 江苏省教育厅.江苏省小学学生学业成绩考查暂行办法(草案)[J].江苏教育,1957(z2).
② 葛天民.介绍苏联五级分制记分法[J].人民教育,1950(4):41-48.
③ 同②。

重并非表明这一阶段的评价观关注考试的"发展"功能。实际上,这一阶段的评价观在追求"科学"和"精确"的同时,所强调的是其"筛选"功能。即在他们看来,考试成绩是为"升级"或"留级"提供"科学"而"精确"的依据。为此,他们强调按照一定的比例将平时成绩折合为学年或毕业成绩,以决定学生是否能进入更高一年级。

五、 管理观:制度与变通

除了以上四个观念要素之外,对学校教育秩序的注重在这一时期教育观念体系中占据着重要的地位,也是其具有独特性的要素。"秩序"的重要性已被意识到,它被视为学校教育教学工作正常运行的保障,也是学校教育质量的保证。始于新中国成立后的教育建设一直将"克服学校教育工作中的混乱现象"作为教育发展的重心以及提高教育质量的重要环节。同时,教师们都意识到,加强管理是实现"有序"状态的途径。学生,作为受教育者和学校主要成员,被视为主要的管理对象。学生管理被认为是教师教育教学效果的前提和条件。因此,管理成为学校教育教学活动的主要内容之一,学生管理则更是重中之重。这样,在这一历史阶段,对如何管理学生的认识和观念,即管理观,构成了教师教育观念体系的又一组成要素。

如何管理学生,以保证教育教学秩序呢?从这一时期的教育政策中,我们发现,教师以及教育管理者开始将制度和规范的设立以及保证学生的遵守视为有效管理学生的手段。制定各种制度和规范并要求学生严格遵守是该阶段教育建设的内容之一。为了使学生的入学和升学更有序,国家在建设教育之初便制定了学制,规定了学生的入学年龄、学习年限以及毕业和升学标准,并要求学校严格执行。1963年,教育部在《关于当前中学教学工作的几点意见》中提出:严格执行升留级标

第四章 传统主导型互动:现代教育观念的乡村漂浮(1949—1978)

准,防止留级生过多和大量学生中途退学。①

除此之外,在这一阶段,教育管理者对学生日常行为的管理也予以关注。在他们看来,这是增强学校秩序、提升教育质量的关键,也是教师的主要教育活动之一。为此,在恢复学校教育,着手提高教育质量之时,国家制定了《中学生守则》和《小学生守则》,作为中小学生行为的规范和教师管理学生的依据。

此后,教育部于1963年颁布了新的《小学生守则》和《中学生守则》,对原有守则的内容和条目进行了修改。为了使学生能够严格遵守这些行为规范,更好地管理学生的日常行为,教育管理者和教师都认识到"奖惩"的必要性。1957年,江苏省教育厅制定了《江苏省小学学生操行评定和奖励、处分暂行办法》,试图促进学生对学校规范的遵守,并详细规定了"奖惩"措施。

在教育管理者看来,规范的"奖惩"措施是促使学生遵守学校规范的动力来源。然而,其着眼点不仅仅是行为,更是学生的观念,即使学生从观念上认识到遵守规范的重要性,形成自觉遵守纪律的品质。对于这一宗旨,国家在教育政策中都予以了强调:

◆ 德育方面,使儿童具有爱国思想、国民公德和诚实、勇敢、团结、互助、遵守纪律等优良品质。②

◆ 发展学生为祖国效忠,为人民服务的思想,养成其爱祖国、爱人民、爱劳动、爱科学、爱护财物的国民公德和刚毅勇敢、自觉遵守纪律的优良品质。③

◆ 对小学生的教导管理,应该依靠耐心的说服教育,既要

---

① 中央教育科学研究所.中华人民共和国教育大事记[M].北京:教育科学出版社,1984:325.
② 小学暂行规程(草案)[J].山西政报,1952(7).
③ 同②。

禁止采用体罚和斗争等粗暴方式,又要反对放任不管。应加强纪律教育,使学生养成自觉地遵守纪律的习惯。①

可见,以学生的观念为作用点、以其行为为对象、以明确的制度和规范为依据、以奖惩为手段的管理观念已在该阶段教师的教育观念中形成基本架构。这一观念架构指导着教师对学生行为的管理,成为教师思考学生管理问题的依据。不过,与"严格遵守制度"的观念相伴的,还有"变通"的思想,这一观念既存在于教育政策之中,也存在于学校教师之中。在1952年颁布的《小学暂行规程(草案)》中明确提出:小学儿童入学年龄以七岁为标准。如有特殊情况,得酌予变通处理。②

1953年中央政府政务院颁布的《关于整顿和改进小学教育的指示》也指出:除政府规定的假日外,学校不得任意停课、放假,教师不得随意旷课。在农忙时节,农村小学得酌放农忙假或准许年龄较大的学生请假,使能回家帮助生产。③

与此类似,当时教师也存在着"可变通"的观念,村里的一位老教师这样描述:

> 学校有制度不错啊,但是有的时候老师也不能不变通啊。那个时候三年困难时期,没得吃。大家都说"吃的萝卜菜,穿的草鞋跑不快"。有一个冬天,我已经在上课了,有个女孩才来,就往教室门口一靠。我看见了,就说,某某来了嘛,不错,快点进来,才上课的啊,没事,前面的我再讲给你听一下。那个时候

---

① 中共中央人民政务院关于整顿和改进小学教育的指示[EB/OL]. (1953-11-26)[2019-11-30]. http://news.xinhuanet.com/ziliao/2004-12/22/content_2367977.htm.
② 小学暂行规程(草案)[J]. 山西政报,1952(7).
③ 同①。

第四章 传统主导型互动:现代教育观念的乡村漂浮(1949—1978)

没得吃啊,她还天天跑了来,已经不错了啊!人家孩子迟到都是有原因的啊。老师要晓得变通啊!(CNN-9-2012.5.2)

可见,1949年至改革开放,"严格遵守制度"和"变通"的观念共同存在于教师的管理观之中,是其两个相互张弛而存在的共生要素。教师们拥有制度观念的同时,也认为在具体的情境中,制度可"合情理"地变通。

尽管以上五个观念要素针对教育问题的不同方面,有着不同的内容,但其中贯穿着一个共同的思维方式:理性。作为因工业文明崛起而获得独尊地位的思维方式,理性主导着现代人的思考和生活,被认为是现代性的核心,尽管"何谓现代性"这一问题至今未有共识。作为现代性思维的内在逻辑,理性内含于人们对各种问题的思考,具有不同的"表征":第一,人是超越自然意志的存在,成为"主体",具有了"主体性";第二,这一"主体性"表现为对科学知识的掌握,科学因此成为知识的"标准";第三,对于未成年人,可以通过理性的手段促进其"主体性"的发展和进步;第四,理性的手段,即形式理性,体现为"计划性"的、"精益求精"的设计和"严密""精巧""稳定"的制度安排;第五,量化的算计是最为精确的测量。所有这些是现代理性思维方式的核心要素,形成了现代观念体系的内在逻辑。以此为参照,贯穿于该阶段教育观念五个基本要素中的基本逻辑与此具有内在的一致。尽管各种"非理性"的因素仍存于其中,但它们已展露出了理性的萌芽,具有了理性思维方式的基本要素。因此可以说,这一时期的教育观念已具有现代性的雏形。

伴随着现代学校教育体系及制度在M村的建立,现代教育观念的理性思维方式在"政治式"思维方式的"裹挟"之下进入M村,它们一起支撑着M小学教师对教育问题的思考以及教育行动。

第三节　现代教育观念的"务实求验"化

在国家政治力量的推动下，存于 M 小学的现代教育观念雏形很快便和现代学校教育形式及制度一起，走出学校，走入 M 村民众的视野。于此，该村民众的传统教育观念和现代教育观念初次相遇，"务实求验"的思维方式也首次遭遇现代理性的思维方式。在已有教育史和教育社会学的研究中，新旧教育体制转换时的观念冲突和碰撞常常是中国教育早期现代化研究的重要问题。近几年，随着一些乡村士人日记的问世，这一热点问题研究的着眼点下移至乡村，乡村士人对新教育的抵制心态成了教育史和教育社会学研究者关注的新问题。[①] 在刘云杉的《帝国权力实践下的教师生命形态：一个私塾教师的生活史研究》中，便有一个比较典型的个案——刘大鹏。对于新教育体制及观念，他表现出了强烈的抵制：

◆ 自幼所学者孔孟之道，迄今谨守不敢一疏。当此之时，国家变法，设立学堂，停止科考，士皆舍孔孟之学而学洋夷之学，区区之心，殊觉不安，而况随俗浮沉，靡然成风乎？人弃而我不弃，此其志也。[②]

◆ 今之为师者，以算学教人，洋人之学为训，其得善人能

---

① 这一领域的研究得益于一些乡村士人日记的发现，如刘大鹏的《退想斋日记》、朱峙三的《朱峙三日记》等，对这些日记的解读展现了乡村教育早期现代化过程中知识分子的真实心态。其中，较具代表性的有刘云杉的《帝国权力实践下的教师生命形态：一个私塾教师的生活史研究》和田正平的《横看成岭侧成峰：乡村士人心中的清末教育变革图景》。

② 刘云杉.帝国权力实践下的教师生命形态：一个私塾教师的生活史研究[M]//丁钢.中国教育：研究与评论(第三辑).北京：教育科学出版社，2002：143-174.

第四章 传统主导型互动:现代教育观念的乡村漂浮(1949—1978)

多焉?……否耶!洋人之学专讲利,与吾学大背,趋之若鹜,不知其非,亦良可慨也已。①

◆ 学堂之害,良非浅鲜。……凡入学堂肄业者,莫不染乖戾之习气。动则言平等自由,父子之亲,师长之尊,均置不顾。②

然而,这一冲突和碰撞并未出现在 M 村。相反,M 村人对现代学校教育表现出了明显的"认可"。很多老人表示:"有了学校之后,村里小孩就不去上私塾了,都去学校。"并且,在他们看来:"上私塾不识字啊,学校识字多啊!"M 村的一位老人评论道:

那个时候学校跟现在不一样啊,没头没尾的东西,来一个也不管,去一个也不问。来一个老师就教一个。比如说老师今天教了你一个中,明天去的时候你就背一下。然后老师再教你其他的,之后你去位置上背书。今天就这么过去了,明天再来,明天不来呢,后天来的话老师还是接下去教你。现在上学不行啊,你今天不来,你的这一课就掉下来了,老师就不教你了。现在小孩上学为什么识字呢,那个时候我们上学就不识字啊。(QJF-1KI-2012.5.5)

这是否意味着 M 村人对现代教育观念的接受呢?或者,这是否表示现代教育观念已顺利进入了 M 村人的大脑之中呢?答案是:否。实际上,它在此阶段并不具有如此的"强势",并无"同化"M 村人教育观

---

① 刘云杉.帝国权力实践下的教师生命形态:一个私塾教师的生活史研究[M]//丁钢.中国教育:研究与评论(第三辑).北京:教育科学出版社,2002:143-174.

② 同①。

念传统的能力。在两者的初次相遇中,M 村人传统教育观念中"务实求验"的思维方式占据着主导的位置。人们仍以这一思维方式理解和诠释现代学校教育形式及制度,并以此思考子女的教育问题,做出相应的教育行动。面对现代教育观念,它并非被动地"被同化",而是以强势而开放的姿态,对其加以改造和同化并使其融入自己的观念体系之中,实现"文化的创造",形成一个独特的教育观念体系。

一、"人"观:简单劳动力

相较于 1949 年之前,这一阶段 M 村人的生活模式发生了翻天覆地的变化,其中最为突出的便是他们结束了"单干"的生活,走入"合作社"的集体生活。然而,"合作社"的集体生活并未能改善他们的生活境况。在这一生活和生产模式中,他们仍然以种地为生,而且被国家政策牢固地束缚于土地之上。但是,试图提高乡村民众生产能力的"合作社"组织并未起到预期的效果,而是将 M 村人的生活推入了更为严峻、艰难的境地。他们不仅贫困,而且时刻面临生存的威胁,常常需要为"吃饭"问题担忧。在"合作社"的生产安排和收入制度的催促之下,为了维持生存,他们必须更"拼命"地劳动,生活因此也更"忙",更"累"。对此,前面已有详细的介绍,这里便不再重复。总的来说,这一阶段 M 村人依然依赖土地,以土地为生。在这片土地上,他们过着既"忙"又"累",但却仍需为生存而挣扎的生活。因此,可以说,1949 年至改革开放,国家大刀阔斧的改革并未在本质上改变 M 村人的生活环境和生活境况,M 村人依然持续着以往的生活方式。

在这一生活方式之下,M 村人仍然维持着"务实求验"的思维方式,现代理性思维方式未能对此产生影响。存在于教育政策中的人的理想形态——"建设者",内藏着现代理性思维方式。在这一思维方式之下,人是一个掌握科学知识、能够改造自然和社会的主体,同时又是

第四章 传统主导型互动:现代教育观念的乡村漂浮(1949—1978)

一个"可塑"的客体。然而,这一观念未能进入 M 村民众对人的认识之中。当这一现代"人"观与 M 村人相遇,便遭受到了"务实求验"思维的改造,被除去了科学知识所赋予的理性,成为一个简单劳动力。面对生活的"穷""忙"和"苦",经"务实"的考量,"维持生存"是此时 M 村人观念的中心。在他们的观念中,哪些能够帮助他们更好地维持生存呢?由于当时的生产只是简单的劳动,产品的增加只能依靠劳动力投入的增大,而非科学知识的加入,因此,在"求验"的思维之下,科学知识在 M 村人的生活中并不具有任何价值。在村里民众的观念之中,科学知识无助于他们更好地生存。相反,"手艺"在他们的观念中却具有如此作用。"荒年饿不死手艺人"的想法在此阶段仍起着作用,"手艺人"头上的光环依然存在,这是他们"务实求验"思维的产物。当时,当 M 村大多数人承受着巨大的身体负担"拼命"劳动却仍无法解决"吃饭"问题时,那些"手艺人"无须如此劳累,却能"有饭吃",并且可获得比在"生产队"劳动更高的收入。这给 M 村人观念中人的理性形态提供了"经验"。因此,在他们的观念中,理想的人并非那些有知识、有文化的人,而是那些有"手艺"的人。他们都希望自己的子女长大后能学一门手艺,而非通过学校教育学习科学知识。对此,当时 M 村的很多人都表示:

◆ 那个时候有百分之六七十的人家小孩到了十六七岁就让他去学手艺,那个时候不像现在田分了,不愁吃啊,那个时候没东西吃啊。你学了个手艺之后,天天在人家吃,学个手艺就是图个有饭吃了,还拿点工资。(YST-5A-2012.5.1)

◆ 为什么要学手艺呢?学个手艺,天天可以吃人家三顿,那个时候不够吃啊,大部分人家总是不够吃,从队里分点粮回家不够吃啊,小孩学了个手艺呢,就不用在家里吃了,天天吃

人家的,然后呢,还有点工资拿一下。反正比在队里做事要好得多。(XML-5A-2012.5.16)

◆ 那时候就是想发财,想学手艺,不想要上学。(TYQ-5A-2012.5.9)

◆ 那个时候人有个古话,"荒年饿不死手艺人"。那个时候学了个手艺就是你的本事,上学不上学没事。(FHQ-5A-2012.5.17)

◆ 那个时候就是要学手艺,砖匠、木匠、泥瓦匠,原来还有织布匠,还有扁篾匠。那时候的人认为"荒年掉下来饿不死手艺人",所以大家都让小孩去学手艺,不让他们去学习。(YCY-5A-2012.5.6)

虽然M村人都想让子女学手艺,但并非所有人家都有条件。在当时"工分—分配"的收入分配制度之下,学手艺是那些家里不缺少劳动力的人家才能承担的,而那些缺少劳动力的人家,却无法承担子女学手艺。然而,对于这些人家来说,学习科学知识依然不符合他们"务实求验"的思维逻辑,在他们的观念中也无价值。他们都期待子女长大,拥有劳动能力,能够去生产队劳动"挣工分",这是最"务实求验"的想法。

◆ 那个时候知识不能当饭吃啊,回家挣一个劳动日,高的是八角钱,中等是四角或者六角,最低是八分到一角二分。所以那个时候根本就不重视学习。(FLF-5A-2012.5.12)

◆ 那个时候家里缺人干活,巴不得你不上,不上就回来"赚工分"。(TYB-5A-2012.4.21)

◆ 那个时候,我家能干活的人不多,每年分的"工分粮"都

第四章　传统主导型互动:现代教育观念的乡村漂浮(1949—1978)

不够吃。虽然学手艺好啊,但是没有条件啊,我就想着孩子大一点,能够干活了,就回家帮忙干活,到队里做工分。那个时候也不是我们一家这样想,很多父母等小孩能够干活了,就不让他们上学了,让他们回家干活,到生产队赚工分。(TYY-5A-2012.5.6)

这一历史时期,M村人观念中的理想人形态——"学手艺"或"赚工分",虽然存在着很多差别,但它们有一个共同的特点:无须学习科学知识。无论是"学手艺"还是"赚工分",在M村人的认识当中,都是不需要学习科学知识便可完成的。在此,他们将"人"定位为简单劳动力,这不同于现代思维方式之下具有"主客张力"的人观。在M村人看来,"成人"的关键并非科学知识的掌握促成的理性增长,而只是生物性成长所导致的力量增强。"成人"便是成为一个具有劳动能力的简单劳动力,能够"做事"。因此,在这种"人"观之下,学校教育就并非是"成人"的必要,"成人"只需依靠自然的成长。

◆那个时候想不到这个事情啊,那个时候人都觉得上不上学没有什么不同!那时候孩子长到十五六岁就可以学砖匠、木匠,女孩子学做衣服,男孩子可以学学和尚。如果家里没有条件学的话,就到队里赚工分啊,糊糊自己的命啊,有的人家工分粮都分不回来。那个时候不识字还没事,只要能做事就好了。(TYY-5B-2012.5.6)

◆那时候就希望小孩长大,能够干得动活,变成一个劳力。这样,家里多一个劳力,就多一点经济收入,家里就好过一点。(FHQ-5B-2012.5.17)

◆过去和现在不一样,以前只要我家孩子有体力了,不要靠家里养,能自己解决温饱问题,就好了。过去地方上有个俗话,叫"得了孩子的力"。那个时候没得吃,我们一家六口人,两个人赚钱,四个人吃闲饭,一碗饭一个人吃是饭,两个人吃像粥烂饭,三个人吃就是粥,四个人吃就是稀汤。后来一个小孩长大有了劳动能力,就变成三个人赚钱,就一半对一半,粥就变稠了。那个时候只要孩子不走上犯罪道路,听话,学了手艺,或者能到队里做工分,拿了薪水回家,这个孩子就算"成人"了。(TYQ-5B-2012.5.9)

可见,支撑现代学校教育形式和制度的"人"观在和 M 村民众相遇的过程中,并未能改变他们原有对人的认识。相反,该村民众"务实求验"的思维方式对现代"人"观进行了同化和改造,褪去了其因掌握科学知识而具有的"主体性"和因可塑性而具有的"客体性",人成为一个自然成长的简单劳动力。

二、知识观:识字

尽管 M 村人认为上学并非不可或缺,"识字也吃饭,不识字也吃饭",但是只要有条件,他们还是会送子女去上学。相对于 1949 年之前,村里能够读书的孩子的数量有了明显的增加。这在很大程度上得益于国家"为工农服务"的教育方针和"减免学费"的教育政策。然而,"送子女上学"并非是 M 村人的盲目行动,而是他们经过思考后做出的选择。对于在学校所学习的内容以及它们的作用,该阶段 M 村人有自己的认识和理解。不过,这一认识和理解不同于现代教育观念中的知识观。在现代教育观念的理性思维方式之下,教育内容应该是科学知识,学校教育应该通过传递科学知识以促进人的发展,使其成为社会建设者。然而,这一现代知识观在与 M 村民众相遇时,也遭遇到其"务实

第四章 传统主导型互动:现代教育观念的乡村漂浮(1949—1978)

求验"思维方式的改造,并被同化至其教育观念体系之中。经这一思维方式的改造,学校教育内容的科学意涵被革除,剩下的仅仅是一个个"字"。在 M 村人看来,他们的子女在学校学习的内容就是"识字",而非掌握科学知识。正因为此,他们才会将子女送到学校去上学。因为,以"务实求验"的思维衡量,科学知识并非他们的生活所需,对于改变他们的生活没有任何价值。相反,"识字"却能够使得他们在 M 村的生活更便利,他们可以从"识字"中获利。因此,当被问及识字的好时,他们都会告诉你同样的答案:"识字三分巧"。

◆ 那个时候家里穷,我给儿子上学,只想他能够识几个字就好了。一个字不识不好,识几个字要好点!识字三分巧,这是老古话!(XML-6A-2012.5.20)

◆ 那个时候只是想到上学识字,识字总比不识字的好啊,不识字的人就要被人欺啊,识字三分巧啊!(YNN-6A-2012.5.10)

◆ 不管什么时代啊,总是识了字的好啊,识字三分巧,这是老古话。还是要上学啊!(FHQ-6A-2012.5.19)

在这一时期,国家教育政策也将"识字"作为重要的教育内容。在学校教育中,"识字"也是教师的一项重要教育任务。如前所述,在他们的观念中,"识字"这一教育内容是基础性的,是学生学习科学知识的基础。在国家的"扫盲"运动中,也将识字作为乡村民众学习科学知识和技术的基础。那么,在 M 村人的观念之中,"识字"有哪"三分巧"呢?对此,村里的人们给出了他们自己的回答。在这一历史时期,人们首先从他们自己的生活中感受到了"识字"的好处,即识字可以免于"苦""忙"的劳作。

◆ 识字沾光就在这里啊,那个时候村里人在生产队里做得要死啊,深耕一尺五。我识字啊,就可以当记工员,就不要做,工分照记。不管什么时代啊,干活苦啊,识了字就不要干活了啊。(DHM-6B-2012.5.7)

◆ 我那个时候整天就是在集体上工,种田,又苦又累,我哥哥不过识几个字,就在大队做事,就不用干活,所以我就知道识字有好处,没有坏处。当时我就想着要让自己的孩子识字。(GJL-6B-2012.5.3)

然而,这也仅仅是村里少数有"关系"的人的想法。对于大多没有"关系"的普通人来说,他们并未期待"识字"的这一好处。在他们看来:

那个时候人情关系重啊,你识了字,家里没有关系,也不能到队里做记工员啊。识了字还是在队里种田,或者回家学手艺啊。那些家里有关系的,识了字就能到队里记记工分,或者做做其他不苦的事情。(TYB-6B-2012.5.21)

不过,对于那些没有"关系"的人家,"识字"依然能给他们的生活带来便利。在他们的观念中,"识字"有着另外一些好处,这也是他们让子女上学的目的所在。首先,延续1949年之前的观念,M村人依然认为识了字之后会记账,这能使他们的生活更方便。因此,在这一历史时期,"会记账"是村里大多数人对孩子上学的期待和追求。

◆ 那个时候人家要记账,你上了学之后,家里帮人家做事,不记得,要记人工账,或者人家到你家来做事,要记个名字,记个日子。会记账、认识名字就可以了。我那个时候对我

第四章 传统主导型互动:现代教育观念的乡村漂浮(1949—1978)

家儿子就这点希望。(TYY-6B-2012.5.8)

◆ 那个时候让孩子上学没有其他期望啊,只希望他以后学了手艺到人家做事的时候会记记人工账。不会记账,光凭脑子记,经常记错,就少拿了钱啊!会记账的话,就忘不掉,人家的钱也就少不掉啊!(YST-6B-2012.5.11)

除此之外,他们所认识到的"识字"的好处,还来自于其在生产队劳动的体验。在他们看来,那些"识字"的就能认识每天记的工分,到年末结算收入时就会算账,这样就能知道别人是否少记工分或者少算钱。不识字的人,别人少记了或者少算了,他们都无法知道。对于难以维持生存的他们来说,这已是很大的实惠。对此,村里很多人都表示:

◆ 那个时候都是想着识点字就好了,那个时候没有分田啊,要记工分啊,识点字,能够看懂记的工分就行了,那个时候的人家总是这么想的。(FLF-6B-2012.5.1)

◆ 那个时候想着上几天学,识几个字好点啊,上了社才知道你的名字,知道做了多少工分啊。每天干完活之后,那些识字的都会凑过去看自己做了多少工分的,看有没有记错。你不识字,凑过去也没有用啊,你又看不懂。记错了你也不知道。这样就少分了粮啊!(YNN-6B-2012.518)

◆ 那时候也觉得上学没用,识字也吃饭,不识字也吃饭,识字也在生产队做工分,不识字也在生产队做工分。但是人还是必须识几个字,最起码自己的名字会写,人家记的工分你要看得懂,我几号做了多少工分的,几号做了多少工分的。起码要会算账,比如说我一年做了三千工分或者四千工分,多少钱一天,三角钱一天或者四角钱一天,我分了多少粮,粮多少

钱,大麦七分八厘,稻一角二毛,这个账你要会算。那个时候主要是想着上学为了生存。(TYB-6B-2012.5.21)

当然,在其他日常生活领域中,M村人也能感受到"识字"所具有的优势。在他们看来,相对于不识字的人来说,识字的人可以避免很多"吃亏事"。村里很多人都会提到:

那个时候一斤是十六两,你要是不识字不会算账,人家就欺负你。比如你去买东西,你不会算账,只能随别人算,他说多少钱就是多少钱。虽然你心里知道他可能多算你的钱,但是你也没办法说理。他要是多算了,你也只能给他这么多钱。不识字的人就是这么可怜啊,还是识字的人好啊,识字别人就欺负不到你啊!(TAM-6B-2012.5.5)

从以上M村人对"识字三分巧"的理解可以发现,在他们的观念中,"识字"这一教育内容已经失去了"中介性",其自身已成为教育的终极目的。也即,识字,作为教育内容,已经不是掌握科学知识的中间手段,而是目的本身。这样,经过M村人"务实求验"思维的过滤,学校教育内容的科学层面被滤去,仅剩"识字"本身。然而,即便是"识字"本身,也并非他们认为必须掌握的内容。虽然M村人一直坚持"识字三分巧",但"识字"并非是他们生活中不可缺少的部分,它并不能从根本上影响人们生活的运行。相反,"识字"只是他们生活的点缀,他们在认为"识字三分巧"的同时,也相信"不识字也过到老"。因此,对于子女在学校里"识了多少字",他们采取"放任"的态度,并未给予特别的关注。因为,他们对子女上学的期待除了"识字"之外,更多的还有身体的成长。这样,学校也就成为"带孩子"的地方,学校教育的内容便成为"抚

第四章 传统主导型互动：现代教育观念的乡村漂浮(1949—1978)

育"。村里很多人都表示了这一层认识：

◆ 那个时候也不思量这个事情，那个时候随便有没有用，你有了那么大、那么高的个子，就立马回来做事。就这么个目的。(TYB-6A-2012.5.21)

◆ 那个时候我儿子上初中的时候才十三四岁，不上学在家又做不动事情，我就想，算了，再给他去上个两三年，然后回家才能做得动。就这么个意思啊。有的小孩能上高中，家里也不让他上，那就不上了啊！你有这么大年龄，能做事了，就回来做事。(GML-6A-2012.5.13)

◆ 那个时候上学不错啊，不像现在这样非要考大学，小孩一点点大，在家里没有人带，送到学校去，省得家里带，那时候大部分是这个想法。那时候又没有分田，还在农业社上，谁在家里带小孩啊，我可以说，那个时候有百分之八十的人家都是想的这个。很多小孩上到小学毕业，都不等可以到队里做事，只要会割割草，就不上了，回来帮家里割割草，做做事。那个时候七八岁的小孩什么也不懂，没有人照顾怎么办呢，就送了到学校去。(QJQ-6A-2012.4.24)

◆ 那时候人们的思想觉悟没有这么高，不想到上学之后识字能够做什么事，他们只是想到孩子不能干活的时候，让他去上上学，能做事了马上回家做事。(YST-6A-2012.5.11)

总之，经 M 村人"务实求验"思维方式的理解，现代教育观念中将科学知识作为典范的知识观，成了"识字"和"抚育"。在这一知识观的基础上，我们也就能够理解现代学校教育进入 M 村时为何没有遭到其他研究中所出现的抵制心态。因为,在这一知识观之下,现代学校教育和以前的私塾教育之间并无"鸿沟",两者所具有的根本性区别只存在于知识分子或者主流的教育观念之中。

在这一历史阶段,M村人对人以及对知识"务实求验"式的理解,将现代学校教育纳入其乡村生活的体系之中,成为他们更好地维持乡村生活的工具。但是,这一工具在他们的乡村生活中并非必不可少,相反,它只是其乡村生活的附属品。在他们的观念中,劳动和生存才是中心,而教育只是这个中心周围的点缀,可有可无。正因如此,挽留"流生"(流失生)成为当时教师的一项工作。谈及当年的教育,村里的老教师讲述:

> 那个时候老师就跑啊,动员啊,初一、初二、初三都有流生,有一年,流生特别多,老师就要去家里动员啊。动员后,有的来,有的还不来啊。那个时候,有一个学生,家里不给他上,我就去家里动员。他家里没有人,我就坐在他家门口等,等到他妈妈回来,一趟、两趟、三趟,动员,叫他去上,他就去上了。初一上完之后,初二上了半年,他家里又让他歇下来,那个时候是另一个老师教的,没有去动员他,就不上了。我每次都要把上学的好处说给学生的爸妈听啊,让他们要给孩子上啊,不能为了眼前的利益啊,这么动员啊。要从长远的利益出发啊。但是他们还是不懂,他们都是只顾眼前。(CNN-1A-2012.5.2)

M村民众对子女教育的这一低期待,使他们无意关注子女的教育。因此,现代教育观念体系中的"人"观和知识观在经由"务实求验"思维方式的改造之后,其中的教学观、评价观以及管理观被隔离于M

第四章 传统主导型互动:现代教育观念的乡村漂浮(1949—1978)

村民众的生活和观念之外。这样,他们对于如何教育子女并无自觉的认识。他们不关心子女在学校的学习情况,不了解他们的考试成绩。对于考试及其意义,他们更是无法了解。不过,他们也有自己判断子女学习情况的标准:能否继续上学。如果子女能够继续上学,就说明学习不错;如果不能继续上学了,就表明学习不好。对于学校制度,他们也无任何遵守的观念。当时的一位学生说:

以前我上学的时候,今天家里说别去了,去割猪草,好的,就不去上学了。明天说不去上,要去别人家,好的,上别人家去。(YCF-9-2012.4.24)

这样,M村民众的传统思维方式对现代"人"观以及知识观的改造和同化使得现代理性思维方式之下的教学观、评价观和管理观仍然存在于M村的学校之中,无法与M村民众发生接触,更无法进入他们的生活,也未能影响他们在家庭之中对子女的教育行动。在家庭之中,帮父母干活是M村孩子的主要工作,也是父母对他们的唯一要求,学习在家庭生活中无足轻重。村里很多当时的学生这样描述他们从学校回到家的生活:

◆ 割猪草,哪有工夫做作业啊,割一篮子猪草,天就黑了。放学了就跑回家,来不及啊!没有猪草割回来,家里要修理你的啊!哪会管你学习?你要学习,他们随便你。你要学你学,他们又不会管你。(YCF-10-2012.4.24)

◆ 我上学的时候回家还想做作业啊?白天你反正别想做作业,一回来就割猪草,那个时候人家养猪,猪要吃草。有作业做,用心的小孩吃完晚饭做作业。不用心的小孩作业不做

也没关系。(QJQ-10-2012.4.24)

◆ 那个时候放学回家就割草、煮饭,晚上放学回来割草、捡草,没有草烧火。那个时候家里不管啊,家里只让你做事情啊。(LJJ-10-2012.5.25)

这也可以从当时村里的家长那里得到印证:

我儿子他们上学的时候,回来要割猪草,还要捡草回来烧火,没有粮吃不算,草还没有呢。那个时候只要能做的,都要做啊!来不及啊!根本想不到让他做作业啊。你在学校做什么的啊,耍的啊,回来还做作业呢?要是回来还要做作业就被骂得要死。(TYX-10-2012.4.26)

可见,现代"人"观和知识观与乡村生活的融合,导致了现代学校教育成为乡村社会中的一块"飞地",和乡村生活格格不入。对于如何教育子女,M村人没有自觉的认识。在家庭中,他们所有的精力都费于维持生计,不会对子女的教育给予特别的关注,更不会对他们的学习加以专门的关注。对于子女,他们基本采取放任不管的态度。在这一阶段,M村的孩子只要做好力所能及的家务,不"闯祸",他们就是自由的。村里当时的孩子回忆道:

那个时候我们回家不像现在的小孩这么苦啊,我们那个时候回家了都不碰书的。家里从来没有人让你看书,他们就督促你帮忙干活。比如烧烧锅、煮煮饭、扫扫地、洗洗衣服之类的。大人在田里干活,你就在家里做做这些事情就可以了啊。做好了,就随你做什么啊,我们就到村里无边

第四章 传统主导型互动:现代教育观念的乡村漂浮(1949—1978)

际地玩啊,到了吃饭的时候回家吃饭就好了。(TYH-10-2012.4.22)

当然,在这一时期,M村也有学习成绩好、通过学习走出土地,并改变了自己命运的孩子。只是,这些都源于他们的主动性,是没有外在压力下的自主学习的结果。在谈及他们当年的学习时,那些孩子说道:

我们上学的时候不像现在啊,那个时候家里根本不管你!家里都希望你回家干活,上不上无所谓。我们上学都是自己主动要上,自己当心,不当心就没得上啊!我们学习是自己奔的啊!(QJ-10-2012.5.26)

当问及为何让子女一直上学时,一个家长讲述了当时的想法:

当时我也不想让他上的啊,他要上啊,没办法。我跟他说啊,你看后面家里的孩子不上学,回来学了手艺,以后要是赚了钱,能盖房子。我们给你上了学,什么也没有,你不要嫌家里穷啊!他跟我说,我不要房子,只要你给我上学。我和他爸想想就给他上了,家里基本上能吃上饭,有人干活。就他一个男孩子,钱赚了也是他的,他要上就给他上,省得以后埋怨我们。后来,我们就给他上啊。就这样,才一直上到大学。要不,也像其他人家的孩子一样,没得上啊!(XNN-5A-2012.4.25)

因此,在简单的家务劳动之外,他们可以自己支配自己的时间。他们可以学习,也可以在乡村中尽情地玩耍,享受乡村自然和社会资源的"教育"。在此阶段,他们是自由的。

  在这一历史阶段,现代教育观念初遇 M 村民众,它并未能够改变他们的教育观念,而是受到"务实求验"思维的改造和同化,被纳入乡村民众原有的教育观念体系之中。这一教育观念体系将 M 村孩子的学校生活和校外生活隔开,为他们维持着一个乡土生活的空间。在这一生活空间中,他们的生活很艰难,但却自由。

第五章

双向异质型互动:现代教育观念的乡村分化(1978—1998)

第五章　双向异质型互动：现代教育观念的乡村分化(1978—1998)

1978年，改革开放将中国推入了一个新的历史阶段。在M村，这也是一个史无前例的"转折点"。以此为起点，M村人的生活开始了"翻天覆地"的变化。其中，最为关键的有：家庭联产承包责任制的实施使M村民众拥有了自己的土地，走出了生存的危机；农村的大门开始打开，M村人开始走出农村，在城市经商、打工；乡镇企业的发展使得工厂从城市来到M村人的身边。有学者将这三者称为中国农民的"三次伟大创造"[①]。暂不说这一论点能否得到学界认可，但它们却在M村人生活的种种变化中极为凸显，它们是M村人进入另一种生活模式的主要节点。因为，这三者解除了M村人的生存危机，将他们推出前一阶段"忙""苦""穷"的生活，同时使得他们的生活不再完全依附于土地。M村人开始走出土地，以另一些与土地截然不同的方式获得生活资料。他们接触"现代"要素，封闭的乡土环境被打破，新的生活环境正在形成。更为重要的是，这一不同的生活环境将会影响M村人的观念和行为。从教育的角度来说，最为明显的变化是，现代学校教育在M村从原来的"可有可无"变得"必要"，它不再是M村人生活的附属。接下来我们将会看到，这一地位的变化也改变了现代教育观念的弱势地位，它开始以另一种方式进入M村人的观念，与传统教育观念进行另一形式的互动。经历了这一过程的形塑，M村人的教育观念也发生了改变，呈现出与前一阶段不同的形态，其中蕴含了不同的思维方式。这一观念形态及其思维方式一直持续至1998年[②]，它们影响着M村人在家庭中的教育行为，因此它们也构建了该阶段M村孩子的校外生活。

[①] 黄平.从乡镇企业到外出务工[J].读书,1996(10):64-70.
[②] 为何以1998年为界，其具体缘由将在下面一章进行具体的解释和说明。

第一节　改革开放后 M 村的新生活

1978年,十一届三中全会在离 M 村很远的北京召开,但却给 M 村人的生活带来了实实在在的变化。它在使中国进入现代化建设新时期的同时,也使 M 村进入了发展的新时期。这源于其提出的"工作重点"和"治理路线"的转移:从"以阶级斗争为纲"转变为"以发展生产力为中心",集中力量进行经济建设以及从"计划经济"转向"市场经济",实行改革开放。在此路线和方针的引导之下,广大乡村的发展被视为实现"四个现代化"的基础,并因此成为国家"首要"建设任务。在此次会议上讨论通过的《中共中央关于加快农业发展若干问题的决定(草案)》明确提出了这一认识:摆在我们面前的首要任务,就是要集中精力使目前还很落后的农业尽快得到迅速发展,因为农业是国民经济的基础,农业的高度发展是保证实现四个现代化的根本条件。我们只有加快发展农业生产,逐步实现农业现代化,才能使占我国人口百分之八十的农民富裕起来,也才能促进整个国民经济蓬勃发展,加强工农联盟,巩固我国社会主义制度和无产阶级专政。①

在此认识的推动下,M 村于次年起历经了一系列的改革措施。M 村人的生活也因此产生了"质"的变化,一个新的生活情境得以形成。

一、土地生活的变化

作为乡村民众的"命根子",土地一直在乡村民众生活中占据着"轴心"的位置,是乡村社会的根本性构成要素。历次乡村改革中,土地制

---

① 中共中央关于加快农业发展若干问题的决定[EB/OL].(1979-09-28)[2019-11-30]. http://www.people.com.cn/GB/shizheng/252/5089/5103/5206/20010428/454999.html.

第五章 双向异质型互动：现代教育观念的乡村分化（1978—1998）

度变革都是首要的举措，并在整体改革中拥有重要的地位。此次改革也不例外，它首先改变的便是土地的使用权。在一系列的改革探索后，家庭联产承包责任制成为该阶段乡村社会的土地制度，在保留集体对土地的所有权基础上，将土地的使用权从集体转到私人。新编《白蒲镇志》比较详细地记载了这一改革历程：1978年开始，部分生产大队将零星土地划给农民自由种植，并试行畜禽公有私养。1980年，普遍建立多种形式的农业生产责任制，实行联产到劳（必须完成的产量分解落实到每个劳动力），1982年推行大包干（联产承包）责任制，集体耕地按人头和劳力分到户，土地仍为集体所有，村民有使用权，集体经营与家庭经营相结合，以家庭经营为主。……1984年，勇敢、新姚、蒲西（M村所在乡——笔者注）等3乡按照"大稳定、小调整"的原则，对承包地进行合理划分，县政府颁发《承包土地使用证》，承包期15年不变，从而稳定人心，调动农业生产积极性……1989年，在坚持土地集体所有制性质不变，集体和家庭双层经营体制不变，联产承包形式不变，按劳、地结合的负担政策不变和组与组不打乱的前提下，对农村承包土地再次进行合理调整，采取动账不动田的办法，将农户承包的土地分为"口粮田"和"责任田"（即经济田），实行"两田制"，遇有人口变动，只需账面调整，农户实际承包地不变，实行两田互补。①

M村人将这一改革称为"分田"。至此，家庭联产承包责任制在M村基本定型，成为该阶段主要的土地经营方式。这给M村人的生活带来了明显变化。首先，他们可以自由支配自己的劳动时间和强度，而非像以前那样被动地沉陷于"忙"与"苦"之中。对此，很多村民表示：

◆ 分了田之后就好一点啊，每天早一点迟一点就没事了

---

① 参见秦镜泽等编的《白蒲镇志》，暂未出版。

啊。在农业社上的时候，你迟到了就要扣工分啊！那个时候人苦啊，分了田之后人就舒服点了啊！(TMF-2F-2012.5.5)

◆ 现在分了田之后人过得舒服啊，没有分田在农业社的时候，人过得苦啊，早上天一亮就要上工，晚上要做到天黑才回来，大部分人家天没亮就要起来煮早饭啊，等到天亮了起来就要上工了，你就没有工夫煮早饭了，不像现在分了田，人过得这么舒服的啊。(YNN-2F-2012.5.18)

对于M村人来说，身体负担的减轻确实是一个鲜明的改变。然而，更为重要的是，这一改革使得乡村民众能够自由支配自己的劳动成果，这大大提高了他们的积极性。对于家庭联产承包责任制的实施，很多村民都如此称赞：

大包干，不简单，直来直去不转弯。缴足国家的，留足集体的，其余都是自己的。①

积极性提高的直接结果便是劳动效率的提升以及农副产品产量的增加，这可以从M村人的描述中得知：

分了田之后，各家种各家的田，家里的日子就比农业社的时候好过一点了。农村的人不说发什么大财吧，反正农村的人这个时候就不缺饭吃，不管多少，家里的粮都够吃了。(QJQ-2D-2012.5.6)

由于缺乏相关数据，这里无法获知改革开放之后M村粮食产量的具体情况，但从历年全国粮食总产量的记载中却可以大致了解M村的

---

① 参见秦镜泽等编的《白蒲镇志》，暂未出版。

第五章　双向异质型互动：现代教育观念的乡村分化(1978—1998)

情况。据《中国统计年鉴(1995)》记载：1978年我国粮食总产为30 477万吨，1984年达到40 731万吨，平均每年递增4.95%；棉花总产1978年为216.7万吨，到1984年猛增到625.8万吨，增长了188.8%，平均每年递增19.33%；油料总产1978年为521.8万吨，1984年猛增到1 191.0万吨，增长了128.2%，平均每年增长14.74%。①

虽然于此无法确认家庭联产承包责任制的实施在多大程度上改变了M村民众的生活，更不能下结论说其使M村人进入富裕的生活，但可以肯定的是，它使得M村人走出前一阶段"忙""苦"的生活状态，摆脱了生存的危机。然而，由于土地有限、机械化程度低、缺乏农业知识、农业生产条件差等各种因素的叠合，除了维持生存之外，种地在此时并未能带给他们太多的收入。实际上，他们也未将土地作为致富的途径。在他们看来：

> 分了田之后好是好了点儿，也就是不用饿肚子了，有点东西吃啊。其他也没有什么，没有什么收入啊！只是够吃了！实际上，种田没什么出息啊！(YCL-2D-2012.5.18)

在土地制度改革基本完成之后，国家便开始推动农业现代化的进程，增加农民收入成为其重要的工作内容。为此，国家采取了各项措施，包括改善农业生产条件、增加农业机械设备、改良农作物品种、增加农业的科学和技术投入等。这些措施将现代科学和技术引入乡村社会的生产之中，改变了其原有的生产系统和模式。与此同时，它们也确实增加了M村农作物的产量，增加了该村民众的收入。然而，这只是个相对数。绝对地来看，在整个20世纪90年代，M村人以种地为来源的收入依然有限。村里的老干部算了这样一笔账：

---

① 国家统计局.中国统计年鉴(1995)[M].北京：中国统计出版社，1995：347-348.

> 刚分田的时候,亩产量不高啊!拿水稻来说,那个时候一亩田种得最好也就产 400 斤左右。从 80 年代后期开始,农作物的亩产量开始提高。十年时间,亩产量翻了一番,90 年代底的时候每亩水稻的产量在 800—900 斤左右。再加上粮食价格一年比一年高,这样算来,农民种田的收入提高了。实际上,种田的收入还是很有限啊!你算一算,以每亩产 900 斤水稻为准,每斤六毛的价格算,一亩水稻也就五百多块钱。再除去种子、肥料、农药、耕种、税收,每亩就有两百。利润还是少得可怜啊!这还是年份好的时候,年份不好的话,就更加少了!所以说啊,种田没有出息啊!靠种田八辈子也翻不了身啊!(XYY-2D-2012.5.14)

尽管如此,这一阶段针对土地的改革却具有"断裂式"的意义,它使得 M 村以"土地"为中心的乡土生活产生了质的变化。虽然 M 村人和以往一样,仍然和土地保持着密切的关系,但此阶段的"人—地"关系已非以往那样"自然"。以上国家所采取的增加农业机械设备、改良农作物品种、增加农业的科学和技术投入农业改革措施,在促进农业发展的同时,还有另外一个更为重要的文化功能:它们将现代要素引入 M 村原有的以简单劳动支撑的"自然"的"人—地"关系,并使科学和知识在 M 村人的生活中占有一席之位。这不仅改变了原有乡土社会的性质,而且使 M 村人开始接触到现代要素,这将会对他们的思维和行动模式产生重大的影响。此外,这一系列的改革措施,尤其是家庭联产承包责任制和提高农业生产效率的各种措施,除了将人从繁重的劳动生活和生存的危机中解脱出来,更提高了农业生产力,使 M 村的劳动力出现了剩余。这为该阶段 M 村人走出土地,甚至走出 M 村提供了可能。最后,土地所能提供的有限收入则为 M 村人走出土地和乡村,寻求更多收入来源提供了必要。这二者为 M 村人走出土地提供了可能和必要,从而为改变土地在他们生活中的轴心地位及其对土地的依赖提供了必要的条件。总之,在这一系列土地政策的促动之下,M 村人的新环境将很快形成。

二、 走出土地

改革开放之后,在国家推动农村现代化的过程中,农业之外的其他产业受到强调。1978 年的《中共中央关于加快农业发展若干问题的决定》中就提出:我们一定要正确地、完整地贯彻执行"农林牧副渔同时并举"和"以粮为纲,全面发展,因地制宜,适当集中"的方针……要有计划地逐步改变我国目前农业内容的构成,把偏重粮食种植业、忽视经济作物种植业和缺少林业、牧业、渔业的状况改变过来。①

1982 年的《农村工作会议纪要》又重复了这一政策:按农、林、牧、副、渔全面发展的要求建立合理的生产结构,可以获得综合经济效益,并增加农业经济的内部积累。……只有建立起一个多种经营综合发展的合理的生产结构,实行合理的社会分工,才能吸收农村广大劳动力为社会创造财富,否则,将大量劳动力缩集在十几亿亩土地的种植业上,必将使劳动生产率下降和农村经济萎缩。②

与此同时,该文件在强调产业结构调整之外,更强调了各种产业都应提高劳动生产率和经济效益:无论种植业、养殖业、农村工业副业,都必须强调提高单产,提高劳动生产率。③

改革开放之后的 M 村也受到以上发展方针的影响,M 村人于土

---

① 中共中央关于加快农业发展若干问题的决定[EB/OL].(1979-09-28)[2019-11-30]. http://www.people.com.cn/GB/shizheng/252/5089/5103/5206/20010428/454999.html.
② 全国农村工作会议纪要[EB/OL].(1982-01-01)[2019-11-30]. http://news.xinhuanet.com/politics/2008-10/08/content_10162735.htm.
③ 同②。

地之外寻求其他增加收入的来源。不过,"走出土地"并非完全是 M 村人响应国家政策的举动,而更多是其主动的行为。家庭联产承包责任制实施之后,M 村开始出现了一部分的剩余劳动力,加之土地所能提供的收入十分有限以及乡村市场的重建,所有这些因素共同推动很多人将目光转向土地之外,以获得更多的收入。这样,养殖业、工业副业便开始在 M 村出现,其中养殖业以猪、羊、禽类、鱼、蟹为主,工业副业以木匠、砖瓦匠为主。此外,"和尚"、"道士"也是当时 M 村人心目中的好职业。M 村人在 20 世纪 80 年代的具体从业状况如下:

> 养殖业:生猪
> 　　　　家禽(以鸡为主,此外还有鸭、鹅、鸽子、鹌鹑等)
> 　　　　山羊
> 　　　　蜜蜂、家兔、蘑菇、蚕
> 　　　　鱼、虾子、螃蟹
> 手工副业:木匠、砖瓦匠
> 　　　　　裁缝、纺织、轧花、理发匠
> 其他:和尚、道士、杂货铺

虽然国家于 1982 年便提出采取切实措施,改善农村商业,疏通流通渠道,并在一定程度上改善了乡村市场,然而"计划经济"仍占据着主要地位,这限制了 M 村养殖业的经济效益。在 80 年代,养殖业在 M 村中仍然是种地之外的"副业",其规模还非常"零散"。此外,这也阻碍了乡镇劳动力市场的形成,使得 M 村的乡镇企业虽有一定程度的发展,但 M 村人却难以进入。根据新编《白蒲镇志》记载,至 1985 年时,白蒲镇区的乡镇企业有:

第五章 双向异质型互动:现代教育观念的乡村分化(1978—1998)

表 5-1 1985 年白蒲镇区主要乡镇企业①

国营工厂	大集体性质的工厂	镇办工厂	个体私营企业
如皋化肥厂 如皋酒厂白蒲黄酒工厂 如皋县白蒲油米厂 如皋县白蒲酱醋厂	如皋县磷肥厂 如皋县白蒲轧花厂 如皋县液压机厂 如皋县白蒲针织厂 如皋县白蒲地毯厂 如皋县白蒲服装厂 如皋县白蒲印刷厂 如皋县白蒲塑料厂	缫丝厂 粉末冶金厂 机械修理厂 汽车修理厂 无线电元件厂 絮棉厂 煤球厂 纺织厂 自来水厂 编织厂	个体私营商业、手工业 128 户,从业人员 152 人

可见,此时乡镇企业的发展还处于初期,其数量非常有限。对于 M 村人来说,要进入这些企业极为困难。此外,由于劳动力市场还没有形成,那些"没有关系"的 M 村人更是没有可能进入这些企业。对此,村里人说:

> 那个时候虽然有了厂,但是不管什么厂,难进啊!那个时候厂是宝贝啊,没有人,进不了厂啊!只有那些有关系的人才能进去!虽然大家都知道进厂比种田好,但是很多人就说啊,做梦吧,有个厂轮到你去啊?(YCL-2C-2012.5.18)

因此,除少数家里有关系的人,M 村手工业者仍以种地为主,在种地之余从事这些行业,以增补经济收入。

20 世纪 80 年代末 90 年代初,特别在 1992 年邓小平南巡讲话之

---

① 参见秦镜泽等编的《白蒲镇志》,暂未出版。

后,发展"市场经济"的政策极大活跃了乡村市场,M 村"副业"的经济效益得到了极大的提高。这一举措改变了 M 村的产业结构,这些行业的从业者开始走出土地,专门从事"副业"。其中,养殖业开始走向规模经营,尤其养鸡为主。90 年代初,M 村出现了一批养鸡专业户,其经营规模达到 200 只,年收入 3 000 元左右。此后,随着经济收入的提高,经营规模也逐年扩大。而其他养殖业未能形成规模,仍作为"副业"存在。与此同时,M 村所在镇的乡镇企业也获得了很大的发展,无论在数量上还是质量上都有很大的改变。据新编《白蒲镇志》记载,90 年代白蒲乡镇企业已形成一定的规模,主要有以下类别:

表 5-2　白蒲镇 20 世纪 90 年代主要乡镇企业类型①

食品加工	织造、缝纫	化学工业	机械铸造	其他工厂
酿酒	轧花	化肥	机械(液压机)	无线电元件厂
豆制品生产	缫丝	丙烯酰胺化工	铸造	粉末冶金
白蒲蟹黄鱼圆	丝织	印染器材		印刷厂
糖果糕点	纺织			白蒲汽车修理厂
	针织			煤球厂
	地毯织造			家具行业
	缝纫、制衣			自来水厂
	印染工业			

上表虽然未显示该阶段白蒲镇乡镇企业的具体数量,但可以肯定,相对于 80 年代来说,它们在数量上有了很大的增加。更重要的是,由于劳动力市场的开放,普通人只要符合要求便可进入。因此,90 年代初期开始,M 村的很多手工业者也完全走出土地,进入乡镇企业。他们主要是裁缝和木匠,其月收入为 300 元左右;至 90 年代中后期可达 600 元左右。相对于种地来说,进乡镇企业的收入要优厚很多。于此,

---

① 参见秦镜泽等编的《白蒲镇志》,暂未出版。

"进厂"已经开始成为"潮流"。

养殖业的规模经营以及乡镇企业的发展,都成为现代要素进入 M 村的载体。和传统养殖业与手工业不同,规模化的养殖业和乡镇企业的生产过程中已或多或少地纳入了科学知识和技术的要素,机械化设备和技术成为其经济效益和劳动生产率的决定性要素。正因如此,养殖业者和乡镇企业都将引进新的设备和技术作为维持自身生存和提高经济收入的重要途径。更为重要的是,和传统家庭手工作坊相异,这一阶段的乡镇企业已具现代组织的基本要素,例如规章制度、市场、竞争等。因此,伴随着乡村养殖业的规模化经营以及乡镇企业的发展,现代要素进入 M 村,并与 M 村人相遇,渗透进他们的日常生活中,改变着他们传统的生活环境和模式。

三、走出乡村

除了从事养殖业和进入乡镇企业,这一阶段 M 村中的剩余劳动力开始走出农村,进入城市寻求更丰厚的收入。这之所以可能,除了前面提到的剩余劳动力的出现,还有一个很重要的政策性原因。和前一阶段限制乡村人口的流动不同,20 世纪 80 年代起国家便开始对城乡体制进行有计划、有目的的改革。1983 年国家工商部门便提出:必须打破城乡封锁、条块分割的局面,疏通各条流通渠道……①

1984 年国务院发布的《国务院关于农民进入集镇落户问题的通知》提出:凡申请到集镇务工、经商、办服务业的农民和家属,在集镇有固定住所,有经营能力,或在乡镇企事业单位长期务工的,公安部门应准予落常住户口,及时办理入户手续,发给《自理口粮户口簿》,统计为

---

① 国务院批转国家体改委、商业部关于改革农村商品流通体制若干问题的试行规定的通知[EB/OL].(1983-2-11)[2019-11-30]. http://www.people.com.cn/item/flfgk/gwyfg/1983/112206198302.html.

非农业人口。粮食部门要做好加价粮油的供应工作,可发给《加价粮油供应证》。地方政府要为他们建房、买房、租房提供方便,建房用地,要按照国家有关规定和集镇建设规划办理。①

这一政策打开了乡村社会的大门,除去了将M村人困于乡村的政策限制。具有相对迁移自由的M村人便开始有人到周边或更远的大城市,寻找更好的经济来源。在M村,改革开放后第一个走出去的是Y。他详细地讲述了当时走出M村的缘由和经历:

> 在分田之前,我就听镇上的朋友说城市的东西比农村要贵。当时我心里就想着要是能去城市贩卖点农产品,收入应该比在生产队干活好得多。可惜那个时候大队不让我们出去,更加别谈做生意了。要是做生意,大队就说你是"资本主义的尾巴",不允许啊!分了田之后几年,政策变了,可以出去了!我老婆扛起了家里的农活和家务活,我就去上海贩鸡蛋。那个时候生意好做啊,连收带卖,快的三到四天,慢的六天,一趟能赚三十多块钱,平均下来一个月能赚到二百块钱。你现在看这点钱少啊,那个时候就非常不错了啊!那个时候种田的话,有的人家一年还赚不到我一个月的收入呢!(YCL-2D-2012.5.27)

这样优厚的经济收入吸引了M村那些有能力出去的人,其中最突出的便是Q。他可谓当时M村的"文化名人",提到他,其他人都说"他有水平啊""那个时代他是我们村里水平最高的"。改革开放之前,Q

---

① 国务院关于农民进入集镇落户问题的通知[EB/OL].(1984-10-13)[2019-11-30]. http://www.people.com.cn/item/flfgk/gwyfg/1984/112102198403.html.

第五章 双向异质型互动：现代教育观念的乡村分化(1978—1998)

在白蒲中学上高中，1978年高考因为差三分没能考取。由于家庭经济极为困难，没有条件补习，他就回家了。1982年，因为学校缺教师，他被请去做小学代课教师，每个月工资25块钱。几经周转，1988年他被白蒲高中请去做代课教师，每个月工资涨到68元。在那个时代，他的收入在村里算是很高的了。然而，当看到村里那些出去做生意的人的收入更高时，他心动了。他说：

> 那时候我们队里有人去上海贩鸡蛋，生意也蛮好的。我也就问问他们，他们说，如果好，一趟能弄四十五块钱。如果不怕苦的话，一个星期可以跑一趟。这样子的话，一个月能赚二百块钱。当时就算的这个账，到年底就不回学校去了。那个时候教导主任到我家来了三四次，他跟我说你耐点性，明年我给你们三个人全部转正。在学校，他对我们都挺好的，经常吃饭都不要我们给钱，他也知道我们农村的人困难。但是，我还是决定不去学校了！我就回来贩鸡蛋，我记得我第一趟就赚了六七十块钱，前后还没有一个星期。我想想这个生意能做。后来我就做生意了！（QJQ-2D-2012.5.28）

不过，20世纪80年代从M村走出去的人并不多。一方面，因为从未走出乡村的M村人对外面的世界既向往又恐惧；另一方面，村里那些手工业者大多选择进入乡镇企业，城市并无太大的吸引力。然而，由于各种因素的综合作用，90年代开始，情况发生了变化。从全国统计数据来看，80年代和90年代的进城人数具有明显的差别：

> 据公安部统计，至1988年为止，全国有5 000万流动人

口,这些流动人口中三分之二是从事经济活动的民工……其中出省的农民已有800万之多。①

在1989—1993年,农民外出人数以年平均25%的速度增长,农业部的统计表明,1994年外出就业的农村劳动力已达7 100万人。②

从以上可以看出,1994年一年的外出人口总量已经超过了整个80年代的外出人口数量。M村的情况也与此类似。90年代开始,M村人纷纷涌出乡村,进入城市,他们以做生意和打工为主。至1995年,M村有劳动能力的人中35%左右在外务工,其中男性占26%,女性只有9%。他们所从事的职业主要有:

做生意:主要贩卖农产品

砖瓦匠:主要跟随建筑队一起(在南通,建筑队成为乡村人进程务工的主要渠道)

木匠:跟随建筑队或者单独进厂

小工:那些没有技术的乡村人,主要跟随建筑队,从事各种技术含量低的体力劳动

缝纫:进服装厂

针织:进工厂

其他:主要从事没有技术含量的服务性工作

毫无疑问,"进城务工"给M村人带来了更多的经济收入。90年

---

① 李强.当代中国社会分层与流动[M].北京:中国经济出版社,1993:110.
② 江流.1995—1996年中国社会形势分析与预测[M].北京:中国社会科学出版社,1996:79.

代中期,他们的人均年收入达 6 000 元,90 年代后期则上升至 9 000—10 000 元。然而,更为重要的是,"进城务工"还开阔了他们的视野,用他们自己的话来说,即"见了世面"。在城市中,他们看到了乡村社会所没有的东西,感受到了另外一种生活文化。通过这一途径,他们接触到现代生活的要素。和现代要素进入 M 村不同,"进城务工"直接将 M 村人抛入一个不同于乡村社会的新环境之中。这使得他们可以更彻底、更全面地接触现代要素,感受到在这种生活环境中,知识和教育所占据的地位。

第二节　现代教育观念的新特征

1978 年,走出文化浩劫的学校教育,走上了恢复和发展的道路,其教育观念中刚显露便遭遇夭折的现代性又开始崭露头角。此后,它不断发展,渗透至教育观念的各个方面,建构了一个比较完整的现代教育观念体系。在此阶段,它支撑着 M 村孩子就读学校中各项教育制度的制定和实施,并指导着教师的教育行为。仔细分析和研究这一观念体系便可发现,获得重生的现代教育观念体系仍延续着上一阶段已具雏形的思维脉络。与此同时,它也在很多方面向前迈进了一步,已具有了一定程度的现代化规模。

一、政治意识形态的褪去

"以经济建设为中心"对"以阶级斗争为纲"的取代,用社会经济的现代化建设替代了阶级斗争,作为这一阶段社会建设的重点。这一认识延伸至教育领域,便将教育的经济功能凸显,而弱化了其政治意识形态灌输的功能。这一转换直接导致了这一时期教育观念中政治意识形态的弱化,并逐渐消退。深入这一时期学校教育中教育观念体系的内部,我们可以感受到一个重要的变化:原本处于"政治式"思维方式之下的"理性"思维方式翻身占据了主导位置,促发了该教育观念体系现代性的发展。这可以从其中对"人"以及教育内容的认识中体现出来。前者主要蕴含于这一时期的教育方针中,即人们对"教育要培养什么样的人"这一问题的认识。对于这一问题,1978 年邓小平在全国教育工作会议上的讲话便给出了答案:我们的学校是为社会主义建设培养人才的地方。培养人才有没有质量标准呢? 有的。这就是毛泽东同志说的,应该使受教育者在德育、智育、体育几方面都得到发展,成为有社会主义觉悟的有文化的劳动者。①

此后,这一认识成为这一时期人们制定教育任务的指导思想和依据。1978 年制定的《全日制小学暂行工作条例(试行草案)》便强调:根据毛主席提出的"我们的教育方针,应该使受教育者在德育、智育、体育几方面都得到发展,成为有社会主义觉悟的有文化的劳动者",小学教育的任务,是为社会主义祖国培养新生一代,使他们接受中等教育有一个良好的基础。②

在同年制定的《全日制中学暂行工作条例(试行草案)》也提出:根据毛主席提出的"我们的教育方针,应该使受教育者在德育、智育、体育几方面都得到发展,成为有社会主义觉悟的有文化的劳动者",中学教育的任务,是为国家培养劳动后备力量和为高一级学校培养合格的新生。③

这样,"有社会主义觉悟的有文化的劳动者"成为学校各项教育教学工作的指导思想。并且,这一指导思想一直贯穿于该阶段学校教育

---

① 邓小平. 邓小平文选(第二卷)[M]. 北京:人民出版社,1994:103.
② 全日制小学暂行工作条例(试行草案)[J]. 安徽教育,1978(12):9-14.
③ 全日制中学暂行工作条例(试行草案)[J]. 安徽教育,1978(12):3-9.

第五章 双向异质型互动:现代教育观念的乡村分化(1978—1998)

的始终。从中,我们仍然能发现前一阶段教育观念体系中"人"观的延续,即人是一种具有"主客"张力的存在,人既是改造者,同时也是改造对象。这一"人"观将人作为理性的存在,即人因为具有理性而成为与自然相对立的改造者,同时也是与自身相对的改造对象。不过,与此同时,它还强调"社会主义觉悟"这一特性。这里仍然存留着政治意识形态的痕迹。然而,与前一阶段不同的是,政治意识形态中的"政治式"的思维方式此时已不具有主导位置。很多情况下,它往往被纳入"理性"的思维之中,被其同化。这可以从当时的教育内容中得以反映。为纠正"文化大革命"时期以政治方向压倒科学文化知识的错误思想和做法,1978年邓小平在全国教育工作会议上特别提出:学校应该永远把坚定正确的政治方向放在第一位。但这并不是说要把大量的课时用于思想政治教育。学生把坚定正确的政治方向放在第一位,这不仅不排斥学习科学文化,相反,政治觉悟越高,为革命学习科学文化就应该越自觉,越刻苦。因此,"四人帮"把在坚持正确的政治方向的前提下大力提高教育质量,大力提高学生的科学文化水平,说成是什么"智育第一",加以反对,这不但是彻底的荒谬,而且是对于无产阶级政治的实际上的取消和背叛。[①]

这一巧妙的关系处理没有直接否定思想政治教育的重要地位,却在强调"政治方向第一位"的同时,将科学文化知识解释为其重要内涵。这样,实际上消退了政治意识形态的主导地位,解除了政治方向教育对科学文化知识的压制,并代之以科学文化知识。这一观念可更直接地从1978年制定的《全日制十年制中小学教育计划试行草案表》中思想政治教育所占据的分量看出:

[①] 邓小平.邓小平文选(第二卷)[M].北京:人民出版社,1994:104.

表 5-3　全日制十年制中小学教育计划试行草案表

科　目	每周课时数							
	小学					初中		
	一年级	二年级	三年级	四年级	五年级	一年级	二年级	三年级
政治				2	2	2	2	2
语文	13	13	11	8	8	6	6	5
数学	7	7	6	6	6	6	6	5
英语			4	4	4	5	4	4
物理							3	3
化学								3
自然常识				2	2			
地理				2	2	3	2	
历史							2	2
生物						2		
农机								1
生理卫生							1	1
体育	2	2	2	2	2	2	2	2
音乐	2	2	2	1	1	1		
美术	2	2	1	1	1	1		
每周总课时数	26	26	26	28	28	28	28	28

从上表中可以看出,思想政治教育所占的比例极小,在小学低年级中,它只占总课时的 7.6%,在高年级总课时中占 7.1%。此外,原本作为思想政治教育媒介和载体的语文、历史等课程在这一阶段也被纯粹化为语文课、历史课,不再要求作为传递政治意识形态的工具。在 1978 年《全日制小学暂行工作条例(试行草案)》中,这一点便被提出:小学语文课应该基本完成识字任务,打好阅读、写作的初步基础。……

一般不要把语文课讲成文学课或者政治课。①

在同一年颁布的《全日制中学暂行工作条例(试行草案)》中,这一点也同样被强调:教师讲课,必须把教材内容讲清楚。一般不要把语文、历史、地理等课程讲成政治课,也不要把语文课讲成文学课。②

在以上对"人"和教育内容的认识中,政治意识形态已经淡化,科学文化代替其处于核心地位。在此后的十多年中,这一态势一直维持并不断强化。因此可以说,这一阶段的教育观念体系中,政治方向实际上已不再被作为"第一位"要素,而科学文化知识才具有如此地位。也就是说,前一阶段教育观念中的"政治式"思维已经不再主导着学校教师及管理者对教育问题的思考,原本处于被遮蔽状态中的"理性"思维方式翻身居于主导,贯穿于此阶段人们对教育问题的认识和观念之中。在此意义上可以说,前一阶段教育观念体系的现代性萌芽已经"成长",向前迈出了重要的一步。

二、"理性"思维的深入化

走出"政治式"思维的遮蔽,理性的思维方式开始主导着人们对教育问题的思考,构成了这一时期教育观念体系的主线。相较于前一阶段,该时期教育观念体系中的理性已有所发展,变得更为深入。这可以从该阶段教育观念体系中"教学观""评价观"以及"管理观"的变化中看出。

从教学观来看,"计划性"和"系统性"仍是其两个重要的支撑点。和前一阶段一样,在这一时期的教育观念中,"计划性"依然被视为提高

---

① 全日制小学暂行工作条例(试行草案)[J].安徽教育,1978(12):9-14.
② 全日制中学暂行工作条例(试行草案)[J].安徽教育,1978(12):3-9.

教学效率和教育质量的重要条件。这主要表现在以下两个方面：强调对教学计划的遵守以及对备课的重视。教学计划是对每学期、每月和每周教学的计划，备课则是对一堂课的计划。在他们看来，只有严格遵守这些"计划"，才能保证教学的秩序，也才能保障教学质量。1978年《全日制小学暂行工作条例（试行草案）》便指出：

◆ 全日制小学必须以教学为主，必须根据中华人民共和国教育部统一规定的教学计划、教学大纲和教科书进行教学，不断总结经验，努力提高教学质量。①

◆ 课堂教学是教学的基本形式。教师必须钻研教材，……认真备课，提高课堂教学质量。②

◆ 在学校中不得搞突击教学。③

在教学内容的组织和安排方面，"系统性"依然被作为一个重要的标准。不过，在这一阶段，"系统性"的要求除了强调教学内容的组织要注意深浅、新旧关系以及知识之间的内在逻辑关系，还加入了另外一个重要的系统：学生。它要求将教学内容的组织和安排与学生的认知、年龄特点结合起来，也即将两个系统相互协调地相结合，以形成一个更为复杂的系统。然而，如何才能形成对学生认知特点的正确认识呢？在这一时期的教育观念中，科学研究成为一个可靠的途径。在他们看来，将学生加以对象化，通过科学研究这一理性化的手段，可以获得有关学生的规律性的知识。教育学和心理学便是这种知识的代表。拥有这些知识，人们就可以将科学知识以科学的方式传递给学生，从而将知识和学生这两个系统严密地结合起来。这首先可以从教材编

---

① 全日制小学暂行工作条例（试行草案）[J]. 安徽教育，1978(12)：9-14.
② 同①。
③ 同①。

第五章 双向异质型互动:现代教育观念的乡村分化(1978—1998)

写要求中体现出来:

◆ 要进行中小学生生理和心理发展规律的研究,中小学生认知规律的研究,全国中小学教材的比较研究等,使中小学教材的编写建立在科学的基础上。①

◆ 对参加编写教材人员的要求:1. 要具有较高的本专业知识水平。2. 要具有教育学、心理学的基本知识。②

此外,它还体现在对教学方法的要求中:

◆ 对小学生进行教育应该注意适合儿童少年的年龄特点,研究和改进教学方法。③

◆ 教师必须根据儿童少年的年龄特点和接受能力,严格要求,严格训练。注意启发学生的学习自觉性和积极性,不要不适当地放慢教学进度,降低教学要求,也不要使学生的学习负担过重。④

◆ 对教师的培训,要注意加强教育学、心理学的学习,交流好的教学经验,帮助他们努力改进教学方法。⑤

可见,在这一时期的教学观中,除了按照知识自身的体系安排好教学内容之外,对学生认知特点的科学认识成了提高教学效果的重要条件。在该阶段教师和教育管理者看来,只有在掌握了学生认知特点的基础上,运用合适的教学方法,才能提高教学的效果。这一认识的直接

---

① 九年制义务教育教材建设规划方案[EB/OL]. (1988-08-21)[2019-11-30]. http://www.hzedu.net/Template/govManage3.aspx? id=280.
② 同①。
③ 全日制小学暂行工作条例(试行草案)[J]. 安徽教育,1978(12):9-14.
④ 同③。
⑤ 同③。

结果便是针对学生认知特点所发明的各种现代化教学手段。在他们看来，依据学生的特点和教学内容的特点，选择合适的现代教学手段有利于提高教学效果。因此，实现教学手段的现代化成为这一阶段教育发展的一个任务。这在很多教育政策中被强调：

◆ 教学手段逐步实现现代化……大力发展现代化教学手段，充实实验设备、图书资料，积极改善课堂、宿舍等办学条件。①

◆ 要充实图书、仪器、标本、挂图等设备，积极发展电影、幻灯、广播、电视等现代化教学手段。②

在此阶段，理性的触角已经伸向学生。学生的学习和认知已经不是一个"黑箱"式的存在，而成为科学认知和操纵的对象。在教学过程中，这被视为一个需要加以主动控制的要素。这样，教学涉及的要素更多，其系统也更为复杂，"协调所有这些要素以达成严密的配合"便成为需要。因此，以上二者的变化促使这一时期的教学观在理性程度上的进步。在此观念体系中，只有具备了对学生的科学认识，掌握学生认知发展的规律，并据此组织、安排和传递教学内容，教学效果和质量才可能得到提高。

此外，在这一时期对评价的相关认识中，也存在着类似的趋向。在此阶段，由于考试所具有的"标准性"和"统一性"，它仍然被作为检查学生学习效果的主要手段。同时，对科学性和精确性的追求也主导着教师和教育管理者对计分方式的认识。由于政治意识形态的逐渐消退，百分制的记分法在上阶段所具有的"资产阶级"性质此时已经被抹去。

---

① 刘西尧.在全国教育工作会议上的报告(摘要)[J].人民教育，1978(6):3-9.
② 全日制小学暂行工作条例(试行草案)[J].安徽教育，1978(12):9-14.

第五章 双向异质型互动:现代教育观念的乡村分化(1978—1998)

这样,在科学和精确的标准之下,百分制被认为比原来的五级记分法更胜一筹。因此,百分制的计分方法成为这一阶段学校普遍采用的方法,五级记分法慢慢退出了学校教育的场所。由于百分制更细化、精确化了分数的等级,从而也可更细致、精确地将学生进行"分等"和"排序"。这促进了这一时期教育观念中"比较"和"竞争"的意识,"排名"成为必要。一位教师说:

> 那个时候老师之间要比赛啊,全区比赛,每次都要制表说明,哪个小学,哪个班,哪个老师教的,考了多少分。全白蒲镇谁考了第一,都要开现场会的。有一年我教的毕业班,考了全白蒲区第一。教的人要介绍你是怎么教的,学生怎么考这么好的。(LHR-1H-2012.4.23)

除了班级和班级之间的比较外,一个班级中的学生也要被"排序",这样,教师才能了解每个学生的学习情况。一位教师提到:

> 那个时候班里每次考试都要排名,一学期有十几次考试,每次考试都要排名,还要有记录,到学期末再算总成绩,再排名。这样,每个学生一学期的学习情况就清清楚楚的。班上哪个学生成绩好、哪个学生成绩差就很清楚了啊!考试之后一定要排名次啊,不排就达不到考试的效果。排了名之后不光是了解每个学生的情况,还能让他们形成竞争的意识,增加他们学习的动力。这是考试的两个非常重要的作用!(ZAM-1H-2012.5.4)

在百分制的具体实施方面,这一时期教师认识的理性程度也向前走了一步。在前一个阶段,虽然也存在百分制,但由于评分标准的模糊,百分制实施过程中仍充满了教师的主观性因素。在当时的教师看来,一分或两分的差别没有太多的意义。而在这一时期,一百分的总分已经分配到各道题目中,并且有标准答案,标准而精确的评分标准形成。这就减少了教师的主观性,增加了客观性和精确性。此时的教师对于严格按照评分标准评分已具有了自觉的认识,成为他们批改试卷的指导思想。也正因为评分的客观性和精确性的增加,一分、两分之差也具有了意义,成了学生成绩好差的标志。

如何对学生进行更为有效的管理呢?和前一阶段一样,在教师和教育管理者看来,制定完善的学校教育制度是对学生的行为进行有效管理的途径。在他们看来,"逐步完善社会主义的教育制度"是新时期发展教育的重要工作之一。和上阶段相异的是,这一时期指导制度设计的观念更具理性,对学生的行为进行了更为精细的分割。这表现在制度形态上便是它对学生的行为进行了更细致的规定。这一时期首先颁布的学生管理制度便是1981年的《小学生守则》和《中学生守则》。以《小学生守则》为例,它的主要内容有:

一、热爱祖国,热爱人民,热爱中国共产党。好好学习,天天向上。

二、按时上学,不随便缺课。专心听讲,认真完成作业。

三、坚持锻炼身体,积极参加课外活动。

四、讲究卫生,服装整洁,不随地吐痰。

五、热爱劳动,自己能做的事自己做。

六、生活俭朴,爱惜粮食,不挑吃穿,不乱花钱。

七、遵守学校纪律,遵守公共秩序。

八、尊敬师长,团结同学,对人有礼貌,不骂人,不打架。

第五章 双向异质型互动:现代教育观念的乡村分化(1978—1998)

九、关心集体,爱护公物,拾到东西要交公。

十、诚实勇敢,不说谎话,有错就改。①

相较于1955年颁布的《小学生守则》,这一《小学生守则》虽然在条目数量上没有明显的变化,但它减少了缺乏具体指向和可见性的条目,而增加了一些对具体行为且具有相对明确的可见性和可评价性的规定。这样,教师就更容易对学生行为进行监控和管理,对学生行为的控制也就更为严格。除此之外,1991年国家又颁布了《小学生日常行为规范》和《中学生日常行为规范》,试图对学生的行为进行更细致的管理。其中,《小学生日常行为规范》的内容如下:

一、尊敬国旗、国徽,会唱国歌,升国旗、奏国歌时要肃立、脱帽、行注目礼,少先队员行队礼。

二、尊老爱幼,友爱同学,平等待人。主动帮助有困难的人和残疾人。要尊重他人的民族习惯。

三、尊敬师长,见面行礼,主动问好,要用尊称,不直呼姓名。

四、孝敬父母,关心父母身体健康,主动帮助父母做事。听从父母和长辈的正确教导。外出或回到家要打招呼。

五、待人有礼貌。说话文明,讲普通话,会用礼貌用语。到他人房间要先敲门,经允许再进入。不打扰别人的工作、学习和休息。不打架,不骂人。

六、对外宾有礼貌,热情大方,不围观尾随。

七、诚实,不说谎话,知错就改。答应别人的事要努力做到。不随便拿别人的东西,借东西要还,损坏公物要赔偿,拾

---

① 教育部.小学生守则[J].江西教育,1958(10).

到东西要归还失主或交公。

八、爱惜粮食,爱惜学习、生活用品,不挑吃穿,不乱花钱,节约水电。

九、穿戴整洁,经常洗澡,勤劳指甲勤洗头,早晚刷牙漱口,饭前便后要洗手。不乱吐痰,不乱扔果皮纸屑。

十、按时作息。上学不迟到、不早退。不逃学,有病有事不能到校要请假。放学后按时回家。

十一、课前准备好学习用品。上课专心听讲。大胆发言,不懂就问,发言先举手,回答问题声音响亮。课间做有益的游戏。

十二、课后认真复习,按时做作业,书写工整,卷面洁净,独立完成。考试不作弊。

十三、积极参加有益的文化体育活动;认真做广播体操和眼睛保健操。读写姿势正确。

十四、积极参加学校组织的各种劳动,认真做值日,保持教室、校园整洁。

十五、自己能做的事情自己做,自己的衣服用品要摆放整齐,学会收拾房间、洗衣服、洗刷餐具等家务劳动。

十六、遵守交通规则,过马路走人行模道,不违章骑车。不在公路、铁道、码头玩耍和追跑打闹。

十七、乘公共汽车、船时主动购票,主动给老幼病残让座。遵守公共场所秩序,出入时不拥挤,观看演出时不随便走动,保持安静,演出结束时鼓掌致谢。

十八、爱护公共财物,爱护花草树木和庄稼,保护有益动物。不在课桌椅、建筑物和文物古迹上涂抹刻画。

十九、注意安全,不玩火,不做有危险的游戏。

第五章 双向异质型互动:现代教育观念的乡村分化(1978—1998)

二十、要看有益的图书、报刊、录像。不吸烟、不喝酒、不赌博、不参加封建迷信活动。遇到坏人坏事主动报告,敢于斗争。①

从这一《小学生日常规范》(以下简称《规范》)的内容来看,它在数量上有了明显的增加,这表明其对学生行为的规定更为细致。同时,对于"哪些行为可做""哪些行为不可做",《规范》都有明确的规定。可见,在这一时期,"细微性"和"明确性"是各项制度制定者在制定行为规范时的认识和追求。这样明确的规定增加了其可操作性,学生既容易明白应该如何行为,而教师也更易判断学生的行为是否符合《规范》的要求。这样,《规范》的管理效力得以加强,其对学生行为的控制也得以落实。

此外,在该阶段"分级管理"的办学方针之下,每个学校在《守则》和《规范》之外还制定了更为细致的行为规范,对学生的行为进行管理。《如皋县教育志》记载了改革开放后某学校所制定的学生行为规范,这里截取其中对学生在教室中行为的规定:

一、学生课间休息,不得在教室内外骂人、打架、争吵、怪叫、互相追逐,不准爬窗子、踢门,抛掷扫帚畚箕,乱拖桌凳。

二、保持室内外整洁,听到预备铃,学生立即进教室,将需用的课本、笔记、文具放在课桌上,准备上课。

三、上课后教师按时进教室,班长喊"起立",学生行注目礼,教师还礼,请学生坐下,班长汇报缺席学生座号、姓名,教师记录。

四、上课开始,学生迟到须先向任课教师报告,经教师认可,

---

① 小学生日常行为规范[J].人民教育,1991(11):20.

方可进入教室。上课时,学生要集中精力,认真思考,踊跃发言,独立完成作业。坐的姿势要端正,不允许跷脚、倚墙、斜坐,不得擅自离开座位。……发言先举手,老师同意后起立发言。

五、下课铃后由教师通知下课,班长喊"起立",待教师走出教室,学生再自由休息。

六、不随地吐痰,纸屑果壳放进纸篓或畚箕内,每天下午上课前打扫一次,每周大扫除一次,对任意弄脏地面的学生,要指定他及时把地面打扫干净。

……①

从这些规定的内容可以看出,它们对学生在教室中的每一个细小的行为都做了规定,每一个规定的要求都很明确。相对于国家颁布的《小学生日常行为规范》,这一制度更细致、更明确,对学生的管理和要求也更严密。

综上而言,去掉了"政治式"的思维,"理性"的思维方式在这一时期的教育观念中占据了核心,成为教师和管理者思考教育问题的"逻辑"。而且,现代性萌芽在这一时期向前迈进了一步,获得了发展,其中显露了更为深入化的理性。在国家政策的推进下,这一观念体系也进入M村孩子就读的学校,成为其中教师教育行动的指导思想。在这一观念体系的指导之下,学校教育的规训技术和手段更为完善,也更为有效。这样,M村孩子便在这样的技术和手段之下生活,接受着现代教育的"规训"。这些不仅形塑着他们的行为,也塑造着他们的观念。于此,作为现代学校教育的结果,"理性"的思维方式进入M村孩子的观念之中,主导着他们对世界的思考。

---

① 沈达康,顾肇甲,如皋县教育局.如皋县教育志[M].如皋县印刷厂,1987:141.

第五章　双向异质型互动:现代教育观念的乡村分化(1978—1998)

第三节　M 村民众教育观念的群体差异

尽管 M 村人又拥有了自己的土地,但由于前一阶段种地给他们的身体和精神所带来的极大折磨,此时土地在他们的心目中已无原本近乎神圣的地位。周晓虹在其对江浙农民社会心理的研究中发现:"在 1978 年前的近 30 年间,因为过急过快地集体化和推行人民公社运动,失去了土地的农民对土地产生了深深的异己感,他们对土地的感情大大淡漠。"①M 村也存在着类似的情况。对该村民众来说,土地没有了安身立命的精神功能,而仅仅成为"糊口"的工具。以土地为生的生活留给他们的印象只有"苦""累"和"穷"。与此同时,村里那些因走出土地而改变生活困境的人为 M 村民众提供了"先例"。可见,"走出土地"在此阶段符合了 M 村民众"务实求验"的逻辑,被视为他们改变生活境况、改善生活条件的途径。因此,"走出土地"成了他们对子女的期待。在此生活情境之下,教育在 M 村人的观念中就不再"可有可无",而成为一种"必须"。这样,此阶段的学校教育一改以往的"弱势"地位,以"强势"的态势进入了 M 村民众的生活和观念之中。伴随着学校教育的"强势"进入,其背后的现代教育观念也不再处于"被动"地被改造和被同化的地位,而是主动地进入 M 村民众的生活和观念之中,试图改变其原有思维。面对现代教育观念的进入,M 村民众的传统教育观念和思维方式并未退出,而是以另一种方式对现代教育观念进行着"过滤",并与滤过后的现代教育观念相融合,形成了一个独特的教育观念体系。这一观念体系指导着他们对子女的教育行为,构建了 M 村孩子

---

① 周晓虹.传统与变迁:江浙农民的社会心理及其近代以来的嬗变[M].北京:生活·读书·新知三联书店,1998:235.

的校外和家庭生活环境。

　　从类型上来看,这一时期 M 村民众可以根据很多不同的特性被进行分类。然而,从其教育观念的特征来看,"是否接受过学校教育"成为一个关键的类别属性。相较于没有受过学校教育的乡村民众,那些接受过学校教育的乡村民众的教育观念具有明显的差异。究其原因,这主要源于"是否接受学校教育"使得现代教育观念进入 M 村民众的生活与观念、在乡村社会传播的路径存在着差别。对于那些没有接受过学校教育的民众来说,现代教育观念是通过间接的方式,并且间断式地与他们接触。然而,那些接受过学校教育的民众则是直接地进入现代教育观念的内部,并受到了连续的、有计划的塑造。现代教育观念在乡村社会的这两种不同传播路径导致了其与该村民众观念传统互动方式的差异,从而造成了两个乡村民众群体的教育观念体系的区别。

一、间接规训的结果:M 村普通民众的教育观念

　　在这一阶段,学校教育并非如上一阶段那样与 M 村民众的生活格格不入,它开始走入他们的生活,成为其关注的对象。这一方面源于在 M 村民众"务实求验"的思维方式之下,接受教育成为"必须",是其子女获得更好生活的必要条件。这改变了他们对子女教育的态度,开始主动关注子女的学习状况。这样,学校教育便可能进入 M 村民众的视界。此外,从学校方面来看,加强"家校联系"成为教师的重要工作内容。在 1982 年国家颁布的《全日制小学暂行工作条例(试行草案)》中,家长便受到了重视。条例要求学校和教师主动联系家长,发挥其教育作用:

　　　　◆ 学校和教师应该采取家庭访问或者举行家长会等方

第五章 双向异质型互动:现代教育观念的乡村分化(1978—1998)

式,同家长取得联系,研究学生的思想行为和教育学生的方法,互相配合,教好学生。①

◆ 学生的操行每学期评定一次,只写评语……班主任应该根据平时考查所得的情况,征求有关教师的意见,写出简明、具体、能够为学生所理解的评语,并且把内容告诉学生和家长。②

在同一年颁布的《全日制中学暂行工作条例(试行草案)》中也有同样的规定。这一规定在 M 村小学也得到了落实,家长会、家访以及学期末的成绩报告单成了 M 小学的教师特别是班主任的一项工作任务,尽管次数很少。当时的一位教师说:

> 我做老师的时候,学校都要求教师在处理学生的一些重大问题时进行家访,和家长联系。我记得当时有个班上有两个学生谈恋爱,所有老师都没有办法,大家就一起讨论怎么处分这两个学生。我坐在那里听,我就问他们,你们有没有家访,访了几次的,家长怎么说的,结果发现老师一个都没有家访,我说你们不可以处分,人家家长都不懂,你都没说过,你怎么处分呢。最起码要家访好几次,每一次家访回来都要有记录,没有记录怎么处理啊。……那个时候重要的家访要有记录的啊,在学校里打架啊,小是小非的没有问题,像这种问题没有记录不行啊。家长会说,我家里不晓得啊,晓得我们不就教育啊。你怎么说啊?你们不可以处分,一个都不可以处分。
> (DYZ-4-2012.5.18)

---

① 全日制小学暂行工作条例(试行草案)[J].安徽教育,1978(12):9-14.
② 同①。

可见,《全日制小学暂行工作条例(试行草案)》中的规定在 M 小学得到了落实。家访成为该校教师特别是班主任工作的一项内容。不过,这样一种家校联系方式的发生频率非常有限。这是因为,只有遇到在教师们看来非常重大的问题时,他们才会进行家访。更为重要的是,由于家访时教师采取和家长进行一对一的交流和沟通,所以它涉及的面很小。与此不同,家长会和成绩报告单这两种家校联系方式则是教师同时和所有家长进行沟通,它涉及的面更大。M 村当时的家长告诉我,这是他们了解子女在学校学习和生活情况的两种主要途径。在谈到他们当时如何知道子女在学校的学习情况时,一些家长这样说:

◆ 我儿子上学的时候,学校每学期都要开一次家长会啊,我就问老师啊,我们家小孩成绩好不好啊,老师就告诉我啊。(YCF-4-2012.5.1)

◆ 我女儿上学的时候,平时我们也都不知道她成绩好不好啊,只有开家长会的时候才懂,老师会告诉你。(YCL-1-2012.5.27)

◆ 那个时候开家长会啊,老师会说啊,哪家的孩子成绩好,哪家的孩子成绩马马虎虎,哪家的孩子成绩不好啊,他就告诉家长啊。……老师说啊,你的孩子成绩不好啊,你在家里要下命令。你不要说我教得不好,他上课做小动作啊。(TYZ-1-2012.4.23)

M 村民众和学校教师两方面的主动"迈出",改变了两者以往"格格不入"的状态。在这一阶段,M 村孩子的家庭生活和学校生活开始有了沟通,实现了信息的交流,尽管这一沟通还非常有限。然而,对于那些没有受过学校教育的 M 村民众来说,这为他们了解学校教育提供

第五章　双向异质型互动:现代教育观念的乡村分化(1978—1998)

了"入口";从另一方面来说,这也为现代学校教育以及现代教育观念进入他们的生活提供了"渠道"。因此,在这一阶段,存于 M 小学中、指导其教师教育活动的现代教育观念开始走出学校,进入了那些没有受过教育的 M 村民众的生活和观念之中。面对现代教育观念的进入,M 村这些民众并没有完全将其接受,而是以他们原有的思维方式将这些教育观念进行改造,使其变得能够被他们所理解和接受,从而形成了他们自己关于子女教育问题的观念体系。

如前所述,此阶段 M 村民众的生活环境产生了巨大的变化,他们生活在一个被嵌入各种现代性要素的新环境之中。然而,他们原有的"务实求验"思维却没有变化,仍支撑着他们对很多问题的思考。只是,环境的变化使得这一思维方式的结果发生了变化。在"务实求验"的思维方式之下,"走出土地"是此阶段所有 M 村人对其子女的期待。那些没有接受过教育的 M 村民众也是如此,他们也希望自己的子女可以不再从事种地这个"又苦又累"还"没有收入"的行当。具体说来,他们希望自己的子女成为什么样的人呢?或者,他们的观念中,"理想形态"的人是什么样的呢?通过对访谈资料的梳理发现,在这一阶段,"考上大学""学手艺进工厂""做生意"或者"学和尚"成为 M 村那些没有受过学校教育的民众心目中"走出土地"的途径以及理想的归宿。在此问题的认识上,M 村的这些民众依然遵从着"务实求验"的思维方式。首先,上一阶段那些因"自主性"而"自学成才"的大学生,成了村里的"名"人。在 M 村这些没有受过教育的民众眼中,这些孩子很"了不起""有出息了",他们在城里分到一份工作,可以"坐办公室",工作"很舒服""不苦",而且"拿钱很多"。这样,"上大学"这样一种教育升学活动便通过了 M 村民众"务实"思维的考量;而其生活周围所存在的这些大学生则具有"先例"的功能,这使得"上大学"通过了"求验"思维的考量。总之,在"务实求验"的思维方式之下,在现代教育体系中不断上升,最终考上

大学,走出乡村,成为此阶段 M 村这些民众对子女"走出土地"方式的预想。对此,当时村里的很多人都这样说:

◆ 到我女儿她们上学的时候村里就有大学生了啊,但是不多,我知道的村里大学生就 TJ 和 QB。那个时候我知道上学能考取大学,有用啊。那个时候就听见人家说啊,上了大学就是拿钱多啊。说孩子就不要吃苦,不要种田。那个时候种田苦啊,不像现在啊!(LDQ－5A－2012.5.28)

◆ 那个时候上了大学要比做手艺的人、种田都好啊,我也懂啊!我当时就想啊,我儿子他要是有的上,我肯定给他上啊!(LDX－5A－2012.5.29)

◆ 我儿子上学的时候,我也想他考取大学啊,这样就跟我们不一样,我们没有出息啊。我们种田啊,没有出息啊,上了大学的人拿大钱啊,才有出息啊,不要吃农村的苦啊。(TJP－5A－2012.5.26)

◆ 那个时候大学生少啊,我和他爸爸也想给他上大学,但是他上不进啊!我们也没办法啊!(GML－5A－2012.5.19)

可见,在这些乡村民众的认识当中,"上大学"已经成为他们对子女的期待。教育也因此在他们务实求验的思维中变得重要。只是,现代教育观念中"大学生"作为专业科学知识掌握者在他们"务实求验"的理解中仅仅成为一种收入高、生活安逸的职业。此外,对教育年限进行合理地划分、根据学生的年龄和认知特点安排教学内容、在每一个阶段设置严格的考试和升级标准等这些学校教育制度背后观念中的理性在 M 村这些民众眼中也没有了理性的内涵,而仅仅成为获取优越职业道路上的一个个"门槛"。

第五章 双向异质型互动:现代教育观念的乡村分化(1978—1998)

即便如此,"大学"这一走出土地的出路也并非 M 村这些民众对子女的唯一期待。除此之外,"进工厂""做生意"以及"学和尚"等类似的职业也符合其"务实"的标准。在他们看来,从事这些工作比种地需要承受的身体负担更小,因此便比种地更舒服。此外,村里那些"进工厂""做生意"以及"学和尚"的人所拥有的相对优越的生活境况也给这些乡村民众对"理想人"的认识提供了"先例"。因此,在"务实求验"的思维方式之下,他们也成为 M 村这些没有受过学校教育的乡村民众观念中"理想形态"的人,成为他们对子女未来的期待。很多民众在谈到他们当时对子女未来生活的想法时,他们所涉及的职业有以下几种:

◆ 那个时候不管什么厂,难进啊。那个时候我就想我儿子将来能进厂,其他也不想。那个时候种田条件差啊,没有收入啊。如果进厂的话,比在家里种田好。那个时候进厂,弄个几百块钱一个月就特别欢喜,不像现在几千块一个月,一年好几万啊。(YCL - 5A - 2012.5.27)

◆ 那个时候农村的孩子到了二十岁左右,就挑担的啊,我想着他人长得一点小,不壮,种田做不动。再说,家里也就这么一个男孩,种田太苦,不舍得他吃苦。就想着,将来让他学个手艺,能进厂做做,或者出去打工,都比种田要好,就不用那么苦了!(TYZ - 5A - 2012.5.30)

◆ 那个时候做和尚吃香啊,每天到人家去,只要吹吹打打,不要像种田那么苦,一年四季都在家里,风吹不到,太阳晒不到,舒服啊!吃得好,还能拿到几十块钱一天的工资!村里那些做和尚的人都能赚到钱啊!我也打算着我儿子将来能学个和尚,就不错了啊!(YL - 5A - 2012.5.7)

从他们对子女未来生活的设想中可以看出,"学手艺进工厂""做生意"以及"学和尚"等和"上大学"一样被视为摆脱种地"苦""累"生活的途径。然而,在这些没有受过学校教育的 M 村民众的观念之中,这些并非处于同等的位置,而是具有程度差别的。在他们看来,"上大学"这样一条在教育的梯级中不断往上爬以寻求走出农村的路径固然是最好的,值得期待的。尽管如此,这样的目标对他们来说似乎太过遥远,显得不切实际。相反,其他的目标相比较而言则更为实际,更具有实现的可能。相较于"学手艺进工厂""做生意"以及"学和尚"等,"上大学"离他们"求验"的标准更远。因此,在这一历史时期,M 村这些没有受过教育的民众在"上大学"这样一条通过教育走出农村的道路上不会投注太多,这是其"务实求验"思维的必然结果。在他们的观念中,"上大学"仅仅是一个自然形成的"意外惊喜",而非可执着追求的对象。在他们之中,那些自认为重视教育的家长这样说:

◆ 那个时候上了大学要比做手艺的人好啊。但是他没有这个能力怎么办呢,又没有人不让他上。他假如考上了高中,我没给他上,他也不依啊。他没考取,拿了个初中毕业证就好了啊。我当时就想,如果他还能上就给他上,随便多少钱,就这么一个儿子,我肯定给他上啊!如果不能上,就回家学手艺!我算重视他的啊,很多人家考上高中都不让上啊!(TYZ-5A-2012.5.30)

◆ 我跟我女儿说的啊,不是我没有让你上大学啊,我已经尽了我的力量,但是你没有本事上,就跟爬楼一样,我想让你爬二十楼的,你只爬了十楼就爬不上去了,这个不能怪我啊。(GML-5A-2012.6.4)

第五章 双向异质型互动:现代教育观念的乡村分化(1978—1998)

在他们看来,"上大学"仅仅是一个可期待的好结果,而非唯一的出路。相较于"学手艺进工厂","上大学"的可能性更低,需要承担更大的风险。在这些民众看来,在子女能继续上学的情况下能够让他上、承担"浪费三年时间"的风险便算是重视子女教育的了。事实也确是如此,在 M 村,还有一些没有受过教育的民众不愿意承担这样的风险。在他们看来,上到初中就足够了,就可以回家学手艺了。他们不愿意让子女上高中,因为在他们看来,上了高中如果考不取大学就浪费了三年时间。在其"务实求验"思维的考量之下,"学手艺"比"上大学"更好。

◆ 我女儿考高中的时候没有考取白蒲高中,可以公费上丁埝高中,不要花钱买。但是她爸爸不给她上,说本来就没有钱啊,给她回来学学手艺,赚点钱,上了这么多年,也可以学手艺了。她在家里哭啊,她爸爸又骂我又骂她,说上了有什么用。通知书到了,急着要报名。她就跟我们说啊,你们发大财吧,学都不让我上,看你们能发多大的财。我就跟她爸爸说啊,算了,给她上吧,你赚得多也是她的,赚得少也是她的。后来才给她上的啊。后来上了没考上大学,还是回来了。要不是她自己闹着要上,就多赚三年的钱啊!(TMF-5A-2012.5.27)

◆ 我有两个儿子,有一个儿子考上高中,我当时就没有给他上啊,想着两个小孩一起上,吃不消啊。主要是他考的分数又不高,就比高中分数线多四分,我想着考大学的把握不大,要是多个几十分考大学的把握就比较大,我就给他上了。不过,现在后悔当时没有给他上啊!(FSS-5A-2012.5.25)

因此,在这些没有受过学校教育的 M 村民众看来,"学手艺进工厂"是最为"务实求验"的。虽然"上大学"这一结果更好,但在他们看来却不可作为追求的对象,而只能是作为"可有可无,有则更好"的结果。不过,即便他们期待子女将来学个手艺,而非"读大学",这也并非意味着他们像上一阶段的乡村民众那样将子女教育看成乡土生活"可有可无"的附属品。在此阶段,这些没有受过学校教育的 M 村民众也认识到教育的必要性。他们对"手艺人"的认识已不同于上一阶段人们观念中的"简单劳动力"。在他们对人的认识之中,人已不再是依靠自然成长便可的"简单劳动力",而是"教育的对象",具有受教育的必要性。当各种现代要素进入他们的生活之中,教育便符合了其"务实求验"的思维逻辑。在他们看来,教育可以赋予原本简单劳动力一种资本或素质,具有这一资本和素质,他们便能在新的生活环境中获得更多的收入,过得更好。在谈到受教育的用处时,这一阶段的很多人都表示:

◆ 你随便到哪里,不识字到哪里什么都不懂啊,连路都不认识,就坐车子也不懂啊,这里是南通啊,还是平潮啊,还是什么啊,小学毕业就不行啊。上了学识了字就可以出去打工啊,到大城市工资高啊!他小学毕业的时候就不想上初中的,那时候没有钱,我也坚持给他上了初中啊。后来他想上了,哭啊,又怕学上不成,又怕东西学不会。后来我就说啊,哪怕再没有钱,初中要上结束了。(GML - 6AB - 2012.6.8)

◆ 像我们在厂里做衣服,最起码要上到初中,你如果不识字的话,那些衣服的尺码就看不懂啊。有的人不识字出去男女厕所都不认识,还有你出去坐车子的话,不识字你怎么懂啊?最起码要上到初中,坐车子啊,站牌啊,都懂,你一点学不上又不好。总之一句话,当时那个社会就需要识字啊,不识字生活不方便啊!(FSS - 6AB - 2012.5.28)

◆ 识字好啊,识字的人就敢出去啊,到哪里都不怕! 他们就

第五章 双向异质型互动:现代教育观念的乡村分化(1978—1998)

可以出去做生意啊,就能赚更多的钱,不像不识字的人只能干死活,永远待在这个村里,赚不到钱啊!(LDQ-6AB-2012.5.28)

现代要素的进入改变了乡土社会中教育"可有可无"的地位,教育变得必要。然而,在他们的观念中,教育能够赋予人什么样的素质呢?从上面的论述可以看出,这不同于现代教育观念中将人理解为"具有理性的主体"。"理性"这样一种现代人应具有的素质,在 M 村这些没有受过学校教育的人看来,并非是生活的必需,他们也无法理解这一素质的内涵和实质。在他们的生活情境中,他们需要教育提供的那种素质就是"识字",这是这些乡村民众所能理解的。因此,面对现代教育观念,他们从其生活环境出发,用其"务实求验"的思维方式,对现代人的这一素质进行了重新解释。经过重新解释之后,"具有理性的主体"成为"识字的劳动力"。这一"人"观也使得教育成了教人"识字"的工具。这一认识的结果便是,现代教育观念中的知识观也相应地接受了其基于生活环境的"务实求验"思维的再理解。在现代教育观念中,"科学知识"成为教育赋予人以"理性"的媒介,也是理性在教育内容上的体现。人只有掌握了科学知识、具有了科学的思维,才是一个理性的主体。然而,经过 M 村这些没有受过学校教育的民众"务实求验"思维的过滤,"科学知识"这一学校教育内容的科学性被滤去,仅仅剩下了不带有任何知识性的"字"。M 村的学校教育便是要教学生能认识这些"字"。

在对教育内容的认识方面,这些没有受过学校教育的乡村民众将"科学知识"以其"务实求验"的思维方式理解为"字",这与上一阶段 M 村民众的认识是一样的。不过,在上一阶段,这一改造将现代教育观念体系中的教学观、评价观以及管理观排斥在了 M 村民众的观念之外,他们对"如何教育子女"没有自觉的认识。与前一阶段不同,此阶段的这一改造却将这些民众的思维打开了一个入口,使原本被排斥在外的现代教育观念体系中的其他观念得以进入他们的认识。由于"识字"在生活中的必要性,他们开始主动关注子女在学校的学习情况,开始对"如何教育子女"进行思考,有了自觉的认知。然而,对于"应该如何教人认字",M村这些没有受过学校教育的民众却不具有现代教育观念中的教学观,他们对此没有概念。很多人都表示:

> 我儿子上学的时候,书上的东西我不懂,我没上过学啊。虽然希望他上学能识字啊,但是不知道怎么教他啊!我没有这个能力啊,那些上过学的家长就能帮子女看看作业对不对啊,不会的还能教教啊,我就不行啊!睁眼瞎子啊!看着书上字它认识我,我不认识它,怎么教啊!(YCL-7B-2012.6.5)

正因为此,在这些乡村民众看来,"教人认字"是教师的"专业",教师是专门教书的人。这样,学校便成为"教育"的专门场所。对于应该如何教人识字、如何教育子女,教师的观念是最可靠的。在这些人眼中,教师成为教育的权威,对于教师的任何说法,他们都不会有任何一点质疑。这从当时他们对教师和教学的想法当中也能体会到:

> ◆ 我就是自己不识字,不会教他啊!我要是自己有这么高的文才,我就不要送他到学堂里去啊!就是因为自己不识字才送他到学堂请老师教他的啊,自己没有这个能耐,没有办法啊!(TYZ-7A-2012.5.30)
> ◆ 学生上学跟人家学徒一样,老师是师傅,他是不可能教错的,只好依老师的,不好依家长的,家长是业余的,老师是专业的,他专门做这个事情的。老师说对的就是对的,老师喊错的就是错的。(YCL-7A-2012.6.5)

第五章 双向异质型互动：现代教育观念的乡村分化(1978—1998)

基于他们对教师的这一定位，他们将教师作为教育子女的咨询对象。那些重视子女教育的家长在遇到教育问题时，常常会主动向教师寻求帮助。对于教师的话，他们也深信不疑。不过，对于"考试"这一评价方式以及"分数"这一评价结果，这些民众开始积极关注，并有了一些认识。在他们看来，"考试"是评价学生学习效果的唯一方式，而"分数"的高低或者"名次"的前后则反映了学习效果的好差。对于如何了解子女学习效果，他们这样说：

◆ 他六年级的时候有一次数学考试，他们班上三十几个小孩，他考前三名。我心里想，这孩子成绩不错，说不定有个大学上。(TYZ-8-2012.5.30)

◆ 我儿子上初中的时候学校一个月考一次，我一个月去一次学校，去看一下，那个时候学校有名次榜，我看一下他考第几名。名次靠前，就说明他这个月学习好啊，如果名次靠后，就说明他学习不好。(YCF-8-2012.5.22)

可见，他们对评价的认识也仅限于将其作为一个"结果"加以了解，此外别无其他。然而，当他们认为自己的子女学习不好时，由于教师在其观念中的权威地位，他们不会归因于教师的教学，而是其子女自身。在谈到自己子女当年学习不好时，很多民众都表示：

老师肯定都教得挺好的，我儿子他自己不好好上啊，不听话啊！他脑子不用在学习上面，他不愿意上。这都是他自己的原因啊！老师都是专门教书的啊，都教得好的啊！跟他一个班的，也有成绩好的啊，别人怎么学得好的啊，他怎么不好的啊！不是老师的问题，还是他自己的问题。如果是老师教得不好,那其他学生怎么能学好的啊!所以我当时都是教训自己的孩子,不去找老师啊,自己知道这不是老师的问题啊!(LDX-7A-2012.6.11)

在访谈过程中,这是一个非常典型的回答。很多人都以"班上也有学得好的"作为支撑教师教学不存在问题的理由。可见,对于教学,这些没有受过学校教育的M村民众并未能够理解现代教育观念体系中的教学观,而是对其进行了"求验"的改造,即以是否有"先例"作为判断教师教学好坏的标准。更为重要的是,在他们将子女学习差归因于子女自身时,他们也往往认为这是外力不可改变的。很多民众这样说:

◆ 还靠孩子自己。孩子不行,先生进到你孩子脑子里也不行啊。还是各个孩子的脑子不同。(TYZ-5C-2012.6.10)
◆ 学习还是靠各个人的脑子啊,别人没有办法啊!你脑子就这个样子,就像老师说的智商问题,你本身就这个样子,打死了你也没有用啊!我女儿个子矮,要买增高鞋,我就说不买,你就这个胎,老鼠养不到牛大!大麦随便你怎么种,不得变小麦和元麦!(LDQ-5C-2012.6.8)

可见,他们虽然将人作为需要教育的对象,但却不是现代教育观念中的"可塑造的客体"。在其"求验"的思维之下,"可塑的客体"成为自然生长的教育对象。在他们看来,教学只是教师向学生讲述教学内容,而学生是否接受却并非是教师或者其他任何人可控的。在某种意义上,人依然是一个不可改造的自然存在。

对人的这一认识,加之对教师和学校专业权威的定位,他们也形成了自己作为父母如何管理子女的认识。和上一阶段的完全放任不同,

第五章 双向异质型互动:现代教育观念的乡村分化(1978—1998)

由于对子女教育的重视以及教师的呼吁,此阶段这些民众已经认识到作为父母对子女进行管理的必要性。然而,如何对子女在家庭中的生活和行为进行管理呢？现代教育观念体系中所追求的"精致"和"明确",在此也经历了"求验"的再理解,其理性程度大打折扣。首先,在他们看来,家长对自己子女的管理只能是"说教"和"督促",而子女是否接受他们的说教,却并非是他们所能决定的。

◆ 我就只能说说他啊,你好好上啊,当点心啊,别的能说什么啊。我不能进到他的脑子里去啊。(LDQ-9-2012.6.8)

◆ 我跟他说啊,要努力上学啊,好好上啊,别跟我们一样,没有出息啊。我们种田啊,没有出息啊,上了大学拿大钱啊,才有出息啊,不要吃农村的苦啊。(YCF-9-2012.5.22)

◆ 他回到家我就让他做作业啊,他老是说作业做好了,我又不识字,又不懂。(TJP-9-2012.6.2)

从以上话语可以看出,M村的这些民众认为他们对子女的这些说教和督促便是其重视子女教育的表现,而这也是他们所能做的。在他们看来,这些说教和督促能否起作用决定于子女自己的认识,而且这是外界不可控制的。因此,他们依然以"求验"思维将人定位为不可人为改变的自然存在。现代教育观念体系中所强调的在科学认知的基础上、通过"精细"规定实现对人的积极改造并未能够被这些民众所理解。其次,由于他们将教师和学校作为教育的专业人员和专门场所,他们也就因此认为父母在家庭中对子女学习的管理就是配合教师和学校完成那些因空间距离教师无法掌控的学习任务。因此,"督促"子女完成老师布置的作业,这几乎成了这些民众在家里"管子女"的唯一内容。他们很多人都表示:

◆ 我儿子上学的时候每天回来我都督促啊,让他把作业做好了啊,做好了就可以玩啊,不做好了就不要玩啊!其他我们也管不了什么啊,我又不懂。只能这样管管他啊!(YCL-9-2012.6.5)

◆ 那个时候回家之后,我们就问一下,有没有作业,有,有就去做啊,做好了随他做什么。只能这么管啊,其他不管啊,只要安全就行了!(TYZ-9-2012.6.10)

在这一管理观念之下,虽然这一阶段 M 村的孩子已不再像前一阶段那样自由,其父母开始约束和管理他们在学校之外的行为。然而,这种管理和约束却是非常有限的。第一,它们只是针对"作业"等有限的学习任务,在此之外,他们仍然像以往那样,是自由的,可以自由支配自己的时间和活动。第二,即便是针对"作业"等有限学习任务的管理,它们对 M 村这些孩子的行为控制也极为有限。在这些"说教"和"督促"之下,他们依然可以以另一种方式享受自己的自由。当时村里的一位学生讲述了他是如何逃离父母的管束的:

我上学的时候,我妈妈管的特别多!回来就让我去做作业,我出去玩的话她就唠叨,问作业有没有做完。我就嫌她烦,但是又没有办法,只好去做作业。我那个时候回来就在房里,我写的什么她都不懂。她要做事,又不可能站在那里等我做作业,她前面走,我后面就不做了。我也不出去,就坐在那里做其他的事情,她也不知道,以为我在做作业。过了估计蛮长时间,我才出去玩。她问我有没有做好作业,我说做好了。她也不知道我有没有做作业。其实我上这么多年的学,在家里一天也没做过作业,都是第二天到学校后抄别人的。我妈

第五章 双向异质型互动:现代教育观念的乡村分化(1978—1998)

妈都不知道,后来还是没得上回家了之后,我跟她说,她才知道的。(TLJ-10-2012.6.11)

总之,在"务实求验"思维的改造之下,学校教育不再徘徊于 M 村这些民众的生活周围,而是被纳入他们的关注之中。这样,以这一阶段的家校联系为纽带,现代教育观念体系中的各个方面也都从学校走入 M 村这些没有受过学校教育的民众的认知之中。只是,由于进入方式的原因,其各个方面都遭到了这些民众"务实求验"思维的理解,另一种教育观念体系形成。这一观念体系支撑着这些民众对子女的教育行动,为 M 村的孩子构建着学校之外的生活环境。在这一环境之中,M 村的这些民众不再放任子女的教育,而是在家庭采取积极的措施。因此,M 村的这些孩子在校外失去了以往的自由,现代学校教育的理性规约手段迈出学校,触及他们的家庭生活。然而,由于"务实求验"思维的改造,M 村这些民众对子女的规约手段在理性程度上仍极为有限,这给此阶段 M 村孩子的校外生活留下了各种形式的自由空间,以享受乡村社会的生活。

二、直接规训的结果:M 村文化人的教育观念

在此阶段,除了那些没有受过学校教育的乡村民众,M 村还有着另外一类民众:他们在上一个阶段接受过学校教育,但却未能升入高校,依然在乡村生活,我们可称之为 M 村的"文化人"。在这一阶段,他们已经作为孩子的父母在 M 村居住着。和没有受过学校教育的 M 村人一样,这一阶段"家校联系"的形成也为现代教育观念进入他们的生活和观念之中提供了"入口"。然而,当现代教育观念进入他们的生活和观念之后,却有不同的遭遇。这是因为,在上一阶段,他们已被直接投入学校这个现代教育机构之中,并置身于由已具理性萌芽的教育观

念所支撑的各种教育制度之中。更为重要的是,在这些针对其行为和观念的教育制度的直接、持续并有计划地"规训"之下,"理性"的思维方式及以此为轴心的现代观念进入他们的观念之中。作为其中的一部分,现代教育观念体系也同时进入他们的观念和认识中。然而,作为被规训的对象,他们并非完全被动,其原有的思维方式和观念体系依然会与现代教育观念体系产生另一种形式的互动,并形成一种不同于二者的教育观念体系。带着这一观念体系,他们继续理解着此阶段通过"家校联系"进入他们思维之中的现代教育观念,思考着子女的教育问题,并在家庭中做出相应的教育行动,管理着 M 村孩子的校外生活。

前面已经提及,在"务实求验"的思维方式之下,"走出土地"是此阶段所有 M 村人对其子女的期待。这些文化人也不例外。在他们的观念中,种地人的生活依靠的是苦力,"干的是死活",没有"文化"含量,这样的生活既"苦"又"没有出息"。对于脑力劳动和体力劳动,他们已有明显的偏好:

> 我那个时候懂啊,种田做的是死活啊,吃苦啊,还是有文化的人,坐办公室的人舒服啊,农村里文化水平低的人不懂这个道理啊,文化水平高的人才能理解。还是靠文化吃饭好啊,靠体力吃饭太苦、太累!(QJQ-5A-2012.6.4)

不过,事实并非他所说的那样"文化水平低的人不懂这个道理"。从前面的分析可以看出,那些没有受过教育的 M 村民众对此也有明确的认识。两者的区别只是在于,在后者"务实求验"的思维方式之下,这一走出土地的路径太过不切实际,并不被作为可执着追求的对象,而只是取决于"运气"的好结果,通过受教育成为一个识字的劳动力更符合"求验"的标准,因而更切合实际;相反,这些文化人则将这一路径作为

第五章 双向异质型互动：现代教育观念的乡村分化(1978—1998)

子女接受教育的最主要动机，这一"理想人"形态是他们对子女的主要期待。

◆ 那个时候我一心就想他将来能考上大学，我懂啊，大学出来就有了前途啊！那个时候人才少啊，大学出来就有了前途啊，就有工作分配啊！(JH-5AB-2012.5.7)

◆ 我女儿上学的时候，我知道啊，上大学比学手艺进工厂、做生意都要好啊！我就想着要尽我的一切力量让她考个大学啊！那个时候不像现在工作人员工资这么高，那个时候工资不算高啊！但是，我想着她上了学之后能不吃种田的饭了，因为种田太苦，又没有收入。她能考取了，出来就有用了啊，就吃了国家的饭啊，就不要种田了啊。(LJJ-5AB-2012.6.25)

从话语来看，两者似乎没有明显的区别。不过，从他们的教育行动中我们可以感受到其与没有受过教育的 M 村民众对"理想人"形态认识的差异。在此阶段，在那些肯花钱让子女读自费高中的 M 村民众之中，这些文化人占据了绝大部分。在谈及他们对子女的期待时，他们都会讲述其花钱给孩子读高中的事件：

◆ 她考高中，分数不够，我还是买的啊，那个时候我娘刚好死了，没有钱啊，几乎算是借钱给她上的。(QJQ-5B-2012.6.4)

◆ 我儿子上初中的时候成绩也很差，正常的六十多分，以后考高中，要给九千块钱上白蒲高中。我们也就出钱给他上的啊！那个时候我们也就打定主意尽我们自己的力让他能上

大学的啊!(JH-5B-2012.5.14)

◆ 那个时候我就想她上大学出人啊,所以我也舍得花钱给她上学啊!像我女儿上高中,她自己没有考取,我们给了万把块钱吧。家里舍得给她上啊。那个时候我虽然在养鸡,当时家里也没钱,她想着要上,我后来还借了人家一万块,给她去报名的。那个时候我们知道大学生出来有的分配,上出来分到哪里哪里,那个时候人都是讲的这个东西啊!(LJJ-5B-2012.6.25)

可见,和那些没有受过教育的乡村民众相比,这些文化人将"上大学"作为对子女受教育的主要期待。在某种意义上,我们可以说这是学校教育意识形态灌输及规训的结果。经过学校教育有计划、持续的规训,他们在观念上对教育中的梯级表示了认同,并且接受了其背后的这一观念:你所能达到的梯级越高,你就越优秀。对这一观念的认可和接受,将导致其追求在教育的梯级中不断上升。在他们看来,这要比那些上完初中就离开这一梯级的人更优秀。不过,这一现代教育观念中所强调的对受教育年限的理性划分并据此安排教育内容的等级在传递给这些文化人时,受到了"务实"的理解。在现代教育观念中,"上大学"所达到的最高梯级标志着其对最高级科学知识的掌握,并因此具有从事科技含量较高工作的能力。经他们"务实"思维的理解,这成了获得更好的工作、拥有更高收入以及过更舒适生活的标志。正是基于对"上大学"这一"理想人"形态的务实理解,M村这些文化人才将其作为子女走出土地的主要路径。但是,从这一观念中,除了传统"务实"思维方式对现代教育观念的再解释,我们还可以看出现代教育观念及其"理性"思维方式对传统"务实求验"思维的改造。由于学校教育持续、有计划的规训,现代教育观念进入了这些文化人的观念之中并被部分吸收,其

第五章 双向异质型互动：现代教育观念的乡村分化(1978—1998)

理性的思维方式挤走了原有"求验"的思维。这样，和那些没有受过学校教育的民众不同，这些文化人的思维开始指向未来，并能承担相应的风险。当谈及花钱给子女上自费高中时，他们中的一个这样说：

> 我也就是抱着好的希望的啊，你养的孩子你就知道我这个孩子绝对地就能上大学，上大学上了刚好就有用啊，你不能肯定吧，这就是抱着好的希望的啊！花钱买给他上就想着考不上大学也不后悔啊，要不是有冒这个风险的想法，我也就不给他上了啊！像其他人家那样，让孩子回来学个手艺，两三年之后就能进厂赚钱，这个一点风险都没有啊！(JH-5B-2012.5.14)

当然，这一观念并非一定体现理性思维着眼于未来的计划性，因为它并不一定是这些文化人对子女未来理性规划的结果。但有一点却是肯定的，人们不再依循着眼于当下、寻求稳定的"求验"思维，而是以未来为着眼点思考教育问题，其思维开始对未来开放。这一开放虽不能等同于理性的思维方式，但却是理性思维的前提。具有了这样的思维，现代学校教育在M村民众的观念中便成为一个自主存在，它成为人们走出土地、走出乡村的工具，而非服务于乡村生活的工具，或者乡村生活的附属品。

然而，这也并非意味着M村这些文化人没有意识到接受教育的其他用途。实际上，他们也认识到学校教育对于"学手艺""进工厂"以及"做生意"等其他走出土地的路径的必要性。只是，他们没有像那些没有受过学校教育的乡村民众那样以"务实求验"的思维将其作为对子女的主要期待，而是以着眼于未来的"务实"思维将其置于次要的位置。在他们看来，实在考不上大学，接受学校教育对于其从事其他职业也有用的。

从 M 村文化人对"理想人"形态的认识中可以看出,他们也不再如上一阶段的民众那样,将人认识为"简单劳动力"。在他们的观念之中,教育成为必需,人是"教育的对象",也即人只有接受学校教育才能"成人"。这与此阶段没有受过学校教育的民众的观念是相同的。然而,学校教育能给予人什么以使其得以"成人"呢?对此,这些文化人的认识与前者具有巨大的差别。和前者在"务实求验"的思维之下将"科学知识"这一现代知识形式理解为"识字"不同,现代知识观中的"理性"思维已经进入他们的思维之中,主导着他们对学校教学内容的认识。正因为此,在这一历史阶段,M 村的文化人已经认识到教学内容的知识性极具科学性。在他们看来,学校教育便是教师向学生传递科学知识和技术的过程。这可以从他们对"上大学"这一理性人形态的认识中看出。前面提到,"上大学"这一学习和掌握最高级科学知识的状态被 M 村文化人"务实"地理解为拥有更好的工作、更高的工资和更舒适的生活。尽管如此,他们对"科学知识"的这一"务实"理解与那些没有受过教育的 M 村民众的务实理解并不相同。后者是在完全没有"科学知识"概念的基础上进行的"务实"理解;相反,前者已经拥有了"科学知识"的概念,也即他们认识到"上大学"之所以能够具有如此务实的作用,是因为其掌握了最高级的科学知识。这从他们对"文化"在其他职业中作用的认识也可看出:

◆ 有文化才好,上了高中之后学了三角几何,能看懂图纸,就算你做个砖瓦匠,做个工头,图纸看了要懂呢!没有文化就不懂啊。有了文化什么都好办,没有文化不行啊。我家有个亲戚,上了个高中,现在在家里做红木家具,只要一看图纸就懂了。(TYL-6AB-2012.6.10)

◆ 你没有文化的话,不懂哪里到哪里,人家就不会用你

第五章　双向异质型互动：现代教育观念的乡村分化(1978—1998)

啊。比如说让你做一根筷子，你只有半根会做，还有半根不会做了，怎么办呢？人家不要，你不就吃了亏啊。有的时候我们做东西要用到数学上的或者是物理上的知识，有文化的就知道怎么算，没有文化的就不知道怎么算。比如说我们在工地上，算踏步，这么长，这么高，要多少步。这个就要用到勾股定理，你没有学过你就不知道怎么算。我一算就知道，这个一踏多少，不能超过多少。没有学过的人就不懂啊，就要找别人算啊。这就是有文化和没有文化的区别。(JH-6AB-2012.5.14)

可见，现代知识观中的"理性"已经进入这些民众的观念之中，这改变了其传统的"求验"思维。在传统"求验"思维之下，学校教学内容的"科学性"不复存在，成为一个个的"字"。当"理性"的思维进入人们对学校教学内容的认识时，其"科学知识"的性质便能够被理解。然而，需要注意的是，这并非意味着这些民众已经完全具有了现代知识观中的"理性"思维。实际上，他们并没有理解现代知识的内在精神和形成逻辑，其知识观中的理性特征仍十分有限，仅仅表现为了解教学内容的知识性以及对科学知识价值的认可。因此，在 M 村这些文化人的观念中，人不仅仅是一个"接受教育的客体"，同时也是一个依靠"科学知识"认识和改造客体的"主体"。这样，现代教育观念中对人的认识——"具有主客张力的存在"，与"务实"的思维一起存在于此阶段 M 村文化人的观念之中。

正是由于他们对教学内容的"知识性"和"科学性"具有了一定的认识，他们在将教师作为教育的专业人员、学校作为教育的专门场所时，也不再盲目地相信教师的教学都是好的。对于教学的好和差，他们不再在"求验"的思维之下将"班上有的孩子学习好"作为教师教学都好的依据，已经具有了相对清晰和独立的认识和评价标准。对于当时教师的教学，M村的这些文化人讲述了他们的认识：

◆ 那个时候我知道啊，我女儿很多老师教得都不好啊！那个时候的老师不像现在的教师都是受过正规教育的教师，以前那些老师还教育小孩呢？自己都不行。书上有的东西自己还不会呢！刚开始我也不知道老师教得不好啊，后来发现很多老师经常讲错，我女儿做的作业错的，他们也经常看成是对的！（QJQ-7A-2012.6.4）

◆ 我儿子上学的时候有一个老师教得就好啊，他上课上的东西，考试就都在上面，他教的都是对的啊！（TYB-7A-2012.5.19）

从此可以看出，在这些文化人对知识教学的认识中也出现了"理性"的特征。现代教学观中的理性进入了他们的思维之中，改变了原本的"求验"思维，他们具有了明确的标准据以对知识教学进行评价。不过，这一评价标准不同于现代教学观中的"计划性""系统性"以及与学生认识特点的协调性，而只是着眼于"教得对不对"。然而，除了"知识的对错"这一教学结果中的理性，现代教学观中的理性更多体现为教学活动过程之中根据学生认知特点对科学知识的系统安排，并以此为依据对教学活动进行计划和安排。在"务实"思维之下，后者被忽视，而前者受到了关注。可见，现代以理性为核心的教学观在进入M村文化人的观念时，用其"理性"的思维改造了传统的"求验"思维，同时也遭到传统"务实"思维的改造。因此，以现代教学观念中的"理性"为标准，这些文化人对教学的认识只能说是具有有限理性，这一有限理性与其"务实"思维相契合而共存。

然而，虽然拥有这一评价教师教学的标准，但他们却无法得知教师

第五章 双向异质型互动：现代教育观念的乡村分化(1978—1998)

平时的教学状况，因此并不能根据这一标准来对教师的教学进行评价。于是，"考试成绩"这一评价学生学习效果的方式替代了"知识对错"成为评价教师教学质量的标准。当然，和那些没有受过学校教育的M村民众一样，他们对"考试"评价形式也有了自己的认识。他们认为"分数"的高低以及"名次"的前后反映着其子女的学习效果。同样和前者一样，他们也不理解将"考试成绩"作为"学习效果"评价方式背后的观念支撑，只是"知其然而不知其所以然"地认为"考试成绩"能反映"学习效果"。这一认识的后果便是，他们往往将两者等同起来而无法区分，同时也无法认识两者之间的具体关系。不过，与前者不同的是，他们没有对教师专业权威的盲目信赖，因此也不会将"分数差"完全归因于子女。对于"分数低"，他们有着独特的归因方式。

◆ 同样的试卷，别的班上都考80分、90分，你的班上都考得不好，就证明你这个老师教得不好啊。这就说明你的教学水平和教学质量不行。同样的课本，你教的班考得不好，别人教的班考得好，这就说明你的教学质量和教学水平不行啊。(TYB-8-2012.6.3)

◆ 一个班100个小孩倒有80个小孩考得不好，这不就是老师的问题啊，不能怪学生不用心，也不能怪他们智商不高啊。如果80个小孩考得都是好的，只有二三十个小孩考得不好，这样就不是老师的问题啊，就是那些考得不好的学生自己的问题啊，就不能怪老师啊。(TYL-8-2012.6.10)

从他们对"考试"的认识中可以看出，他们接受了"考试"这一评价形式，理解了"考试"和"分数"能够客观反映其子女的学习状况。在此方面，他们受到了现代评价观中"理性"思维的影响。然而，在"分数"与其子女学习效果之间的具体联系方面,他们却以大多学生的"分数"作为其子女"分数低"的归因依据。具体来说,如果班级中大多学生分数都高,那其子女分数低的原因就是其自身;相反,其分数低的原因就是教师的教学质量。在这一归因方式中,传统"求验"思维依然发挥着一定的影响。

不过,当以"求验"思维确定其子女"分数低"的原因不在于教师的教学,而在于其子女自身主观原因时,他们便认为这是外力不可改变的。在他们看来,子女的主观动机问题依然是一个谜,他们无力改变。这一认识也影响到他们在家庭中对子女的管理。和那些没有受过学校教育的 M 村人一样,由于已经意识到子女教育的重要性,他们认识到父母在家庭中对子女管理的必要性。然而,如何进行管理呢?作为父母,他们应该做什么呢?在他们看来,除了口头的说教和督促之外,父母还应该在知识方面给予指导。并且,相对于前者,后者更具有实质性的作用。因此,"指导"或者"教"被这一时期 M 村文化人视为父母在子女的教育中起作用的主要途径,也是其在家庭中对子女进行管理的主要方式。当时的家长在说到自己重视子女的学习时,这样说:

◆ 我那个时候重视她学习啊,晚上在家啊,我也看她的作业啊。首先看她有没有做完啊,做完了再看她做得对不对啊,做错了让她重做啊,不会的我就教她啊!每次考试我都要看她的试卷啊,做错的题目我都要教她啊,让她重新做啊,一直到做对了为止。(QJQ-9-2012.6.4)

◆ 父母教育小孩要教他才有用啊,光说或者打不起作用啊!没有读过书的父母不懂啊!我家旁边有个小孩,他父母都没上过学。他成绩不好,他爸爸妈妈就打他。看他挨打我

第五章 双向异质型互动:现代教育观念的乡村分化(1978—1998)

都觉得可怜。我就跟他爸妈说啊,你们不要打啊,父母教育小孩不是这么教育的。他成绩不好,你们要教他啊!我就让那个小孩把书拿过来,我教他。(TYL-9-2012.6.12)

可见,由于这些文化人已经在一定程度上接受了现代知识体系,他们能够从内部管理其子女在家庭中的学习,而非如那些没有受过教育的民众那样仅仅采取外部的"说教"和"督促"。这样,他们便可更为有效地控制子女在家庭中的学习,使其没有了后者子女逃离管束的可能。当然,所有这些都建立在子女主观方面给予配合,也即他们所说的"听话"的前提之上的。在他们的观念之中,如果子女"不听话",自己不愿意学习,那他们作为父母也就没有任何办法。对此,这一历史阶段很多文化人都表示:

◆ 你说了他不听啊!教他也没有用啊!他脑子不在学习上面,他不愿意上,你没有办法。跟挑担子一样,他挑不动,你还可以帮帮他;但是他不愿意挑,你帮都不能帮!他脑子不用在学习上,你也不好教,教了也没有用。他不听你的,你把他绑在家里也没有用啊!(JH-5C-2012.5.14)

◆ 我儿子上学的时候,我知道家长教起作用啊,有知识的家长教了能出人啊。我也教他们啊,但是他们不听我的话,如果听我的话肯定能出人。(TYB-5C-2012.6.3)

从这一认识可以看出,现代教学观中所强调的在对学生认知特点的科学认识基础上使知识教学及方法与学生认知特点相协调的观念未能被这些文化人理解。正因为此,现代教育观念中将人作为可通过理性加以认识和改造的客体也未能成为他们的认识。在他们看来,人,尤其是人的主观方面，是不可认知，也是不可改变的。这与那些没有受过学校教育的 M 村民众的认识类似。不过，由于其对现代知识体系及其思维逻辑的认识，他们对子女在家庭中的学习可以进行更为有效的控制和管理。尽管如此，由于他们仍然将教师作为子女教育的专业人员，将学校作为教育的专门场所，他们在家庭中依然只是将对子女学习的管理作为对学校教育的配合，即督促和指导子女更好地完成教师所要求的家庭学习任务。因此，他们对其子女的有效管理也仅仅在于学校所要求的学习任务，除此之外，这一管束便不起作用，其子女都是自由的，能够自己支配其时间和活动。

总的来说，由于上一阶段学校教育有计划、持续的直接规训作用，现代教育观念体系在进入 M 村文化人的观念时，并非只是受其传统"务实求验"思维的改造和再解释。异于 M 村那些没有受过学校教育的民众，这些民众的传统"务实求验"思维被现代教育观念体系中的"理性"思维所动摇，"理性"思维开始占据这些民众的观念，其中"求验"思维逐渐被"理性"思维所覆盖。当然，这一"理性"并非是现代教育观念体系中的完全理性，它仅局限于现代知识体系中的理性逻辑。即便如此，他们所接受的也并非是知识获得过程中的理性，而只是其最终表现形态中的理性形式。这一有限的"理性"思维在改造传统"求验"思维的同时，也受到了其"务实"的理解，两者相互融合，形成一种新的观念体系。在这一观念体系的指导之下，相较于那些没有受过学校教育的民众来说，M 村这些文化人在家庭中对子女教育的管理更深入，而非仅仅停留于外部的"说教"或者"督促"。这使得 M 村孩子失去了在外部"说教"和"督促"之下保持自由的可能。这样，现代教育观念体系的"理性"思维从学校走入家庭，其规约作用也走出学校，延伸至 M 村孩子的家庭生活。不过，它仍局限于学校所要求的家庭学习任务。在此之外，M 村的孩子依然享有自己的生活空间，他们在这一空间中是自由的。

第五章　双向异质型互动：现代教育观念的乡村分化(1978—1998)

在这一历史阶段，现代教育观念体系及其"理性"思维方式以两种不同的方式进入了 M 村民众的生活和观念之中。不同的渗透路径造就了其与传统教育观念及"务实求验"思维之间不同方式的互动，最终使得此阶段 M 村民众的教育观念表现出两种群体性的差异。这一差异主要体现为"理性"的深入程度及其对 M 村孩子家庭生活的控制程度。尽管如此，作为同一历史时期的 M 村人，他们的教育观念体系也展现出许多共性。与上一阶段不同，此阶段学校教育从 M 村人生活的边缘走入中心，以"强势"的地位进入他们的视野。在 M 村人的观念之中，子女教育从乡村生活中可有可无的附属品变为走出土地或乡村的必需品。基于教育在 M 村人观念中的"强势"地位，现代教育观念及其"理性"思维方式与传统"务实求验"的思维发生着各种形式的互动和融合，塑造了此阶段 M 村民众独特的教育观念体系。尽管其间存有差异，但因为该观念体系的存在，M 村孩子的学校生活部分延伸至家庭，其在家庭中的行为和活动受到了管理和控制，没有了以往的自由。不过，这一管理和控制只局限于他们家庭生活中或多或少的一部分。在此之外，他们仍然或多或少地保留着以往的自由，享受着乡土生活。

第六章

理性主导型互动:现代教育观念的乡村霸权(1998年至今)

第六章　理性主导型互动：现代教育观念的乡村霸权(1998年至今)

1998年，《面向21世纪教育振兴行动计划》提出了一项具有"划时代"意义的政策目标：2010年高等教育毛入学率提高到15%。为实现这一新世纪教育发展目标，大学于次年便开始了"扩招"的进程。这一世纪末的教育改革措施拓宽了高等教育的大门，使更多的学生能够进入大学接受高等教育。它扭转了中国教育的性质，使其从精英教育转向大众教育。这构成了21世纪教育制度的一个重要方面，开启了中国教育的新环境。对于M村人来说，他们在生活中的感受便是身边出现了越来越多的大学生。这一新要素的进入使得他们对教育的期待发生了改变，形成了新的教育观念。其中最突出的是，在"务实求验"思维的考量之下，原本离M村人很遥远的"大学"变得离他们近了许多，具有了更大的实现可能。此外，虽然这一时期的M村人依然继续着上一阶段的生活，但大多年轻父母都不再种地，而是以土地之外的各种途径获得经济收入。他们已经完全摆脱了土地的束缚，"种地"成了那些中老年人从事的、以维持家庭基本"吃喝需要"的工作。此阶段，无人再将种地作为一项能获得可观收入的事情。与上一阶段不同的是，由于改革开放的影响及其后的各项改革措施，工业领域在新世纪得到了很大的发展。对于M村人来说，最为切身的受益便是其收入有了显著的提高。收入的增加提高了M村人承担决策风险的能力。因此，相对于上一个阶段的人来说，他们更能够承担供子女上大学的经济风险。与此同时，上一阶段学校教育的规训也弱化了他们思维中的"求验"特征，使他们对教育中的梯级设置表示了认可，在一定程度上形成了着眼于未来的思维习惯。此阶段，所有这些要素的共同出现和作用，不仅使教育在M村人们的生活中获得了绝对的重要位置，更使"在教育的梯级中不断上升至大学"成为他们对子女教育的几乎唯一期待。这样，M村孩子被推上了"升学至大学"这一狭小的通道，上一阶段所存在的通过教育走出土地和乡村的其他通道都在人们的观念中被摒弃。当更具理性的现代教育观念进入M

村人的生活和观念之中,子女教育地位的变化使得其与传统思维及教育观念的互动方式也发生了改变,这便形塑了这一时期 M 村人教育观念体系的新内容和新特征。这一观念体系也建构着这一时期 M 村孩子的家庭生活,规定着他们在学校之外的生活。

第一节　新世纪 M 村的生活变化

世纪之交,M 村人依然维系着上一阶段的生活方向,并沿着这一方向继续往前。他们更进一步地走出土地,离土地越来越远。由于乡镇企业的进一步发展以及更多科学知识和技术的加入,现代要素更深入地渗透至 M 村,改变着人们的乡土生活;此外,更多 M 村人走出乡村,进入城市打工,接触了现代要素。相较于上一阶段,此阶段 M 村人的生活中已纳入更多的现代要素,他们被这些现代要素团团包围。不过,这些 M 村人还从事着以往的职业。在这一历史时期,M 村还保持着上一阶段的职业类型和结构。因为那些在教育的梯级中通过层层选拔,达到最高点的 M 村孩子,已经在城市安家,开始了他们的城市生活。在本研究中,他们便不再被看作是 M 村人。相反,那些在教育梯级的中段便离开学校的 M 村孩子则以 M 村人的身份继续生活。他们在 M 村安家落户,繁衍后代。在此阶段,他们已成为 M 村孩子的父母,从原本的受教育者成为教育子女的家长。但是,他们依然选择从事以往人们所从事的职业,大多学手艺进工厂或进城打工、做生意。然而,当上一阶段在 M 村便已形成的生活模式和环境在新世纪继续存在时,它也发生许多变化。在所有这些变化中,以下几个方面显得极为突出,它们构成了这一时期 M 村人生活新环境的要素。

一、大学生"先例"的增加

这一时期,在 M 村人生活环境的种种变化之中,最为凸显的便

第六章 理性主导型互动:现代教育观念的乡村霸权(1998年至今)

是"大学生"人数的增多。从国家层面来看,这可归因于1998年的一项教育措施:扩大高等教育规模。1998年,教育部在其全国教育规划文件《面向21世纪教育振兴行动计划》中提出了"提升高等教育入学率"的指示:

◆ 为使更多的高中毕业生有接受高等教育的机会,根据各地的需求和经费投入及师资条件的可能,在采用新的机制和模式的前提下,2000年高等教育本专科生在校生总数将达到660万人……高等教育入学率提高到11%左右。①

◆ 到2010年,……高等教育规模有较大扩展,入学率接近15%。②

次年,这一政策就得到落实,众多高等院校开始扩大其招生规模。这样,"大学扩招"的进程于1999年便被启动。在这十年之中,1998至2004年扩招速度很快,普通高等院校本专科招生数量年均增长21.7%;2004至2006年扩招速度相对放缓,年均增加11.1%;2006至2007年均增加3%。详细数据见下表(表6-1和表6-2):

表6-1 1998—2007年中国普通高校本科生招生人数和在校生人数[③]

(单位:万人)

年份	1998	1999	2000	2001	2002	2003	2004	2005	2006	2007
招生人数	65.31	159	220	268	320.5	382	447	504	546	566
在校生人数	341	413	556	719	903	1 108	1 333	1 562	1 735	1 885

---

① 张力.面向二十一世纪教育振兴计划指导全书[M].北京:开明出版社,1999:57.
② 教育部政策研究与法制建设司.中华人民共和国现行教育法规汇编:1996—2001(上卷)[M].北京:高等教育出版社,2002:33.
③ 张宝玲,王斌.我国高等教育扩招十年来发展的思索[J].西南石油大学学报(社会科学版),2009(1):116-119.

表 6-2　1998—2007 年中国各类高等教育总规模及毛入学率[①]

年份	1998	1999	2000	2001	2002	2003	2004	2005	2006	2007
总规模/万人	472	745	940	1 210	1 520	1 900	2 000	2 300	2 500	2 700
毛入学率(%)	9.8			15	17	19	21	22	23	

从上表可以看出,十年间本科生招生人数增长了近 9 倍,各类高等教育的总规模也提高了近 6 倍。"扩招"可说是 21 世纪初的 10 年中国教育的一个重大变革,它改变了教育的整体生态系统,使中国教育从精英化走向大众化。在这一过程中,通向高等教育的"独木桥"被拓宽,"上大学"的机会也得到增加,越来越多的学生能够进入大学。这一政策的影响也触及 M 村,它给 M 村人的周围带去了越来越多考上大学走出乡村生活的人。据简单统计,从 1949 至 1998 年这近 50 年的时间中,M 村一个三十多户人家的村民小组中仅出现了 2 个考上大学并因此走出乡村在城市工作和生活的人。然而,在 1998 年之后的十年之中,M 村这一村民小组中考上大学的孩子就有 11 个。这并非是对这一教育改革措施的认可,而仅仅是说它改变了 M 村人原本的生活环境,往其中添加了新的元素:更多的大学生。

除 M 村之外,周围村考上大学、走出乡村的孩子在这十年中也有了相似的增加。由于亲戚、朋友等各种人际关系的联系,加之乡村的"熟人社会"性质,这些村与 M 村并非相互隔绝,而是具有某种程度以及各种渠道的信息流动。因此,在这一历史时期,周围村孩子考上大学、走出乡村的信息也会传递至 M 村,给 M 村人的生活增加更多"上大学"的先例。对此,M 村一位经历了该变化的老人说:

[①] 张宝玲,王斌.我国高等教育扩招十年来发展的思索[J].西南石油大学学报(社会科学版),2009(1):116-119.

第六章 理性主导型互动：现代教育观念的乡村霸权(1998年至今)

◆ 以前大学生少啊，农村的孩子读了书之后都回农村啊！这方圆几十里也没见过大学生，我们村以前也没见过哪个孩子考上大学啊！村里最早的一个大学生是MJH，除了他之外好像没听说过还有什么大学生。现在不一样啊，你看这几年，到处听说村里张家的女儿、李家的儿子考上大学了。现在我们村里大学生多了啊！每年高考之后，村里人都会谈谁谁谁家的孩子考上了什么大学。每年那些考上大学的孩子，都成了村里的名人，基本上没有人不知道啊！不光我们村啊，周围其他村里哪个人家的亲戚家的孩子考上了什么大学，这些都会传到我们耳朵里来。这几年啊，到处都能听说哪个孩子考上了大学！不知道是现在的孩子聪明还是大学好考。(GJL－2H－2012.5.3)

对此，该阶段M村学生的父母也有相同的感受：

◆ 在农村，大家都是乡里乡亲的，大家相互都认识。哪家孩子考取了大学，哪家的孩子上到初中还是高中，成绩好不好，大家也都知道，他的邻居、亲戚、朋友就会跟别人讲，某某家孩子聪明、成绩好，考取了大学，这样一个传一个，这就像病菌传染一样，特别快，而且范围大，其他村里的人也会知道，他们村里的消息也会传到我们这里。不过，现在的大学生多啊，我们上学的时候，村里好像也就只有两三个大学生。最早听说的我们村里的大学生就是四组的MJH，他那个时候早啊！从我女儿上小学到现在高中毕业，这几年当中村里大学生眼见着多了起来。像我家周围考上大学的孩子就不少，数数都

有七八个,其他村里也多了。现在到处都能听到大学生的消息。(TYH-2H-2012.5.1)

这样,"大学扩招"使此阶段 M 村人的生活中出现了更多考上大学、走出乡村的人,并凭借以"熟人"为纽带的信息传递路径在乡村社会不断扩散。总之,在这一阶段,"大学"离 M 村人的生活不再那么遥远,它和 M 村人生活之间的距离被拉近。相较于以往,M 村通往大学的道路也变得更宽阔。

二、 低知识含量工作收入的提高

上一阶段,那些在教育的梯级中成功走到最高点的 M 村孩子已经不再回到 M 村生活。在这一阶段,他们已经在城市工作、建立家庭,以城市人的身份在城市生活。那些未被学校教育的筛选机制选中的 M 村孩子则回到乡村,继续着乡村的生活。但是,他们都不再愿意以土地作为获得收入的来源,都离开土地寻求能获得更好收入的职业。然而,在职业选择中,这些 M 村人或按照父母的意愿,或凭着自己的喜好,依然从事着上一辈离开土地的人所从事的职业。在这一时期,M 村在读学生父母所从事的职业主要有以下一些:

  开办家庭小作坊:以服装厂、家具厂为主
  各类手艺人:缝纫、纺织(以女性为主),砖瓦匠、木匠、水电工、装潢工(以男性为主)
  ……
  (在这一时期,所有这些手艺人基本有两条就业途径:进入乡镇企业或者走出乡村进

第六章 理性主导型互动:现代教育观念的乡村霸权(1998年至今)

入城市中的工厂)

做生意:贩卖各种物品

(相对于前一阶段的生意人来说,这一阶段的生意规模更大)

虽然由于各种新兴行业的兴起和发展,这一时期M村那些走出土地的人的职业更为多元。然而,由于上一阶段大多M村人都希望自己的子女受完学校教育之后能够"学手艺进工厂",因此"学手艺进工厂"在此阶段众多类型的职业中占据了主要的地位。这一阶段,M村人依然主要以选择进入乡镇企业或者进城务工作为在土地之外获得经济收入的途径。因此,相较于前一阶段,M村非农职业的结构并未有根本的变化,其核心部分仍然是"学手艺进工厂"。尽管如此,但由于市场经济的发展以及各种经济改革措施等众多因素的共同作用,新世纪我国的生产力得到了极大的发展,与此相伴的是人们经济收入的显著提高。M村人也不例外,他们的收入水平在新世纪也有了很大提高。这可以从2000—2007年白蒲镇农村居民人均纯收入的增长中得以反映:

表6-3 2000—2007年白蒲镇农村人均纯收入情况[①](单位:元)

年份	2000	2001	2002	2003	2004	2005	2006	2007
人均收入	3 260	3 430	3 650	4 048	4 899	5 645	6 831	8 280
年增长量	——	170	220	398	851	746	1 186	1 449
年增长率	——	5.2%	6.4%	10.9%	21%	15.2%	21%	21.2%

从表6-3可以看出,21世纪初的7年,白蒲镇乡村人均收入增长了1.5倍。据此可以大致推断,M村作为白蒲镇乡村的一个部分,其

---

① 如皋各镇区农村居民人均纯收入状况对照表[EB/OL].(2008-06-18)[2019-11-30]. http://www.rgrk.gov.cn/ntrkpage.aspx?id=10699&kid=12.

人均纯收入在21世纪也有了很大的提升。这也可以从M村人的描述中得到印证。对此,很多人说:

◆ 现在人赚钱多啊,钱也容易赚。在村里,那些开厂的人一年正常都能有个十几万的收入。这些人除外,一般的三口之家一年也能有四五万的收入。大部分人家有这么高的收入。十年之前,像这样的家庭一年也就只能有一万到一万五的收入啊!社会发展快啊!所以现在人生活水平提高了啊!(TYH-2D-2012.5.1)

◆ 我们不像以前的人那样啊,现在我们能赚到钱啊,一年的收入也不错,三万多就算一般的,不能算特别高。现在手艺人一般都进厂啊,厂又多,到处都能找到工作,单单从工资来看的话,也不一定比大学生差啊!所以说,现在村里人家里愁没钱用的不多啊!特别穷的就更少啊!钱在现在不是问题啊,不用愁啊!(JXJ-2D-2012.7.13)

不过,由于他们的受教育程度以及文化水平还较低,其工作的科学知识及技术含量还很低,基本上还只能算是体力劳动。虽然工资水平有了很大的提高,但他们是通过付出体力劳动来获得这些收入的。在某种意义上,其收入水平和体力劳动量是成正比的。因此,身体方面的"苦"和"累"是其工作在经济收入提高之外的另一个特征。对此,他们中的很多人都表示:

◆ 现在进厂工资高了不错,但是人苦死了啊,一天要做十几个钟头。像我在服装厂啊,每天坐在那里除了上厕所就不动啊,埋头拼命做啊,不这样拼命做,就做不出活啊,就拿不到

第六章 理性主导型互动:现代教育观念的乡村霸权(1998年至今)

这么多钱。每天回来之后,屁股都坐了疼,腰也疼。每天早上六点多就起来了,七点钟就走了,晚上八点多才能回来。一天都没有得休息啊,休息一天这一天的钱就没有了啊!你别看工资还可以,三千左右一个月,都是体力活啊!(GXY-2F-2012.5.21)

◆ 做砖瓦匠工资是蛮高的,到建筑队一年有四五万。但是苦啊,太苦了,太辛苦,太劳累了。早上五点钟就上班,晚上七点半才下班,一直做,一点都没有休息,休息了的话就要扣你的钱。就算你偷懒不做,你站在这里从早上五点到晚上七点,夏天太阳晒了你也受不了啊,冬天风吹了人也吃不消啊!这些钱都是靠苦力赚来的啊!(ZMR-2F-2012.7.6)

这一时期,M村人的经济收入有了很大的提高,尤其是那些在乡镇企业或者进城务工的M村人。对于他们来说,这是该阶段M村人生活环境中一个非常重要的改变。与此同时,有一点却没有变化,即他们仍然都需要付出高强度的体力劳动。较高收入和较大体力负担是这一时期M村非农职业两个并存的方面,这也构成了其从业者经济生活环境的两个共存特征。

三、大学生生活信息的进入

以往那些考上大学、在城市工作和生活的人,已经走出了M村,他们本身已不再被视为乡村社会的一个部分。然而,他们与M村的联系并没有完全切断,而是以另一种方式发生着联系。此阶段,那些从M村走出去、在城市工作的大学生已成为一种"信息源",将有关大学生在城市生活和工作的信息源源不断地传入M村。当然,这一信息并非在此阶段才开始进入M村。在上一阶段,它们就已进入M村,成为M

村民众理解学校教育的参照之一。然而,由于信息来源的有限和信息接受者的理解限制,上一阶段在 M 村存在的有关大学生在城市生活和工作的信息的内容仍十分有限,同时其传播范围还很小。如今,对于这些走出去的大学生如何在城市生活和工作,几乎所有 M 村人都了解。有关他们的信息,已深入至 M 村的每一个角落,构成了一种"文化"环境。对于此阶段 M 村人的生活环境来说,这是一个很重要的改变。在这一阶段,M 村人中一直流传着几个大学生"名人"的故事。

关于 QJ:那个小孩小时候就聪明啊!他五六岁的时候还有农业社。有一天他在农业社捣乱的时候,队长骂他,"这小孩,长大了变鬼"。QJ 就说,"你别骂我,我长大了当的官比你大,你有什么了不起的啊!"他上学的时候成绩也好,考高中考取了县里最好的高中——如皋中学。高中的时候有一次出痧子,歇了一个月,再去的时候还是考班上第一名。考大学的时候就考上浙江大学了。后来工作就分配到北京啊!你看他现在一个月工资就多啊,抵得上我们半年的收入。他还不苦,天天坐在屋里,敲敲电脑,也不要干体力活,多好啊!身上干干净净的!娶的老婆一年也跟他拿差不多钱,两个人一年能拿多少钱啊,不得了啊!这就出了人啊!(LH-2H-2012.7.3)

关于 TJ:TJ 上了大学也出了人啊!他上学的时候,家里也没有钱啊!家里人不让他上了的,他自己要上啊!没办法,只能借钱给他上啊!大学毕业之后他就留校了啊,拿钱多啊,又不用吃苦。像他们这些人,认识的人也比我们认识的人有地位啊。他工作之后,结交了很多朋友,有各种关系。现在村里谁家小孩要是找不到工作,或者有其他事情,他几乎都能帮忙。他帮了忙别人也不能就这么样,总要谢谢他,这也是收入

第六章 理性主导型互动:现代教育观念的乡村霸权(1998年至今)

啊!你看他工作没有几年,就买了房子、买了车,还把家里的平房改成楼房。每次回家,镇上、县里都有人请他吃饭、出去玩啊,他时间都安排不过来啊!就前几年,他被学校调到哪个市去挂职副市长。每天都有专门的人给他开车!每天穿什么衣服都有人给他准备,早上就送过去了,洗得好好的,还烫得平平整整的!每天吃的饭也是有人专门准备的。如果进个厂,这辈子也过不上这种日子啊!后来,他看村里的路下雨就不好走,自己出钱把村里这条土路修成了水泥路。现在村里人走路就方便多了。他有钱啊!成绩好上大学就这么好啊!(TJM-2H-2012.7.4)

......

除此之外,有关大学生生活状态的信息还有另外一条进入M村的路径。于世纪之交,国家开始了经济结构改革的进程,试图探求经济发展的新模式。科学知识和技术受到重视,被视为提高生产力和竞争力的关键因素。这样,越来越多的专业知识和技术被引入生产领域,各类企业也都开始引进新科技手段,其知识和科技含量越来越高。白蒲镇的乡镇企业也经历着相同的发展,科学技术受到了县、镇政府和各类乡镇企业管理者的重视,被视为促进经济发展的关键推动力。20世纪90年代末,各类科学技术手段就潮流般涌进该镇各类乡镇企业,并被看作企业的生命力所在。以南通华东液压铸业有限公司为例,新编《白蒲镇志》记载:三十五年来,这家铸造厂坚持走液压铸造生产的专业化道路,专业生产液压泵、液压阀、液压马达等高牌号的铸铁件,特别是二〇〇三年企业改制以来,企业……以科技进步为动力,创造性地使用新工艺、新材料,确保液压铸件性能优越、品质精良,从而在全球范围内争得更大市场,在国内,占有液压铸件市场供应的半壁江山,在国外与全球诸多知名的液压生产商也建立了广泛的合作关系。……近年来,华东液压铸业又分别与东南大学、南京信息工程大学等高校签订了产学研合作协议,并聚集电气、机械、铸造等各类专业技术人才,组建了一个技术门类齐全且协作配合默契的研发部。……三年来他们不仅试制成功铸件新品520多件,而且申报专利24件,其中发明专利7件,实用新型专利17件,全部得到受理,已有10件实用新型专利得到授权。[①]

伴随着这一经济改革和发展的进程,具有专业知识和技术的大学生涌入各类企业,尤其是乡镇企业之中。他们与那些没有技术含量的体力劳动者在同一个企业中工作,两者的距离被进一步拉近。此阶段的M村人也是如此,他们能接触到越来越多的大学生,与其在同一个企业中工作。这样,这些大学生的工作状态在M村人眼中便不再模糊,而是具有真切而翔实的内容。在谈到大学生的工作时,M村的一些民众这样跟我说:

◆ 我们厂里就有好几个大学生,我们这些人赚点钱不错啊,苦啊,大学生进了厂一般总是坐科室,做老板的秘书,这些事情总比我们要轻松得多。(GHJ-2H-2012.7.9)

◆ 我跟建筑队到城市打工之后,才知道打工的苦处。建筑队也有大学生啊,他们有水平,有文化,懂技术啊!这些人就被老板重用,不要做体力活,只要看看、检查检查就可以了!我们这些人就只能做小工,都是体力活啊,人苦。现在我才知道脑力劳动和体力劳动的差距有多大。(ZMR-2H-2012.7.6)

类似于此的认识如今在M村人中已成为共识。总之,在这一阶

[①] 参见秦镜泽等编的《白蒲镇志》,暂未出版。

段,那些走出去的大学生以各种途径将自身的信息传入 M 村,为 M 村人的生活环境加入了一种新的信息要素。它们形塑了 M 村的文化环境,也改变了该村民众的生活环境。

四、传媒电器的增加与收视习惯的改变

20 世纪 90 年代末,国家经济体制改革及农村经济改革之后,我国乡村民众的经济收入有了很大的提高。与之相伴的是,乡村民众的生活水平和购买力都有了很大的改善,他们对大众耐用消费品的消费能力也逐年提高。作为大众耐用消费品的一部分,电视这一常见传媒电器的数量在乡村也逐渐普及。M 村所在省——江苏,作为全国经济大省之一,在此方面的表现更是突出,这可以从下表(表 6-4)中看出。

表 6-4　1991—2007 年江苏每百户农村家庭电视拥有量情况①

年份	电视拥有量/台	年份	电视拥有量/台
1991	67.6	2000	115.67
1992	74.79	2001	121.5
1993	82.74	2002	125.09
1994	89.67	2003	130.27
1995	96.64	2004	133.91
1996	105.5	2005	136.12
1997	112.03	2006	142.41
1998	114.83	2007	142.68
1999	120.27		

从表 6-4 中可以看出,直至 1996 年,电视这一常见的传媒电器才在江苏省的乡村地区得以普及。作为该省乡村地区的一个部分,M 村的情况与此类似。虽然我们无法确定该村电视的具体普及时间,但可

---

① 各地区每百户农村居民电视机拥有量(1991—2007)[EB/OL]. http://www.doc88.com/p-078800092379.html.

以确定的是,21世纪M村电视的普及率基本达到百分之百。电视,作为乡村民众接触外面世界的主要途径,它在M村的普及则意味着该村与外面世界之间的通道被进一步拓宽。这构成了21世纪M村人生活环境的另一个变化。

但是,21世纪M村电视数量的变化并不大。上一阶段,电视虽然并未在M村普及,但该村拥有电视的家庭数量却比较多,尤其是在20世纪90年代。不过,虽然电视这一通道本身在21世纪并未有很大的变化,但在此阶段通过这一通道进入M村的信息类型和结构却有了很明显的变化。这主要体现为该村人电视节目收视习惯的变化。上一阶段,尤其是90年代,电视在该村的普及率已经较高,但人们大多通过电视收看电视剧、综艺类娱乐节目,而收看新闻类节目的人则很少。与此不同的是,21世纪M村人收看的电视节目中,新闻类节目所占的比重越来越高。在这一阶段,越来越多的人关注电视新闻,以期通过它获得对外面世界的了解和认识。虽然同为电视节目,但这两类节目的性质具有根本的差别。概而论之,电视剧和综艺类节目更偏向娱乐,通过它们人们能获得的有关外部世界现实的信息量较少;新闻类节目则相反,其娱乐性质更少,认知性质更多。当把电视作为人们了解外部世界的通道时,更多是基于其新闻类节目。因此,在上一历史阶段,电视只是大多M村人的娱乐工具;在21世纪,电视在M村人的生活中除了具有娱乐功能,还具有认知功能。这样,通过新闻类节目,更多关于外部世界中教育的信息在此阶段进入了M村,电视成了M村人了解学校教育的另一个重要的窗口。这一变化也可以从M村人的话语中体现出来。在上一阶段,当谈及教育时,M村人常用的话语是"他们老师说"。在这一阶段,除了"他们老师说"之外,"电视里说""新闻里说"在其话语中所占据的比重越来越大。

总之,21世纪M村电视的普及及其传递信息结构的变化,进一步

第六章 理性主导型互动:现代教育观念的乡村霸权(1998年至今)

拓宽了外部世界与M村之间的通道,两者之间的信息流动越来越多。这成为此阶段M村人生活环境的一个重要变化,也是其新特征所在。

总而言之,虽然以上所有这些变化未能给此阶段M村人的生活模式带来根本的变化,M村人依然在上一阶段所形成的生活模式下继续生活,但它们的结合却给这一生活模式带来了两个重要的变化:第一,"大学生先例"的增加以及以往走出M村在城市工作的大学生生活信息的传入增加了M村人追求"升学"的动机。同时,其收入水平的提高增强了他们承担子女"升学"风险的能力。三者的结合改变了通过教育走出土地的各种路径的"均势"状态,赋予了"小学—大学—工作"这一路径以绝对优势地位。这样,通过教育走出土地的其他路径在M村人的生活中便处于"可有可无"的、几乎被忽视的地位,成了M村孩子接受学校教育的附属品。第二,电视的普及及其认知功能的凸显进一步拓展了M村的开放程度,使有关外部世界,包括教育的信息能够更多、更顺畅地进入M村,被M村人所了解。这些构成了这一阶段M村人生活的新特征,也将会影响他们的观念以及对教育的认识。

第二节 现代教育观念的"理性"精致化

受国家计划生育政策的影响,20世纪90年代开始,M小学的生源急剧减少,其班级数量急剧缩减。1993年,它由一所"完小"变为"教学点",只保留了1—3年级,M村孩子根据距离远近被分别转入S村和L村的小学就读4—6年级。1998年,M小学被完全撤并,M村孩子统一被安排至L村小学就读。不过,这一自然缩减并未改变M村孩子就读学校的现代化程度,因为L村小学和M村小学在现代化程度方面相近,都是"村小"。同时,其中指导教师工作并会传递给M村人的教育观念体系也不会有很大的改变。正因为此,这一自然缩减只是改变了

M村孩子就读地点,并未改变M村人生活的生态。然而,21世纪开始的"撤点并校"措施的效果则与此相反。为改变教育资源分散和浪费的状况,集中优质教育资源,提升教育质量,2001年《国务院关于基础教育改革和发展的决定》提出:因地制宜调整农村义务教育学校布局。按照小学就近入学、初中相对集中、优化教育资源配置的原则,合理规划和调整学校布局。农村小学和教学点要在方便学生就近入学的前提下适当合并,在交通不便的地区仍需保留必要的教学点。防止因布局调整造成学生辍学。学校布局调整要与危房改造、规范学制、城镇化发展、移民搬迁等统筹规划。调整后的校舍等资产要保证用于发展教育事业。在有需要又有条件的地方,可举办寄宿制学校。[①]

此政策的颁布为原本就已存在的因生源自然缩减而导致的学校撤并提供了合法性,并加速了这一进程。经此改革,白蒲镇原来每村都有的村小不复存在,只在每一个乡保留了一所小学,作为乡中心小学。此外,白蒲镇还设有一所镇中心小学。这样,在这一阶段,M村孩子就只能在这两所小学当中选择其一。虽然这一措施具有很多争议,而且它也带来了很多负面效应,但有一点却是确定的:相对于M村孩子原来就读的村小,这两所小学的现代化程度更高,无论是硬件设施、制度设置,还是师资队伍。因此,这一阶段的学校撤并与上一阶段不同,它不仅改变了M村孩子就读学校的地点,还改变了他们就读学校的现代化程度。可以说,这一撤并措施使M村孩子走入了更为现代的教育环境。

此外,这一现状又因为21世纪国家乡村教育发展理念的转变而被向前推进了一步。2001年颁布的《国务院关于基础教育改革与发展的

---

① 国务院法制办公室.中华人民共和国法规汇编:2001年1月—12月[M].北京:中国法制出版社,2002:459.

第六章　理性主导型互动：现代教育观念的乡村霸权(1998年至今)

决定》重新确立了新时期乡村教育管理体制，提出：实行在国务院领导下，由地方政府负责、分级管理、以县为主的体制。①

2003年国务院颁布《关于进一步加强农村教育的决定》，进一步明确了这一体制：落实"在国务院领导下，由地方政府负责、分级管理、以县为主的体制"（简称"以县为主"）的农村义务教育管理体制，县级政府要切实担负起对本地教育发展规划、经费安排使用、校长和教师人事等方面进行统筹管理的责任。②

2006年修订的《中华人民共和国义务教育法》又对这一制度做了进一步规定：义务教育实行国务院领导，省、自治区、直辖市人民政府统筹规划实施，县级人民政府为主的管理体制。③

经过这些政策努力，乡村教育的管理重心从"乡镇"上移至"县"。管理制度的这一改变反映着21世纪国家发展乡村教育理念的变化：从"城乡教育两级管理"转变为"统筹城乡教育"和"城乡教育一体化"。可以说，改变乡村教育的落后状态，促进其现代化发展，实现城乡教育均衡发展成为21世纪乡村教育发展的主要精神。在这一精神的指导之下，国家从经费投入、硬件设施、教师素质、课程与教学改革、学校管理以及城乡互助等方面努力推进乡村教育的现代化程度，缩小城乡教育的差距。在这众多发展措施的推动之下，M村孩子就读学校的现代化程度又向前迈进了一大步。以白蒲镇中心小学为例，现今它已经具有了较高的现代化程度。这可以从以下几个方面看出：

第一，硬件设施。学校占地面积36 000平方米，建筑面积10 444平方米。全校32个教学班，学生1 944名。学校音乐室、美术室、微机

---

① 国务院法制办公室.中华人民共和国法规汇编：2001年1月—12月[M].北京：中国法制出版社，2002：457.
② 国务院关于进一步加强农村教育工作的决定[J].教育与职业，2003(21)：4-7.
③ 如皋市白蒲小学学校简介[EB/OL].(2010-11-01)[2019-11-30].http://www.bpxx.com/html/zjpx/xxgk/2010-03-05/3135.html.

室、科学室、舞蹈室、图书室等功能室齐全,体卫设施到位,师生用计算机 198 台。学校设有师生食堂,可供 1 000 多人用餐。①

第二,教师专业素养。现有 84 名教职员工中,大专以上学历 63 人,高级教师 51 人,一级教师 29 人。学校拥有如皋市市级以上名校长、学科带头人、名教师、教坛新秀 7 人。现任校长 Y 系江苏省"素质教育先进工作者",如皋市第二届"十佳"教师,参加省数学优课评比,获一等奖。J 副校长参加教育部优课评比荣获全国一等奖,被遴选为南通市名师第一梯队预备队员,南通市学科带头人,如皋市名教师。校长助理 S 系"全国优秀劳技教师""江苏省优秀科技教育工作者""如皋市学科带头人",曾多次在南通市、如皋市教科研活动中做讲座。2007 年度,白蒲小学教师代表如皋市参加南通市各学科优课评比,8 人次获南通市一等奖。②

第三,课堂教学。强化教师课程意识、减负意识、生本教学意识、生本德育意识、科研意识,强力推进课堂改革,努力构建"以'活动单导学'为核心,具有乡村特色的'活力课堂'教学模式",师生素质得到长足进步,其教育教学质量多次得到如皋市教育局金海清局长及如皋市教育局教研室领导的高度好评,市内外影响日趋显著。③

在"城乡教育一体化"的政策推动下,21 世纪学校教育设置和措施的现代化程度不断向前发展。正是在这一过程中,原本在城市中存在的更具现代性的教育观念流向了这所学校,并成为其教育设置和措施不断现代化的推动力。仔细分析这些教育设置和措施背后的观念体系,可以发现,上一阶段从"政治式"思维的压制中走出并得到一定发展

---

① 如皋市白蒲小学学校简介[EB/OL]. (2010 - 11 - 01)[2019 - 11 - 30]. http://www.bpxx.com/html/zjpx/xxgk/2010 - 03 - 05/3135.html.
② 同①。
③ 同①。

第六章 理性主导型互动:现代教育观念的乡村霸权(1998年至今)

的"理性"思维又向前迈出了一大步,它走向了更为"精致化"的方向。从教育观念的具体内容来看,这特别体现在这一阶段学校教师和管理者对教学、评价以及管理三个方面的认识和观念之中。

一、追求高效的教学观

在21世纪教育现代化的推进过程中,"课堂教学质量"被视为教育改革和发展的关键环节,课堂教学模式的探索和改革成为全国基础教育改革的重要部分。在21世纪教育发展的纲领性文件《中共中央、国务院关于深化教育改革全面推进素质教育的决定》以及主导21世纪基础教育运行的新课程改革思想中,课堂教学都被作为新教育理念的核心体现场所。M村所在市——如皋,在推进教育现代化的过程中,也是将"课堂教学"作为突破口。在介绍如皋市所推行的课堂教学模式改革时,该市教育局局长曾说:

> 我们把提高课堂教学效率、打造高效课堂作为深入推进素质教育和新课程改革的突破口。我们认为,只有深化课堂教学改革,切实提高课堂教学的效率和效益,在实践中改变、改善教师的观念和行为,课程改革和素质教育才能真正落到实处。[①]

因此,在"统筹城乡教育"和"城乡教育一体化"的发展措施之中,提高课堂教学质量成为如皋县乡村教育追赶城市教育,缩小与其现代化差距的"内涵式"发展路径。这样,那些走在教育现代化前列的教学个案便

---

① 袁玥."活动单导学":小课堂演绎大课改——如皋市教育局局长金海清专访[J].江苏教育研究,2009(30):6-12.

成为如皋课堂教学模式探索的经验借鉴。如皋市教育局局长表示：

> 为了建立符合新课程精神并具有区域本土特色且切实有效的课堂教学模式，使课改有一个更为有效的操作平台和抓手，我们组织中小学校长、教师上百次地去洋思、杜郎口、衡水等课改先进地区和学校学习，反复揣摩、研究他们的教学改革和精神实质。①

作为如皋市的一个部分，白蒲镇教育改革的情况也与此类似。课堂教学改革作为教育改革的核心和关键，推进"有效教学"是其教育现代化创建的重要主题。在这一过程中，向那些先进个案借鉴经验、学习其观念和思想也是白蒲镇教育改革的重要举措。对此，白蒲镇中心初中负责人介绍道：

> 杜郎口——中国素质教育二十年结出的又一枚硕果……白蒲镇就开始关注杜郎口、学习杜郎口、研究杜郎口。结合实际、循序渐进、倾力探索、追求实效，力求建立具有地方特色的"有效教学"课堂教学模式。②

这一举措使得更具"理性"的思维方式被带入白蒲镇，带入 M 村孩子就读的学校，促进了该阶段白蒲镇教师教学观念的现代化程度。上一阶段教学观中强调的"计划性"在此阶段已成为教师对教学要求的基

---

① 袁玥. "活动单导学"：小课堂演绎大课改——如皋市教育局局长金海清专访[J]. 江苏教育研究，2009(30)：6-12.
② 刘晓光. 潮起蒲塘——如皋市白蒲镇打造"教育白蒲"品牌巡礼[J]. 中国农村教育，2009(5)：8-10.

第六章 理性主导型互动:现代教育观念的乡村霸权(1998年至今)

本认识,其所强调的"系统性"在这一阶段则变得更为复杂。在上一阶段,为了提高教学的效果,学校教师已经认识到将"知识系统"和学生的"认知系统"有效结合的必要性,从而实现对学生认知的理性管理。在此阶段,理性触角伸至学生的非认知领域——"情感"和"态度"领域,追求实现对这一非认知系统的管理和控制。正因为这样,"激发学生的积极性和主体性"或者"激发学生的学习兴趣和热情"成为这一时期教学观念的核心部分。这从该阶段白蒲镇对中小学教师的课堂教学行为要求中可以看出:

◆ 突出主体。充分激发学生的学习热情,通过多种有效途径让所有学生参与学习。(初中语文)[①]

◆ 心中有学生。充分调动学生参与数学活动的积极性,激发学生学习数学的兴趣,培养学生良好的学习习惯。(初中数学)[②]

◆ 突出主体。……采用多种方式,激发并保持学生的学习兴趣,努力营造宽松、民主的学习氛围,保护学生的学习积极性,让所有学生参与学习活动。(小学英语)[③]

如何达到这些行为要求,实现对学生学习情感和态度的有效管理,成为这一时期白蒲镇课堂教学改革的重要出发点之一。以此为出发点,如皋市、白蒲镇在这一时期探索并实施了一种特色的教学模式——"活动单导学"。该教学模式有以下几个环节:

[①] 如皋市初中、小学课堂教学行为准则[EB/OL].(2008-04-07)[2019-11-30]. http://www.jsrgjy.net/Item/3385.aspx.
[②] 同[①]。
[③] 同[①]。

现代教育观念的乡村遭遇

通过几年来的实践和探索,"活动单导学"形成了自己的课堂教学程序,即"创设情境—实施活动—检测反馈"。"创设情境"是指通过语言、图片、声音和视频等形式创设课堂导入的情境,"情"是激发学生的学习兴趣和学习欲望,"境"是为学生提供学习的认知背景;"实施活动"是指根据"活动单"设计的活动方案落实教学目标,教学活动由一系列的活动组成;"检测反馈"就是通过点评、总结、练习等方法对学生个体、小组学习过程与学习结果进行检测评价。①

从此教学程序的设计可以看出,学生学习的积极性和兴趣被作为教学活动的起点,"创设情境"成了激发学生学习兴趣的重要环节。此外,"活动"这一教学形式的采用也有意改变传统"老师讲、学生听"的教学方式中学生的被动地位,赋予学生以主体地位,激发学生的学习积极性和兴趣。一位教师在介绍该模式的使用时说:

在活动单导学的英语课堂上,学生更积极、更主动、更乐学了……适时适度地将现代教育媒体带进"活动单导学"模式下的课堂,引领学生进入特定的情境,成为学生与文本相通的桥梁,激发学习英语的兴趣,对领会课文的内涵起到良好的促进作用。

……在"活动单导学"的课堂上,学生的学习兴趣浓了,胆子大了,热情高了。学生的主体地位得到了充分的凸显,他们不再是冷冰冰没有情感、被动应付的"学习机器",而是真正成

---

① 袁玥."活动单导学":小课堂演绎大课改——如皋市教育局局长金海清专访[J].江苏教育研究,2009(30):6-12.

第六章 理性主导型互动:现代教育观念的乡村霸权(1998年至今)

了课堂学习的主人。①

当然,这里并不对这一教学模式进行肯定或否定,而只是意在说明:上一阶段被忽视和放任的学生情感、态度这一非认知领域在此阶段受到白蒲镇教师的关注,并被认为是在教学中应该加以管理的部分。这一阶段,对学生非认识领域的管理和有效干涉被视为是实现"有效教学"、提升课堂教学质量的重要方面。

除此之外,对教师教学活动的管理也被作为实现"高效课堂"的另一重要途径。在这一历史时期,教师除了被要求遵守教学计划和提前备课之外,其课堂教学活动必须遵照更为"精细"的规定。在他们看来,要在"课堂45分钟"这一有限的时间内实现效率最大化,必须对教师的课堂行为做出严密而精细的规定,以求不浪费每一分钟。这些规定主要从两个方面管理和约束教师的课堂教学行为:时间和话语。在白蒲镇教师所遵守的课堂教学行为准则中,教师在课堂中的每一项活动都有明确的时间规定,并以此实现各项活动之间的紧密衔接。

◆ 教学按板块进行,偏重品德形成的课教学流程一般为:创设情境导入5分钟—合作探究体验15分钟—总结提升悟理10分钟—迁移拓展践行10分钟;偏重社会知识的课教学流程一般为:导入新课5分钟—出示自主探究题3~5题左右,学生自主阅读、思考等活动20分钟—交流突破重点难点10分钟—课堂检测5分钟。(小学品德)②

◆ 学生自主学习和合作探究时间为15分钟左右,交流自

---

① 赵志娟."活动单导学"让英语课堂充满激情活力[J].中学生英语(初中版),2011(11).
② 如皋市初中、小学课堂教学行为准则[EB/OL].(2008-04-07)[2019-11-30]. http://www.jsrgjy.net/Item/3385.aspx.

主学习和合作探究的成果为 8 分钟左右,学生完成巩固练习时间为 10 分钟左右,教师讲述、点评时间为 12 分钟左右。(初中政治)①

◆ 课堂教学应坚持做到……四个"5 分钟":① 教师连续讲授时间不超过 5 分钟;② 学生每一轮次活动时间不少于 5 分钟;③ 每节课留给学生自己总结的时间不少于 5 分钟;④ 课堂诊断、反馈与检测时间不少于 5 分钟。(初中英语)②

此外,对教师课堂话语的规定也被视为提高课堂效率的有效途径。在这一时期,白蒲镇教师都意识到,课堂话语应具有"针对性",集中于那些更具效率的内容。只有这样,课堂教学的效率才可能得以提高。这可以从他们普遍遵循的教学原则——"三讲、三不讲"——中体会到:遵循"三讲、三不讲"的原则,即讲重点、讲难点、讲疑点,不讲学生会的,不讲学生能自学会的,不讲讲了学生也不会的。③

与此同时,为了更有效地实现课堂话语的作用,话语的形式和技巧也成为需要加以管理的对象。在他们看来,这样才能增加教师课堂话语的价值,减少占用课堂时间的无价值话语。在这一时期的教师课堂教学行为准则中,提问质量成为重要部分:

◆ 讲究提问技巧,尽量不用齐答形式,至少有一个问题要采用书面回答的方式,人人动笔;至少有一个问题的答案

---

① 如皋市初中、小学课堂教学行为准则[EB/OL]. (2008 - 04 - 07)[2019 - 11 - 30]. http://www.jsrgjy.net/Item/3385.aspx.
② 同①。
③ 同①。

呈开放状态,回答交流的学生在5个以上;至少有一个问题让学生用句群或语段回答;课堂发言和交流的学生要达到全班总人数的三分之二以上。讲究提问质量,杜绝简单的是非提问,杜绝毫无价值的问题在课堂上出现。(小学语文)①

◆ 精心设计提问,讲究提问技巧。每节课宜用一两个大的问题统领课堂,切忌问得多、问得碎;提问要符合学生的年龄特点,遵循学生的认知规律,没有思维价值的问题不问,过于深奥难懂的问题不问。(小学数学)②

可见,上一阶段就已主导教师对教育问题思考的"理性"思维方式在此阶段又向前迈出了一大步。在这一思维方式之下,"效果"和"效率"成为这一时期教师课堂教学的两个重要追求。为实现这一目标,"理性"的思维深入学生的非认知领域。与此同时,它所着眼的"点"也更为精细。教师教学活动过程中的各个"细小环节"——例如"时间"和"话语"——都被关注。它试图对这些细小环节进行理性的管理和控制,以期实现课堂教学活动的精细化。总之,它将越来越多的要素纳入自身的体系。为实现对众多要素的安排和协调,这一时期的"理性"思维方式展示出了更为精致的特征。

二、追求发展的评价观

21世纪以来,白蒲镇教师对学生评价的认识和观念也存有类似的变化趋势。在这一时期,应国家以及省、市教育改革的要求,白蒲

---

① 如皋市初中、小学课堂教学行为准则[EB/OL].(2008-04-07)[2019-11-30]. http://www.jsrgjy.net/Item/3385.aspx.
② 同①。

镇中小学教师所采取的评价方式有了不少变化。尽管如此,在他们关于"为何评价""评价什么"以及"如何评价"的认识之中,"理性"仍然是其内在的思维逻辑。上一阶段教师的评价观所追求的"科学性""客观性"和"精确性"依然在此阶段教师的观念中存在,指导着他们对学生的评价。在2002年《教育部关于积极推进中小学评价与考试制度改革的通知》中,"科学性"依然是寻求考试外其他评价方法的原则:评价方法要多样,除考试或测验外,还要研究制定便于评价者普遍使用的科学、简便易行的评价办法,探索有利于引导学生、教师和学校进行积极的自评与他评的评价方法。[1]

这一评价原则一直贯穿于此阶段白蒲镇教师和教育管理者对评价的认识之中,是他们制定评价方式的重要追求。"全面、准确地考查学生达到学习目标的程度"是他们对学生进行评价的目的之一。正是因为此,定量评价,即"分数"在他们的观念中占据着主导作用。新课程改革所提倡的"定性评价"在这十余年中一直被他们视为定量评价的附属"说明",在学校教育中处于边缘地位。这一时期定量评价的具体实施中依然存在着对"科学性""精确性"和"客观性"的追求。这可以从下面的小学语文朗读测试评分标准中看出:

1. 朗读正确、流利、有感情,得5分。
2. 朗读中添字、漏字、错字、换字、回读、标点停顿、段落停顿不当,每处扣0.1分;句中停顿不当,影响句意表达的每处扣0.2分。
3. 没有感情,或感情处理不当,一、二年级酌情扣0.1—0.3分;三、四年级酌情扣0.1—0.5分;五、六年级酌

---

[1] 教育部.关于积极推进中小学评价与考试制度改革[J].基础教育参考,2003(4):4-7.

第六章 理性主导型互动:现代教育观念的乡村霸权(1998年至今)

情扣 0.1—1 分。

4. 唱读、溜读、拖腔拖调,酌情一次性扣 0.5—1 分。

5. 不用普通话朗读或声音过小,让人听不清楚,一次性扣 2 分以上。(白蒲小学文件)

在这一评价标准中,减少评价者的主观性是其目标。为此,它制定了好的"朗读"行为标准,并将其细化为若干"可见"和"明确"的指标,并赋予每一指标以"分值"。于是,评价者便可依据明确的标准对学生的朗读进行评价,并"准确"地反映其朗读质量。这样,朗读的质量便转化为分数的多少,竞争和比较也就成为可能。可见,和上一阶段相同,"理性"的思维方式仍然主导着白蒲镇教师对评价的认识。然而,不同于上一阶段的是,此阶段评价观内在的"理性"思维方式在原有基础上又向前进了一步。在这一评价观之中,评价不仅仅是一个甄别和筛选的结果性存在,更是对学生个体进行认知、分析和矫正的过程性存在。并且,后者具有更为重要的位置。在《教育部关于积极推进中小学评价与考试制度改革的通知》中,这成了评价和考试制度改革的"根本目的":中小学评价与考试制度改革的根本目的是更好地提高学生的综合素质和教师的教学水平,为学校实施素质教育提供保障。充分发挥评价的促进发展的功能,使评价的过程成为促进教学发展与提高的过程。[①]

这一观念也被白蒲镇教师和教育管理者接受,作为其实施评价的指导性原则:

◆ 不仅关注结果,更要注重学生成长发展的过程,有机地

[①] 教育部.关于积极推进中小学评价与考试制度改革[J].基础教育参考,2003(4):4-7.

将终结性评价与形成性评价结合起来,鼓励将评价贯穿于日常的教育教学行为中,使评价实施日常化。

◆ 教师应对评价结果进行分析,剖析自己教学上的得失,促进自身教学业务水平的提高。

◆ 学校要从学生学业成绩的分析中了解教师和学生的优势和不足,调整学校的工作思路,促进学校的发展。(白蒲小学文件)

正因为这一评价观的存在,对评价和考试结果的分析便成为一项重要的任务。在白蒲镇中小学教师日常教学活动中,这已成为评价和考试之后的一项制度性活动,已具有了相当的制度化程度。在白蒲镇教师所遵守的日常教学规定中,对此便有明确的规定:认真进行阶段性检测和期末考试,做好试卷分析和评讲工作。[1]

而在期中和期末这样的"大考"之后,对考试结果的分析工作更被学校管理者和教师看重,其形式也更为正式。在该镇小学有关期末考试的新闻报道中,对考试后的分析进行了详细的说明:"会上,各年级组通过精细化的质量分析,对学业水平成绩进行横向对照和纵向的质量追踪,获得了丰富的'信息源',找出了差距和存在的问题。各任课教师本着求真务实的态度,总结经验,研究制定出相应的改进措施。"[2]

除此之外,该校教师在考试之后还需要填写以下考试情况分析表:

---

[1] 如皋市教研室.关于加强小学教学常规管理的通知[EB/OL].(2011-09-23)[2019-11-30]. http://gmjy.jsrgjy.net/tzgg/TZGG/1240.html.
[2] 剖析现状,明确目标——白蒲初中召开期中学业水平质量分析会[EB/OL](2012-10-28)[2019-11-30]. http://bpzzzjc.blog.163.com/blog/static/14264250820121028 9122325/.

白蒲小学 2003—2004 学年度第二学期期末考试情况反馈表

_____中学　　_____年级　　_____学科

项目	班数	考生总数	平均分	及格率	优秀率	最高分	最低分
失分最多的题目及原因							
对试卷的评价及建议							

注：及格率，100 分满分按 60 分及格计算；优秀率，100 分满分按 85 分计算。及格率、优秀率以年级为单位计算。

白蒲小学 2003—2004 学年度第二学期期末小学考试情况反馈表

学校：_____　年级_____　学科_____

	总人数	平均分	A(85 分以上，含 85 分)		B(70-85 分，含 70 分)		C(60-70 分，含 60 分)		D(60 分以下)	
			人数	比例	人数	比例	人数	比例	人数	比例
失分率高的题目及原因										
对试卷的评价										
对试卷的建议										

　　可见，在支撑这些措施运行的评价观之中，"理性"思维已经扩张。它不仅仅主导着教师用某种评价方式"测定"学生的学习水平，并用"数字"给以精确的表达，对不同的学习效果进行区分，以此作为依据将一部分学生留在教育体系之中，而将另一部分排除于教育体系之外。同时，这一"理性"思维将自身从终点往前推移至起点，贯穿于教育过程始终。这一过程之中，它将科学的评价方式作为"认知"学生的工具，以此反映学生学习中的问题，并作为采取有效措施改变和塑造学生的依据。

在此，现代"人"观中的理性思维：以科学认知为基础的改造，转移至评价观之中。评价不仅是伯乐识千里马，更是园丁培育树苗的过程。在此阶段，内在于评价观中的"理性"思维方式从教育的起点延续至终点，填补了原本留有的空白。这使得学生这一教育塑造的对象更严密、更深入地被理性所包围。

除了以上这一扩张外，"理性"的思维方式在此阶段还出现了另一种扩张：它超出了科学知识这一客观领域，扩张至情感、态度等非客观领域。在新课程改革的推动之下，学生的"情感、态度和价值观"走出灰色领域，成为被关注的对象。在此阶段评价方式的改革中，它们以"综合素质"的名义接受评价。《如皋市2011年初中学生综合素质评定实施方案》提出学生评价的全面性原则：

> 既注重学生科学文化素质的评定，更要注重学生基础性发展目标的评定，纠正单纯以文化课考试成绩评定学生的做法。①

同时，该文件还对这一非客观的评价对象进行了细化，将其分解为6个维度：

> 1. 道德品质与公民素养；2. 交流与合作；3. 学习习惯与学习能力；4. 运动与健康；5. 审美与表现；6. 创新意识与实践能力。②

然而，应该采取何种方式对这一特别的对象进行评价呢？面对这一非客观的评价对象，"理性"的思维方式仍然主导着教师们的评

---

① 如皋市2011年初中学生综合素质评定实施方案[EB/OL].（2011-01-08）[2019-11-30]. http://www.jsrgjy.net/Item/14749.aspx.

② 同①。

价观,教师们依然用客观、科学和精确的方式认识该对象的评价方式。以"审美与表现"为例,从评价对象来看,这一"维度"被细化成若干"三级指标":

审美情趣:
◆ 具有健康的审美情趣,热爱并欣赏生活、自然、艺术和科学之美。
◆ 积极参加各种艺术活动,有一项艺术特长,对艺术作品有一定的体验和再现能力。

审美表现:
◆ 认真上艺术课,能积极参加校内外各级各类艺术展示活动。
◆ 根据自己的情况,任选一种艺术表现形式,创造性地表达自己的情感和思想。①

这一细化增强了评价对象的可见性和明确性,为"客观""科学"和"精确"的评价提供了基础。从评价方式来看,对每一个"指标"的评定必须有"实证材料"作为客观依据。在"审美与表现"的 4 个指标评定中,必须有这 3 类"实证材料":

1. 音乐、美术课表现及成绩。
2. 在各级艺术活动中获奖证明。
3. 参加 1—2 个学生社团,并有活动记录。②

---

① 如皋市 2011 年初中学生综合素质评定实施方案[EB/OL]. (2011 - 01 - 08)[2019 - 11 - 30]. http://www.jsrgjy.net/Item/14749.aspx.
② 同①。

从评价结果的表现形式来看,"等级制"表达了学生综合素质好差的等第;与此同时,等级之间要求具有明确的界限,并且划分界限的标准必须"明确"和"清晰"。"审美与表现"的评定标准是:

> A等:达到关键评定指标中的4项规定要求。
> B等:达到关键评定指标中的3项规定要求。
> C等:达到关键评定指标中的2项规定要求。
> D等:达到关键评定指标中的1项及其以下规定要求。①

相比于以上对科学文化知识学习效果的评价,这一评价方案的理性程度更低。然而,这两者中的思维方式和逻辑是一样的。"理性"的思维方式依然成为人们思考非客观对象评价时的主导逻辑。总之,该阶段白蒲镇教师和教育管理者评价观中的两个变化展示了现代"理性"思维方式的扩张,它逐渐在学生评价领域中蔓延,不断扩大其统治范围。

三、追求精准的管理观

应该如何对学生进行有效管理呢？在对这一问题的思考过程中,该阶段白蒲镇教师和教育管理者形成了一整套观念体系,指导着他们在学校教育生活中对学生的管理。在这一观念体系的内部,现代"理性"的思维方式依然占据着主导地位。这可以从他们所制定的白蒲镇教育"精神"之中看出:

---

① 如皋市2011年初中学生综合素质评定实施方案[EB/OL].(2011-01-08)[2019-11-30]. http://www.jsrgjy.net/Item/14749.aspx.

第六章　理性主导型互动:现代教育观念的乡村霸权(1998年至今)

> 白蒲镇教育精神:严守纪律、服务奉献、崇尚执行、合作共赢
>
> "军规十条":……3.严格就是尊重;……7.把细节做好就能成功;8.科学成就事业;……①

在白蒲镇的教育精神以及教师和管理者所必须遵守的"军规"中,制定严密、明确的"制度"和"纪律",并"严格"遵守仍然被视为提高学校教育和管理质量的基本精神。在该镇教师对学校教育管理方式的介绍中也提到:

> 对上课、自习、辅导、测试、起床、出操、集合、就餐、就寝等都有明确的规定,并全面实施到位,让每一个环节都发挥出应有的效益。②

和上一阶段相同,此阶段教师的管理观之中,"细化"并"明确"是他们在制定制度时的追求。因此可以说,上一阶段管理观中的"理性"思维方式在此阶段依然延续,主导着人们对学生管理工作的认识。不过,它在继续延续自身主导作用的同时,也向前走出了一大步。在该时期白蒲镇教师对学生管理的认识中,其表现在两个方面。

第一,在"细化"而"精确"的制度和纪律之外,"如何确保它们的执行"在这一阶段受到关注。通过关注制度和纪律运行过程中的细节,实现对制度和纪律运行过程的"精细化"管理成为这一时期白蒲镇教师和管理者的追求。对于如何实现学校制度执行的"精细化",该镇教师对

---

① 刘晓光.潮起蒲塘——如皋市白蒲镇打造"教育白蒲"品牌巡礼[J].中国农村教育,2009(5):8-10.
② 同①。

现代教育观念的乡村遭遇

其学校在此方面采取的措施进行了介绍：

> 任何一个品牌的形成，都是企业精细管理的结果，在每一个细节上精益求精的结果。白蒲镇创造性地制定了"一周一会"制度，以期来提高学校的管理水平。这一制度的具体实施方式是，学校每周分别召集各班科任教师就学生均衡提高工作，召开专题的会诊会议。由校长或行政人员牵头，以科任教师发言为主体，有固定的时间和地点。会议着重具体分析每个学生在上一周的表现，包括学习、对学校制度和纪律的遵守、思想、生活、健康以及家庭等各方面的情况，以及存在的问题，并针对这些问题讨论具体的解决措施。此外，所有人的发言必须简洁、有针对性，避免空话和套话。①

虽然这一制度原本主要为了了解学生的学习和教师的教学情况，但它很快扩展到对学生各个方面的监控和管理，包括学生对各项规章制度的遵守状况。当这一"精细化"的管理方式被运用来考查学生对学校各项制度和纪律的遵守，它便有利于保证学校各项制度和纪律的健康运行。在此可以结论：关注细节、追求精细的"理性"思维方式从制度和纪律的制定扩展至制度和纪律的执行过程中，"细节"和"精致"成了此阶段教师在制度执行过程中的追求。这可以从该镇教师的介绍中得到印证：

> 在精准理念引领下，各校不断建立完善学校管理运行机制，包括教育质量监控体系、危机预警机制、重大问题的民主

---

① 刘晓光. 潮起蒲塘——如皋市白蒲镇打造"教育白蒲"品牌巡礼[J]. 中国农村教育，2009(5)：8-10.

第六章　理性主导型互动:现代教育观念的乡村霸权(1998年至今)

决策机制、各项工作的自我约束机制及问责机制等。①

第二,此阶段管理观中"理性"思维的进展除了表现为在制度执行过程中对"细节"和"精细"的追求之外,还表现在对管理方式的"科学性"追求。这是此阶段白蒲镇教师管理观的新特征。为了实现管理的"科学性",现代企业管理和军队管理的精神成为该镇学校教师和管理者学习及借鉴的对象。对此,该镇教师介绍道:

> 科学管理永无止境。他们先后组织学校行政人员以及骨干教师走进杜郎口中学、洋思中学等省内外名校参观学习,同时聆听崔其升、李金池、徐金才、王文湛、严清等10多位著名教育专家、学者的报告。组织学习《危机管理》《赢在执行》《华为的世界》《赢》等管理书籍,借鉴"经营学校"的理念,对全镇教育实施"危机管理"和"军事化管理"。②

在这一学习过程中,现代企业的科学管理观念便进入白蒲镇学校之中,成为教师和教育管理者管理观的一部分。这增强了此阶段他们对学生管理认识的科学性,从而推动了其中"理性"思维方式的发展。

对学生管理的"科学性"追求以及对制度"执行"的关注构成了此阶段白蒲镇教师和教育管理者管理观的两个核心,这被称为"精准管理"。对此,该镇教育管理者做了简单的论述:

> 推进"精准管理",提升全镇教育管理水平。"精准管理"

---

① 刘晓光.播撒希望的田野——如皋市白蒲镇"新乡村教育"的实践与探索[J].江苏教育,2011(5):25-27.
② 刘晓光.潮起蒲塘——如皋市白蒲镇打造"教育白蒲"品牌巡礼[J].中国农村教育,2009(5):8-10.

包括"即时化、精细化、精致化和军事化"四个方面,其核心一是科学,二是执行。①

总之,上一阶段主导人们对管理进行认识的"理性"思维方式在此阶段依然存在于以"科学和执行"为核心、追求"精准"的管理观念之中。并且,与教学观和评价观一样,这一思维方式在此领域也向"精致化"方向前进了一大步。

综上所述,在上一阶段从"政治式"思维中走出,开始主导教育观念体系的"理性"思维,在此阶段继续向前发展,被推向了"精致化"的方向。从教育观念体系的具体内容来看,这表现为追求高效的教学观、追求发展的评价观以及追求精准的管理观。它们的结合促使此阶段学校教师教育观念体系现代化程度的提高。这一更为现代化的教育观念体系存在于 M 村孩子就读的学校当中,支撑着其中的各项教育设置和措施,使塑造学生的教育目的更有效地实现。

第三节 M 村民众教育观念的理性主导

显然,这一更具"精致"理性的现代教育观念体系不会将自己局限于学校范围之内,它很快便走出学校,进入 M 村民众的生活之中。该过程所依赖的主要"通道"依然是"家校"之间的联系。上一阶段所建立的"家校"联系在此阶段依然存在。《如皋市中学常规管理星级评估细则》对此有明确的规定:

---

① 刘晓光.播撒希望的田野——如皋市白蒲镇"新乡村教育"的实践与探索[J].江苏教育,2011(5):25-27.

第六章 理性主导型互动：现代教育观念的乡村霸权（1998年至今）

◆ 学校召开家长会或举办家长学校等每学期每班不少于一次。

◆ 后进学生有专人帮助，通过学校、家庭、社会三结合教育有显著进步。

可见，"家长会""家访"等上一阶段"家校"联系的主要途径在此阶段已作为学校教育管理工作"常规"被纳入考核指标体系。这一举措确保了教师对这一规定的执行，从而保证了这一家校联系渠道的畅通。然而，与以往不同的是，此阶段家校联系有了很大的变化。这主要体现在两个方面。

第一，由于"家校通"等科技手段的加入，此阶段家庭和学校之间的联系更为频繁、深入。前面已经提及，上一阶段家庭和学校之间虽然不再是格格不入，但是"家访"一对一的交流方式使得家校联系的面很小，"家长会"有限的举办次数使得家校联系难以深入，这两者造成了上一阶段家庭和学校之间的沟通极为有限。与此不同，"家校通"在此阶段成了学校和家庭联系的主要媒介。这一通信媒介使得学校教师可以随时与所有家长取得联系，将其子女在学校的日常行为告知家长。此阶段的很多家长讲述：

◆ 现在是信息时代啊，跟我们小时候上学不同。所谓信息时代就是通信发达，手机都是互留号码的，叫家校通。学校和家庭是相通的，你的孩子有什么情况，老师就向家长反映，例如在校情况、学习情况啊。比如说你的孩子今天在学校不听话，或者没来上课，老师到你家里来，就慢，家校通就快，电话一打就来了。（TYH-4-2012.5.2）

◆ 现在老师跟家长联系都用家校通啊，这个好啊！我女儿每天在学校的表现,有什么问题老师都通过家校通发信息给我们啊。每天小孩有什么作业要做,家长要做什么,这些我们每天都有信息收到。每次学校考试,我女儿考了多少分,第几名,这些老师也通过家校通告诉我们啊。现在孩子在学校不错啊,但是家长也都懂他们做了什么啊。(GMJ-4-2012.7.14)

这样,家庭和学校之间的联系不仅涉及面广,而且变得日常化,家庭和学校之间的距离被进一步拉近。更为重要的是,这拓宽了学校和家庭之间的沟通渠道,更多有关教育的认识和观念进入M村民众的生活。

第二,此阶段学校教师已经意识到家庭教育对学生发展的重要性,他们将目光延伸到学校之外的家庭,不仅告知家长其子女的在校情况,而且积极将教育观念传递给家长,以期改善家长在家庭中对其子女的教育,从而更为间接地提升学校教育的效果。在这一阶段,各种针对家长的"培训"成为学校教育活动的一部分。为响应如皋市关心下一代工作委员会的号召,白蒲镇的学校举办了"传递家教经验,增进家校情谊"的活动,并且其中一所学校的活动被这样报道:

作为如皋市关工委组织的现代家庭教育百场系列公益讲座活动之一,本次活动邀请全国家庭教育咨询师、南通市家庭教育志愿者Z老师主讲。Z老师通过名人成才的故事和自己教育实践中的鲜活事例,让全体家长明白:良好的习惯让孩子终身受益;不良习惯一旦养成,纠正很是麻烦!父母亲要从小培养孩子良好的习惯,……对孩子良好的学习习惯和求知欲望的培养,不得懈怠。播种习惯,收获性格;播种性格,收获命

第六章 理性主导型互动:现代教育观念的乡村霸权(1998年至今)

运。家长的任务是给孩子一个人生的支点!……Z老师还结合具体事例,向家长们介绍了一些教育孩子的技巧,家长们纷纷拍手叫好。一些家长还主动向Z老师提出了教育孩子过程中的困惑与烦恼,Z老师一一给予了答复。

最后,该校校长Y就"孩子良好行为习惯的培养"做了发言。……为了促进家校合作,Y还向大家公布了热线电话、QQ群号和联系信箱,便于家长随时随地与学校沟通和交流。①

通过各种类似于此的家长培训和教育活动,存在于白蒲镇学校之中的教育观念体系更直接、更完整地进入M村民众的观念之中。对于M村民众来说,他们与现代教育观念体系的接触更直接、更集中。因此,相较于上一阶段,此阶段学校和家庭之间的联系渠道在宽度和深度上有了很大扩展,这使得现代教育观念体系进入M村的过程更为畅通。

当现代教育观念体系进入M村民众的生活时,它将会有何遭遇呢? 在这一时期,M村民众的生活环境,尤其是教育在其中的位置,对现代教育观念体系在M村的遭遇有着决定性的影响。前面已经提及,这一阶段M村民众虽然依然维持着上一阶段的生活模式,然而大学生先例的增多、收入的增加以及大学生生活信息的进入等各种并非关键的细微变化却促生了重要的后果:在M村民众的观念中,通过学校教育走出乡村的众多渠道都被堵塞,仅剩"进入大学"。因此,通过不断升学走入大学成了M村民众的唯一追求,"大学"成为此阶段M村孩子

---

① 传播家教经验,增进家校情谊——白蒲镇勇敢小学举办"好父母决定孩子一生"公益讲座[EB/OL].(2012-11-13). http://www.rgjjxx.net/Item/31110.aspx.

的"唯一出路"。这样，学校教育的道路越来越窄，它在 M 村民众的生活中便具有了"绝对优势"地位。与之相应，现代教育观念体系在上一阶段已具有的"强势"地位在此得到进一步强化，也具有了"绝对优势"的地位。

此外，此阶段作为孩子家长的 M 村民众都接受过学校教育。在上一阶段，他们都或多或少地接受了学校教育持续并有计划的规训和塑造。在这一规训和塑造之下，其传统"务实求验"的思维已在不同程度上被现代"理性"思维方式所改造。当此阶段现代教育观念体系与 M 村民众相遇之时，它所面对的已非纯粹"务实求验"的思维方式，而是已经历"理性"思维方式改造了的另一种思维方式及教育观念体系。这更进一步地强化了现代教育观念体系及其理性思维方式进入时的"绝对优势"地位。

教育在 M 村民众生活中所具有的绝对优势地位以及上一阶段学校教育塑造的共同作用使得现代教育观念体系及其中的理性思维方式以"绝对优势"的地位进入 M 村民众的生活和观念之中，两者以一种新的方式相互作用。在这一互动之中，虽然传统教育观念及其"务实求验"的思维方式依然存在并发挥着作用，但现代教育观念体系及其"理性"思维方式已成为积极同化和改造的一方，而后者则处于被改造一方，具有明显的"弱势"。这一互动方式使得此阶段 M 村民众的教育观念体系具有了新的内容和特征，改变了他们在家庭中的教育行动，从而形塑了 M 村孩子的家庭生活。

一、"人"观的"务实求验"化

与以往相同，M 村民众教育观念体系的根源在于他们对"理想人"的认识。这一观念体现出他们对子女接受学校教育的期待，从根基处决定了其对教育问题其他各个方面的认识和观念，在整个教育观念

第六章 理性主导型互动:现代教育观念的乡村霸权(1998年至今)

体系中处于最基础的位置。因此,只有以他们对"理性"人的认识为出发点,我们才能了解这一时期 M 村民众教育观念体系的新特征。以此逐渐挖掘其发展脉络,我们就有可能把握其教育观念体系的变化全景及各部分之间的逻辑联系,最终展示其中独特的思维方式和逻辑。

在此阶段,M 村大学生"先例"的增加、人们收入水平的提高以及大学生生活信息的进入为他们的乡村生活环境增加了新的要素。在这一新环境之中,M 村民众依然维持了"务实求验"的思维方式。不过,此思维方式在这一新环境中的思维结果却发生了变化。大学生生活信息的进入使得"读大学"在"务实"思维的考量之下优越于"学手艺进工厂";M 村大学生"先例"的增加拉近了"读大学"与"求验"标准之间的距离;收入的提高则增加了 M 村民众承担该选择风险的能力。这三个要素相结合的结果便是:"读大学"相较于"学手艺进工厂"更符合 M 村民众"务实求验"的思维方式。在 M 村民众的观念之中,"读大学"不再是子女接受教育的众多走向之一,而成了"唯一的出路"。通过"升学"攀爬至教育的最高点:大学,成为此阶段 M 村民众对子女教育的唯一期待。对此,虽然 M 村民众有着不同的说法和认识,但有一点是相同的:"上大学"是孩子的唯一出路。

◆ 现在一家只有一个孩子,每一个家长都有望子成龙、望女成凤的心,所以我对我女儿上学就是抱着这种想法,就是你能学、学得进就让你学,如果你学不进,哪怕付出代价,花钱也让你学。现在人就是要让小孩使劲学习,看好学习。让儿女不踏大学门,是死不回头,不撞南墙不回头。只要有办法,我想尽一切办法让她继续到高一级学校学习啊,用尽所有办法,她考不上,我也就没有办法啊。这就是尽了做家长的责任啊!

(DJ-5AB-2012.7.5)

◆ 我女儿能上多高,就让她上多高,像我女儿只要她有本事上,我都让她上,能上多高就上多高。像她这么大的人,最起码要奔个大学啊! 现在高中还没有普及呢,初中百分之六十的小孩能考上高中,百分之四十的小孩回家。现在的模式是高中难进,大学好进。(QHY-5AB-2012.6.13)

◆ 现在我女儿这么大的孩子唯一的出路就是学习,考取好的高中和大学,初中毕了业回来十六七岁,能做什么,一样都不会。大学是她唯一的出路,没有第二个选择。(GHJ-5AB-2012.7.9)

以上对子女的期待已体现出此阶段 M 村民众观念中的"理想人"形态:大学生。在"务实求验"的思维方式之下,"上大学"具有比"学手艺进工厂"更高的优势地位。在他们的观念之中,子女"成人"的表现不再是"学手艺进工厂",而只是"上大学"。这一"理想人"认识可以反映出他们对"人"的认识,即"人"观。与上一阶段相同,M 村民众不再将人看作简单劳动力,而是一个"教育的对象",人只有接受教育才能成为他们所认为的理想人。然而,这却并非意味着他们接受了现代教育观念体系中的"人"观。相反,现代"人"观中的"理性"思维方式并未能够进入此阶段 M 村民众对"人"的认识之中,而是被传统"务实求验"的思维方式所改造。现代教育观念体系中,教育的作用在于通过传递给人以科学知识,发展人的理性,最终使其成为一个主体。以此推论,"大学"这一教育的最高点,应意味着最专业科学知识的掌握以及理性的充分发展。当"理性"思维方式之下的"人"观进入 M 村民众的生活,却遭遇如此改造:

◆ 现在大学生工资虽然不如砖瓦匠、木匠,现在砖瓦匠、

第六章 理性主导型互动：现代教育观念的乡村霸权（1998年至今）

木匠一天二三百块钱是正常的。但是待遇不同啊，大学生工作有上下班时间啊，工人苦啊，早上天不亮就起来，天亮了就要去做，一直做到天黑。教师的话有上班时间啊，暑假就是暑假，星期天就是星期天。这就是待遇不一样啊，还是上学好啊。工人风雨无阻啊，木匠的话每天都要做啊，不做就没有钱啊，砖瓦匠都是在高处工作，夏天突然下雨就要被雨淋啊，教师在教室里就不会被雨淋啊，就不一样啊。教师在平地，没有风险啊，这个砖瓦匠、木匠在高处有风险啊！这里面就不同啊。另外教师买房子可以贷款啊，砖瓦匠、木匠就不能贷款啊。还是上学出路好啊。你比如工人生了病，谁来保障啊？教师生了病的话就有保障啊。还是上学的好啊，以前学了个手艺就了不起了啊，特别好啊，现在上了大学，上了好的学校，出来有了好的工作，才算是家里出了人啊！（GXY－5AB－2012.6.14）

◆做生意的人虽然能赚更多的钱，但是更加苦。比如说这个鱼，买回来5块钱一斤，到市场上，如果行情不好，3块钱都要卖。这样就亏本了。做生意反正没有固定的主顾来跟你买，如果进了100条，还有50条没卖掉，鱼就死了，这样就亏本了。做生意有风险啊。教师就好啊，没有风险啊。（DJ－5A－2012.7.5）

可见，现代"人"观在进入M村民众生活时，遭遇了其"务实求验"思维的改造。学校教育可以赋予人的科学知识和理性成了"舒适""稳定"的职业，这一认识当然源自于对他们对实际生活的"务实"思考。他们之所以会有这样的认识，也是因为对周围大学生生活的了解，并在对比中认识到"大学"的优势，这是其"求验"思维的结果。在"务实求验"

思维之下,能传递科学知识、发展人的理性的学校教育成了获得"舒适""稳定"职业的工具,并因此被 M 村民众视为其子女的"唯一出路"。

因此,以"务实求验"的思维,M 村民众接受了学校教育对"小学—大学"这一对教育年限有计划、理性的安排。这却导致了一个悖论性的结果:对这一教育制度的接受却同时消减了其思维之中的"求验"特征,因为该教育制度结果的实现需要漫长的时间,其间充满了失败的风险。对该教育制度安排的接受也就意味着他们不能再以"求验"的思维方式,着眼于当下、以追求风险最小化,来思考子女的教育,而是着眼于长远的"未来"。对此,该阶段 M 村民众已有明确的意识:

> 知识啊,也是一种财富,上学是一种素质,相当于把钱存在银行里的利息,是慢慢体现出来的,可能不能立即有什么用武之地,但是不表示它没有用啊,它的作用是慢慢来的啊,不是一次性来的啊。这(一次性来)是不可能的事情。投资做生意,今天投了 5 000,明天一下子收回了 15 000,那个多快啊!学习就像钱放在银行里,利上滚利,慢慢来的。等你学了十几年,上了大学,才能看到上学的作用。(TYH-5B-2012.7.1)

可见,他们已自觉地将思维的着眼点从眼前利益转向了未来。虽然并不能以此下结论说他们已经具有了现代教育观念中以未来为着眼点设定目标并以理想方式实现目标的思考,因为这一思维着眼点的转变只是"理性"思维方式的前提,其关键在于他们是否通过理性的计划和规划试图实现这一"未来目标"。但是,对学校教育接受所导致的思维着眼点的转变毕竟为 M 村民众接纳"理性"思维方式提供了前提和条件。因此,对学校教育"务实求验"式的接受改变了 M 村民众的思维着眼点,为其接受"理性"思维方式提供了必要的开端。

第六章　理性主导型互动：现代教育观念的乡村霸权(1998年至今)

二、教育方式观的"理性"化

以"务实求验"的思维方式接受学校教育，将其视为子女的"唯一出路"，这不仅使 M 村民众思维的着眼点从眼前利益转向了未来目标，同时还增加了其实现的难度和风险。因为当教育中的"升学"路线变成唯一时，教育的"出口"便被缩小了，通过出口的难度和风险也就相对增加了。面对这一增加了的难度和风险，M 村民众只能更为积极、主动地关注子女教育、了解和吸收教育专业人员对"如何教育"的认识。在此心态和立场之下，现代教育观念体系中的"理性"思维方式以"绝对优势"的地位进入 M 村民众的观念之中，对其"务实求验"的思维方式进行改造和同化，从而在其对教育方式的认识领域占据支配地位。具体来说，这可以从他们对教育方式的四个方面——知识、教学、评价和管理——的认识中体现出来。

在对知识的认识中，"理性"的思维方式占据着主导的地位。他们与上一阶段 M 村文化人一样，已不再在"求验"的思维下将知识作为一个个的"字"，而是认识到这一个个"字"背后的意义，即视其为具有"科学性"的知识体系。虽不能说他们已经掌握了现代知识体系中的理性精神和逻辑，但由于上一阶段学校教育的塑造作用以及此阶段学校教育观念的传入，他们已经了解了其中的"推理"过程。用他们自己的话说，就是"懂学校教的东西""会做这些题目"。除此之外，此阶段 M 村民众知识观中"理性"思维方式的支配地位还体现在其对知识"系统性"的认识。他们已经认识到，学校教育和教材是按照某种逻辑安排知识结构的，前面的知识是后面知识的"基础"。在谈到其子女的学习时，该阶段 M 村民众表达了他们对知识的这一认识：

◆ 我孩子上幼儿园的时候，我们就重视啊，不能等到高中要考大学的时候才想到要重视啊。那个时候就晚了,没有用了啊。上学一个阶段一个阶段的,每一个阶段学的东西都有用啊,都是后一阶段的基础啊。这一个阶段学不好,下一个阶段老师教的你就不会啊。今天没学好,明天你就听不懂,这是老师讲的啊!每天都要学好啊!学校里就是这么安排的啊,都是要有基础的啊!(QHY-6A-2012.7.2)

◆ 我们在家里经常问问啊,你学习有没有哪里跟不上的啊,哪篇课文教了不会的话,和我们说啊。帮他想想办法啊,只有这样子啊,别的没有办法啊。我们跟他说啊,哪篇课文不会的你要说,确实这个课文学不进你不能掉队。这个地方你最起码要懂百分之八九十,不谈百分之百,要不然你跟不上。(JXJ-6A-2012.7.16)

可见,此阶段M村民众已经接受了学校教育在知识体系中的"理性"思维。他们认识到学校知识体系之中的"新旧""难易"等循序渐进的结构关系。对知识结构的这一认识也影响到他们对"如何教授这些知识"的认识,即他们的教学观。在此阶段M村民众的教学观之中,"务实求验"的思维方式依然存在。例如,在对教师教学质量的认识中,他们依然以考试成绩或者考取重点高中、大学的人数作为标准。在提及孩子班上某个老师教得好时,此阶段M村民众都会这样描述:

◆ 我家也请了人的啊,喊了老师吃饭的啊,这个老师教七班啊,如果按照电脑上分班的话,我孩子不一定在这个班。去年,这个老师班上考了7个如皋公费,很有名气的老师。全校十几个班只考了二十个公费,他们班就占了7个。这个老师就这样出了名啊!这个老师的班上本来只能有四十几个学

第六章 理性主导型互动:现代教育观念的乡村霸权(1998年至今)

生,后来增加到六十几个,这二十几个就是通过关系来的。都是冲着这个老师来的啊!(LH-7A-2012.7.7)

◆ 一个老师教得好不好就看他教的班的名次啊,我孩子现在班上的老师在上一届接了一个班,开始是全校最后一名,最后高考的时候变成全校第一名,这个老师就教得好啊!(CM-7A-2012.6.15)

可见,在评价教师的教学质量时,他们没有一个针对教学过程的固定标准,而是以考试结果作为"先例"来确定他们对教师教学的评价,这是传统"求验"思维的体现。同时,他们之所以将考试结果作为标准,则是其"务实"思维的产物,因为他们对子女接受学校教育的唯一期待就是考出好成绩、上大学。因此,这一时期M村民众面对现代教学观时依然用"务实求验"的思维对之加以改造。除此之外,在"如何教"方面,现代教学观中的"理性"思维却进入了他们的观念之中,主导着他们的教学观。仔细分析M村民众对"如何教"的认识,它们具有两个方面的新特征。首先,现代教学观对"系统性"的追求已经进入他们对教学的认识之中。在辅导孩子的作业时,他们不仅仅关注"答案的对错",更注重知识的内在体系。

我儿子做作业的时候,有不会的题目,我们会的话都教他啊。不会的我就让他自己想想啊,看看例题啊。实在不会的就第二天早上去问老师啊,问人家小孩啊,一定要让他把这个题目弄懂啊。现在家长都知道,不能只告诉他答案啊,报答案没有用啊。要告诉他这个答案是怎么一步一步地得来的。这样讲才有效啊。否则的话,他之后碰到类似的题目还是不会啊。(CM-7B-2012.7.4)

从以上论述中,我们可以看到在思考有效教学的问题时,"系统性"已经成为他们的关注点。虽然这并非说他们对子女的教学已经符合了"系统性"的要求,但这却成为他们的认识和观念。除了对系统性的追求之外,他们在此阶段对"如何教"的认识还有另一个新特征,即现代教学观中所强调的对教育对象认知和非认知特点的关注,并将其与知识系统相协调的观念也进入M村民众的教学观念之中,成为他们在家庭中对待子女学习问题的指导思想。这可以从此阶段M村民众教育观念中对子女"自身问题"的关注中看出:

> 各个孩子的心理不同啊,所以老师也要采取不同的教育方法。我家的孩子容不得别人骂,喜欢被表扬。每次考试不好,老师电话打来,我就请求老师再多照顾一点。所谓照顾也不是希望他多教我们家孩子什么啊,就是希望他更耐心一点、态度好一点。老师也会跟她说啊,你怎么不用功的呢,平时我跟你怎么说的啊,你要用功啊,你爸爸妈妈不简单啊,你知不知道啊,你要努力啊,现在学习就是出路啊,你不认真就枉费了你爸爸妈妈的关心啊。这是老师对学生的和睦和关心的态度。有时老师也会严厉地责备,这对孩子造成很大的心理压力。老师的骂和批评就会造成孩子一种叛逆心理,这里也被骂,那里也被骂,三次一骂,算了,我还是不上了吧!学不学反正都挨骂。但是,有的孩子喜欢得意忘形,一被表扬就发昏,但是有的孩子能在被表扬的基础上找到不足,他会想,老师表扬我不错,但是我还是没有考好啊!这就是人和人之间的差异,这是心理问题。……家长的教育离不开学生自己的内心,学生要有奋发向上的精神。(TX-7B-2012.7.8)

第六章 理性主导型互动:现代教育观念的乡村霸权(1998年至今)

在教育过程中对子女心理特点的关注也被落实至 M 村民众对子女的学习辅导之中,M 村一位年轻的民众讲述了他在家庭中教孩子知识的方式:

> 我们家不是那种硬教育,硬教育孩子不接受。像我们上学的时候家里就说,做作业,不做好了你别走。孩子回来的时候我就问,你现在做不做作业啊,他有的时候想做,有的时候不想做,说想要看电视呢,那就先给他看一会儿电视,要不然硬是让他坐下来做作业的话,他就没有心思。那就得跟他商量,你先看半个小时电视,电视看好了做作业,好不好?他就接受了。(QHY-7B-2012.7.6)

尽管相对于现代教育观念体系中的对应部分,这一认识的理性程度还较低,它对人的认识还非常有限。然而,相对于上一阶段 M 村民众的认识来说,它已开始关注教育对象这一系统并使之与知识系统相协调,这是该方面"理性"思维发展的开端。

这一趋势也出现在他们对考试的认识之中。和上一阶段 M 村民众一样,他们也将"分数"这一定量评价方式作为客观、精确地测量学习效果的最好方式,这可以排除教师的主观因素。一位村民表达了对"考试"和"分数"的看法:

> 以前考试是等级制,看不到微小的差距。那个时候老师要包庇一个学生,应该给丁的,给他一个丙。这个都掌握在老师手上,其实就是老师关不关心的问题。现在不一样了,现在题目的分数是固定的啊,这样老师不可以做幌子,不考究没事啊,考究了之后标点符号写错了也要扣分啊。你标点符号都

没有学会啊,这是最基础的啊。还是能看到分数好啊。(GMJ-8-2012.7.20)

与此同时,他们依然维持着上一阶段人们对考试结果"名次"的追求。在他们的观念之中,考试依然具有"筛选"的功能,并以此形成了他们的"竞争"观念。只是,在他们的观念中,这一阶段分数的区别更为精细,"一分"的意义更大。对此,M村一位民众表示:

我儿子这次考试考了89分,不好啊,现在最起码要考到95分以上,现在小孩成绩都好。考95分的大有人在啊,正常的都考九十六七分啊,满分的也蛮多的啊。他要是有一道题目不粗心的话,就能考94分。但是94分也不算好的,算中等。他3门总分在270多名,7门在90多名。现在不像以前了啊,差一分区别大啊,差半分也差10名左右啊。现在考个九十几分就是中游啊,现在不比90分,孩子考得都好啊!(CM-8-2012.7.8)

不过,在该阶段M村民众对考试的认识之中,"理性"思维也有了进一步发展。它表现为从对学习结果的测评转向对M村孩子整个学习过程的监控。在他们看来,考试(尤其是平时考试)不仅仅具有选拔功能,更重要的是能够反映某个时期孩子的学习状况。考试之后不能光看分数,还要看哪里存在需要补的学习缺陷。在谈到考试时,此阶段M村民众说:

现在学校考试多啊,一个星期基本上要考一次,一个星期抽考一次,教一段时间摸摸情况。看看学生哪里懂了,哪里没懂。我们回来也看啊,看他哪一个类型的题目不会做啊,我们如果会的话再教教他啊。特别是老师复习期间,我每天都跟他说啊,这个复习期间,你要好好听啊。这个类型的题目老师就讲一遍了啊,你不会就不会了啊。这个复习期间你要好好复习啊!(DJ-8-2012.7.7)

类似于此阶段现代教育观念体系中的评价观,考试之后进行分析并针对问题采取补救措施,以增加教学效果,成为一项重要的工作。因此,在这一阶段M村民众的观念之中,考试还是一个重要的学习监控工作,对考试结果的关注和分析有利于他们更好地了解孩子的学习状况,并改变措施实现对其子女更为有效的塑造。

最后,现代教育观念中的"理性"思维方式也进入M村民众对"如何管理"的认识之中。在他们看来,"严格""纪律"是有效管理的重要表现,是保证学生学习效果的重要方面。对学生是否"抓得紧"是影响教师教学效果的一个重要因素。当谈及教师教学质量时,M村民众这样描述:

我孩子班上的班主任教得好,他对孩子抓得紧啊!他们班上学生课余时间都没有,课余时间只许去小便,小便好了就要进教室。这样就好啊,家长巴不得老师抓得紧啊。很多人都想进这个班啊。这个老师教的班就是规矩好,刚开始去的时候他就说,要有好的纪律,要有班风,他们班的班风很好,别的班的学生吃饭的时候都抢,掉了一桌子,他们班上的学生从来没有这个现象。他们班上就是纪律好,意思就是没有规矩不成方圆。班上的学生都是蛮遵守纪律的。学生都蛮怕他的。别的副科的老师在上课的时候他都来转。学生看见他就

像看见鬼一样,都特别怕他。(ZMR-9-2012.7.23)

可见,"理性"的思维方式已进入他们对管理问题的思考之中。"纪律""规律"等现代管理的要素已经被他们视为对孩子进行管理的重要内容。在他们看来,只有严格遵守这些规矩和制度,孩子才能集中学习,其学习效果才能更好。因此,"规矩""纪律"以及对其的严格遵守是学生良好学习效果的有效保证。

综合而论,传统与现代两种思维方式及观念体系在此阶段的独特互动方式形成了此阶段M村民众独特的教育观念体系。首先,对人及教育作用的"务实求验"式理解使得此阶段M村民众视"大学"为其子女的"唯一出路"。这一心态的结果便是教育领域中的竞争越来越大。面对这一竞争,M村民众努力为其子女争取优质教育资源的同时,将"家庭"视为一个可利用的增强竞争力的空间。在他们看来,当学校教育无法有更多优势时,"家长的培养"变得极为必要,决定着子女的学习竞争力。此阶段很多家长都表示:

◆ 现在我女儿上初中,我去"陪读"啊。有人教和没有人教不同啊。有的人家爷爷奶奶去陪,这个陪了有什么用啊? 跟不陪一个样子。我每天晚上回去都要检查作业啊,问问她老师讲的有没有听懂,看看她有没有不会的,再教教她啊。家长教和不教差别大啊! 在学校,老师教每一个小孩都是一样教的啊,没有区别啊。所以现在就拼家长在家里的细工啊,看家长教育的好差啊。(TJM-10-2012.7.11)

◆ 现在高中难考,大学好进啊! 所以就看家长怎么培养,让小孩考个什么样的高中。现在孩子上学竞争大啊,不

光在学校竞争,家长之间也在竞争啊!(GMJ - 10 - 2012. 7.25)

其次,"理性"思维方式在 M 村民众对"教育方式"的认识中所占据的支配地位为这一观念的践行提供了可能。从以上的分析可以看出,原本在现代教育观念体系中存在的"理性"思维方式,成功地对传统"务实求验"的思维方式进行了改造和同化,主导着他们对"如何教育"的思考。这样,存在于学校教育及管理者观念之中的现代教育观念也随之进入 M 村民众的观念之中,指导着他们在家庭中对子女的教育行动。此阶段,对子女学习的管理成为 M 村民众家中的一项重要工作:

◆ 我在家里就专门管孩子学习啊,不让他瞎玩啊。每天作业做好了,还复习复习啊。考试的时候不行啊!回来不能让他看电视啊,也不能上网啊,除了星期天能玩一会儿,其他时间都不能给他瞎玩啊。这些容易让他"痴心","痴心"了就不能把心思用在学习上啊。(DJ - 10 - 2012. 7.12)

◆ 现在家长都重视学习,让孩子有时间就认真读书啊,不允许玩其他东西,一天到晚就往书本上逼啊。不这样不行啊!像我们小时候还三个一群、四个一党地去玩,现在哪有小孩还玩啊?没有啊!(JXJ - 10 - 2012.7.18)

对人和教育作用"务实求验"的理解以及对"教育方式"的"理性"认识两者结合,将现代教育观念及"理性"思维方式引入家庭。这样,现代"理性"的思维方式走出学校,来到家庭,占据了每一个可能的空间,实现了对 M 村孩子生活空间的全面控制。在此阶段,以往学校生活和家庭生活之间的"差异"越来越小,并呈现出同质化的倾向。于此,M村孩子完全脱离乡村生活,进入现代观念主导的生活方式之中。他们因此也失去了乡土生活的自由,没有了享受其教育资源的空间。在这一生活方式之中,他们不停地被推着、赶着,时时刻刻承受着学习的压力,被压得难以喘息。

结　语

基于"潜入底层"构筑乡村教育观念变迁"小历史"的研究诉求,本研究在乡村教育现代化的历史背景中,考察了 M 村民众的传统教育观念和思维方式及其对现代教育观念的"解释"和"重构",书写了该村民众教育观念变迁 60 余年的历史。这一历史书写展示了作为超地方知识"嵌入"M 村的现代教育观念与作为地方知识的 M 村民众传统教育观念的不同"互动"方式,从普通民众的视界讲述了现代教育观念在 M 村的渗透过程,凸显了底层乡村民众观念世界中的现代教育观念样态,从而构筑了乡村教育观念变迁的另一幅图景。

一、"务实求验"与"理性":教育观念的两种类型

在现代教育观念进入 M 村之前,该村民众便已具有独特的教育观念体系,形成了其教育观念的传统。较于现代教育观念,这一观念传统并非落后,而是一种具有独特思维方式的观念类型。这两者并非处于线性发展的两端,而只是两种不同类型的教育观念体系。借鉴曼海姆知识社会学理论以及福柯知识考古学思想,它们是两种相异的"知识类型",是具有独立性的两个"思维模式",其内部也都含有独特的"话语规则",或者思维方式。此思维方式的存在决定着相应教育观念体系的特征及其合理性,构成了其"结构的限制"。对于 M 村民众的传统教育观

念,前文分析已指出,"务实求验"是隐含于其中的思维方式和逻辑。这一思维方式主导着1949年之前M村民众对子女教育问题的思考,是其教育观念体系的轴心。以此为出发点,其教育观念便是可理解的,并且是合理的。与此不同的是,新中国成立后伴随着学校教育进入M村的现代教育观念却是另一种"知识类型",它遵循着另一种话语规则,蕴含着不同的思维方式和逻辑。前文在深入这一观念体系的内部后指出,作为现代性核心要素的"理性",主导着现代教育观念体系的内容,是内在的思维方式。这一不同于"务实求验"的思维方式,使得现代教育观念成为异于M村民众传统教育观念的另一类型的"思维模式"。以此思维方式思考教育问题,现代教育观念便是必然的结果。当对这一思维方式深信不疑,人们便会将现代教育观念看成是理所当然、无须质疑的。以此观念为标准,M村民众的传统教育观念便是落后的,而现代教育观念则是进步的。因此,从曼海姆知识社会学以及福柯知识考古学的理论立场来看,M村民众的传统教育观念和现代教育观念便成为各具独特思维方式的两种知识类型,现代教育观念所具有的理所当然的先进性也不再存在。这样,两者便走出了原本所处的"二元对立",成为各具自主性的"类型学"存在。

在曼海姆和福柯的理论体系中,某种"思维模式"或"话语规则"是其知识体系最为原初的决定性要素。然而,经考察和分析,本研究的结论却与此有所出入。M村民众传统教育观念和现代教育观念中的思维方式都拥有更为宏观的结构性渊源。对内含于现代教育观念中的"理性"思维方式,已有相关研究论述了其与以工业为中心的现代生活模式之间的贴合性。M村民众传统教育观念中"务实求验"的思维方式也并非最为原初的决定性要素。相反,这一思维方式孕育于该村民众以土地为中心的乡土生活模式之中。这一生活模式从根基处决定了M村民众的传统思维方式,也决定了他们教育观念的特征。可以说,存在于某一知识体系中的"思维模式"或"话语规则"并非是最原初的，其背后存在着更为宏观的结构性要素，即社会生活模式。这样，以工业文明为中心的现代生活模式和以土地为中心的乡土生活模式分别形塑了"理性"和"务实求验"两种不同类型的思维模式，从而也构建了 M 村民众传统教育观念和现代教育观念两种类型的观念体系。

二、"直接规训"与"间接规训"：学校权力运作的两种机制

新中国成立后，凭借着政治的推动力，现代教育观念及其"理性"思维方式伴随着学校教育进入 M 村，首次与该村民众及其传统教育观念相遇。此后，通过一整套"权力运作"的机制，这一教育观念及其"理性"思维方式走出 M 村学校，进入该村民众的生活和观念之中。至今，它已渗透至 M 村的每一个角落，被该村民众普遍接受，成为他们思考子女教育问题以及做出教育行动的指导思想。这样，现代教育观念及"理性"思维方式凭借着"知识—权力"的运作，成功走出其所源起的现代生活模式，在乡土生活模式中实现了自身的"再生产"。

前文分析已得出结论：现代教育观念及其"理性"思维方式在 M 村的渗透过程中，学校教育处于"枢纽"的位置。学校教育的"规训"是这一"再生产"过程及其"知识—权力"运作机制的关键性要素。它之所以能够担负如此重任，是源于其权力作用点的转变以及各种现代规训技术的发明。从 M 村学校的教育观念和措施中可以看出，对身体行动的控制已非其最终目标，而仅仅是一个"中间环节"。以此为中介实现"观念改造"或"认知塑造"，生产现代"主体"才是其最终的着眼点。对于现代权力，福柯曾将其定义为以灵魂为作用点的"主体的定向生产"。然而，学校之所以能够实现权力作用点的转变，各种现代规训技术的发明是关键。对于现代权力的运作模式，福柯曾进行过深入的理论考察，发现了一整套精密的"策略体系"，建立了现代权力规训的"微观物理学"。

将该理论用于审视学校,霍斯金找到"书写""考试"和"评分"这三种现代教育的实践方式,认为三者的结合使得学校教育成功实现了"观念的塑造"。从 M 村学校教育的实践方式来看,除了这三者之外,现代教学技术以及管理制度也都在一定程度上促进了"观念塑造"。它们一起构成了现代学校教育规训的"策略体系"。总之,M 村学校中权力作用点的转变以及各种规训技术的发明共同使它成为现代教育观念及其"理性"思维方式在 M 村扩散、实现自身"再生产"的"枢纽"。通过各种规训技术,学校教育将"理性"思维方式传递给受教育者,成为他们思考问题的逻辑。与此同时,身处这些技术持续的、有计划的规训之下,他们也会接受其背后的现代教育观念,形成他们对教育的认识。当他们走出学校,成为 M 村民众之时,现代教育观念及其"理性"思维方式便跟随走出学校,在该村扩散。

除学校教育的"直接"规训外,本研究还发现了现代教育观念及其"理性"思维方式在 M 村的另外一条扩散路径:作为家长的 M 村民众与学校的接触。通过"家校联系"这一纽带,学校教育实现了对 M 村民众的"间接"规训,使现代教育观念及其"理性"思维方式走出学校,进入该村民众的生活和观念之中,实现了自身的"再生产"。不过,由于扩散路径不同,现代教育观念及其"理性"思维方式"再生产"的效果也存在着差异。

尽管如此,这两条传播路径却有一个共同点,即学校教育都是其起点并占据着"枢纽"的位置。通过学校教育的运作,现代教育观念及其"理性"思维方式才得以进入 M 村民众的生活和观念之中,并在该村扩散。因此,学校便成为其在 M 村的"集散地"。

三、 文化再造: 传统教育观念的选择与重构

现代教育观念在 M 村的"再生产"并不顺利,因为它所遭遇的对象

并非一个"白纸"似的存在。如前所述,处于底层的 M 村民众并不是一群"不思考的人",长期的乡土生活已孕育了他们自己的思维方式:"务实求验"。这一思维方式主导着他们对教育问题的认识,使其形成独特的教育观念,即 M 村民众的传统教育观念。更为重要的是,面对学校教育"直接"或"间接"的规训,M 村民众的传统教育观念及"务实求验"的思维方式并非消极地被同化或清除,而是积极地发挥能动作用。它总是根据客观现实并以某种方式对现代教育观念进行"再解释",促成另一种教育观念的形成。这契合于黄宗智所提倡的乡村文化变迁研究范式,即主导文化在乡村的生产并非"霸权性再生产",而是一种"互动性再生产",乡土文化会对主导文化进行积极的解读和重构。从 M 村来看,现代教育观念的"再生产"过程并非"清除"和"替代"的过程,而是以"互动"和"融合"为核心的"文化再造"过程。

纵观现代教育观念在 M 村的渗透史,"务实求验"的思维方式一直主导着该村民众对"教育作用"的认识,并决定着教育在其生活中的地位以及两种教育观念的"互动"模式。深入这一历史进程的细节,它显露出三个明显的阶段性断裂,新旧教育观念经历了三种不同的互动模式:传统主导型互动(1949—1978)、双向异质型互动(1978—1998)和理性主导型互动(1998 至今)。

新中国成立后至改革开放前,M 村民众依然维持着"以土地为中心"的、封闭的乡土生活模式。在此生活模式之下,"务实求验"的思维方式赋予了学校教育"可有可无"的地位。这决定了传统教育观念及其"务实求验"的思维方式在新旧教育观念互动过程中的主导地位,建立了传统主导型的互动模式。在这一互动模式中,现代教育观念中"强调主客张力的'人'观"以及"以科学知识为典范的知识观"历经了"务实求验"思维的改造,其内含的"理性"思维方式不复存在,一种新的教育观念形态形成。其中,"人"被理解为自然成长的简单劳动力,学校中所教的知识仅被视为一个个的"字",教育成为"识字"的手段。对现代"人"观和知识观的这一"务实求验"化改造,使得 M 村民众极为轻视子女教育,未能形成对"如何教育子女"的自觉认识。因此,现代教育观念的其他方面——教学观、评价观以及管理观无法与 M 村民众接触,隔离于其生活之外,"漂浮"于 M 村乡土生活之上。

改革开放打开了 M 村的封闭状态,各种现代生活要素被纳入其中。它们瓦解了 M 村民众的乡土生活模式,一种新的生活模式形成:土地不再处于其生活的中心,"走出土地和乡村"可以带来更多的生活资料;更具影响的是,科学知识和技术成为此生活模式更好地运行的要素,也是该村民众改善生活的前提性手段。在这一生活模式中,对学校教育"务实求验"的理解产生了不同的结果:学校教育摆脱了其"可有可无"的地位,成为一种"必要",教育具有改善生活的功能。教育的地位变化改变了现代教育观念的"漂浮"状态,它全面、主动地进入 M 村民众的生活和观念之中,以一种新的模式与其传统教育观念发生互动。在新的互动模式中,新旧教育观念主导地位的获得以"是否接受学校教育"为界点产生了群体性分化,并因此形成了具有群体差异的两种教育观念体系。在未接受学校教育的乡村民众群体中,现代教育观念通过"家校联系"实现"间接规训",并遭遇"务实求验"思维的全面改造。现代教育观念中"强调主客张力的'人'观"保留了"客体性",而以理性为内涵的"主体性"却被"务实求验"化为"识字的劳动力",教育便成为教人"识字"的工具;这样,"以科学知识为典范的知识观"也经历了"务实求验"思维的"再解读",成为一个个"字";以"计划性"和"系统性"为评价标准的教学观因"求验"思维的改造,"是否有好学生先例"成为其评价标准,这几乎赋予了教师教学以无可置疑的优质,"差成绩"被归因为学生不可改造的先天因素;可见,在此思维的改造下,现代"人"观中作为"可塑客体"的人失去理性塑造的可能,成为"自然成长的客体";通过

"精确"和"明确"的规定实现对行为积极、有效控制的管理观也失去了理性的能动,成为无法确保有效性的外部"说教"和"督促"。通过"家校联系"这一路径,现代教育观念遭遇 M 村民众传统"务实求验"思维的全面改造,形成了以上教育观念体系。除此路径之外,现代教育观念还通过学校教育的"直接规训"进入 M 村文化人群体之中。在此过程中,学校教育直接、持续并有计划的规训赋予"理性"思维方式以主导地位,使之对传统教育观念及"务实求验"的思维方式进行主动改造。它部分消除了"求验"思维,内含于现代知识体系的"理性"思维(而非现代观念体系中的完全理性)进入 M 村文化人的观念之中。与此同时,它又受到传统"务实"思维的改造。在其教育观念中,"人"既是作为"教育对象"的"客体",同时也是"具有理性的主体",其"主体性"表现为对科学知识和技术的掌握,而非仅仅是"识字";学校教学内容不再是一个个"字",而是具有内在逻辑的知识体系,其作为科学知识的价值也被理解。但是,这一"人"观和知识观中也存有传统"务实"思维,该村文化人在接受科学知识和技术的"理性"内涵时,却将其理解为获得更高收入以及更舒适生活的手段。在其对教学和管理的认识中,他们聚焦于"知识系统",将"知识的对错"和"知识的指导"作为教学质量的评价标准以及学生管理的核心任务,现代教学观和管理观所强调的对学生认知和行为特点的科学认知基础被排除在外。可见,在 M 村文化人群体中,新旧教育观念及思维方式的双向选择和结合,使有限"理性"和"务实"思维相契合而存在,建构了其独特的教育观念体系。在此阶段,通过学校教育的不同运作方式,现代教育观念从两种不同路径进入 M 村民众的生活和观念之中,并与传统教育观念进行了不同模式的互动,其在 M 村的"再生产"产生了"分化"。

21 世纪,M 村民众的生活中又增加了新的要素,其中最为突出的是:大学生"先例"的增加、M 村民众收入的提高、大学生生活信息的进入以及传媒电器的增加和收视习惯的改变。这些要素的结合改变了该村民众"务实求验"思维中教育的地位:通过教育改善生活的各种路径不再具有"均势"地位,"读大学"成为其子女"唯一的出路",学校教育在该村民众的生活中具有了"绝对优势"的地位。这赋予现代教育观念及其"理性"思维方式在新旧教育观念互动过程中以"绝对优势"地位,建立了理性主导型的互动模式。在该模式的互动中,现代"人"观中"以理性为内涵的主体性"在被 M 村民众接受的同时遭遇"务实求验"的改造,成为拥有收入高、舒适职业的中介,教育成为获得这一职业的手段。对人和教育作用"务实求验"的理解使得现代教育观念及其"理性"思维方式得以主导 M 村民众对教育方式的认识,对其传统教育观念及"务实求验"的思维方式进行了积极主动的改造和同化。他们不仅认识到知识中内涵的逻辑及其科学性,更认识到学校教育组织和安排知识中"新旧""难易"等循序渐进的结构关系;现代教学观中对"系统性"的追求以及关注教育对象认知和非认知特点并使之与知识系统相协调成为他们对教学的认识;考试在"筛选"功能之外的"监控"和"发展"功能也进入他们的评价观之中,主导着他们对考试成绩的认识;在对管理的认识中,他们已不仅仅将"知识指导"作为核心任务,制度和纪律及对其的严格遵守被看作有效管理的重要因素。这样,现代教育观念及"理性"的思维方式主导了 M 村民众对"如何教育子女"的认识,成为他们思考教育问题及做出教育行动的主宰,家庭和学校趋于同质化。

  新旧教育观念在 M 村的这一互动史,既展示了历时的阶段性,更凸显了不同生活模式中的互动模式类型。在这一特殊的时空环境中,黄宗智"表达—互动"理论及"互动性再生产"理论得以浮现,并得到进一步发展:不同历史阶段中生活模式、思维模式与新旧教育观念的互动模式之间的"亲和性"被揭示,新旧教育观念在特定时空中的互动机制也清晰化。

结 语

　　以上三点勾勒了底层乡村民众眼中的教育观念现代化图景,展现了现代教育观念进入乡村民众生活和观念并实现自身"再生产"的路径和机制,凸现了被遮蔽于宏大叙事下的乡村民众对现代教育观念丰富而细腻的"解读"和"重构"。这样,我们得以更完整地理解教育现代化过程中以"理性"为核心的现代教育观念在乡村社会的渗透,尤其是近阶段其与传统教育观念的融合以及这一结果给乡村孩子带来的压力。

　　如今,当人们专注于乡村教育现代化的成就,并充满热情地准备扩大战绩之时,这一"小历史"书写可以提供一味"镇静剂"。它将迫使人们停下推进乡村教育现代化的脚步,对曾经走过的路以及未来可能实现的目标给予严肃而认真的反思。尽管现代教育观念看似已在部分乡村社会开花结果,但其内里却因传统教育观念及其不同思维方式的"重构"而产生了"畸变"。对于乡村民众和孩子来说,这一结果是苦涩的。他们被推进了对教育无穷无尽的追逐之中,看不到尽头。面对这一结果,坚持"多元现代性"或许是思考中国乡村教育发展的另一立场。这要求人们超越"传统—现代""乡村—城市"的二元对立和线性发展观,去除生长于"城市—工业文明"之中的现代教育观念体系及思维方式所具有的标本性,理解乡村民众传统教育观念及思维方式并赋予其自主性。乡村教育改革或许可以此为基础,在乡村社会的土壤中促进传统教育观念体系及思维方式的"自然生长",构建一个更具地方性的教育生态。在以"城市—工业文明"为基础的现代教育模式及观念已暴露出种种问题时,这一教育生态不仅是乡村教育发展的目标,而且可给前者的发展以启发。

参考文献

一、著作类

1. [美]爱德华·W. 萨义德. 知识分子论[M]. 单德兴,译. 北京:生活·读书·新知三联书店,2002.

2. [美]埃文·塞德曼. 质性研究中的访谈:教育与社会科学研究者指南(第3版)[M]. 周海涛,译. 重庆:重庆大学出版社,2009.

3. [美]彼得·伯格,托马斯·卢克曼. 现实的社会构建[M]. 汪涌,译. 北京:北京大学出版社,2009.

4. [英]巴里·巴恩斯. 科学知识与社会学理论[M]. 鲁旭东,译. 北京:东方出版社,2001.

5. 巴战龙. 学校教育·地方知识·现代性——一项家乡人类学研究[M]. 北京:民族出版社,2010.

6. 程歗. 晚清乡土意识[M]. 北京:中国人民大学出版社,1990.

7. 陈嘉明. 现代性与后现代性十五讲[M]. 北京:北京大学出版社,2006.

8. [美]C. 赖特·米尔斯. 社会学的想象力[M]. 陈强,张永强,译. 北京:生活·读书·新知三联书店,2005.

9. 陈向明. 质的研究方法与社会科学研究[M]. 北京:教育科学出版社,2000.

10. ［英］大卫·布鲁尔. 知识和社会意象[M]. 艾彦,译. 北京:东方出版社,2001.

11. ［美］大卫·费特曼. 民族志:步步深入[M]. 龚建华,译. 重庆:重庆大学出版社,2007.

12. ［美］戴维·哈维. 后现代的状况——对文化变迁之缘起的探究[M]. 阎嘉,译. 北京:商务印书馆,2003.

13. ［美］杜赞奇. 文化、权力与国家:1900—1942年的华北农村[M]. 王福明,译. 南京:江苏人民出版社,1996.

14. ［法］费尔南·布罗代尔. 论历史[M]. 刘北成,等译. 北京:北京大学出版社,2008.

15. 费孝通. 江村经济:中国农民的生活[M]. 北京:商务印书馆,2001.

16. 费孝通. 乡土中国[M]. 北京:北京大学出版社,1998.

17. ［美］费正清. 美国与中国(第四版)[M]. 张理京,译. 北京:世界知识出版社,1999.

18. ［法］米歇尔·福柯. 规训与惩罚:监狱的诞生[M]. 刘北成,杨远婴,译. 北京:生活·读书·新知三联书店,1999.

19. ［法］米歇尔·福柯. 知识考古学[M]. 谢强,马月,译. 北京:生活·读书·新知三联书店,2003.

20. ［美］古廷. 福柯[M]. 王育平,译. 南京:译林出版社,2010.

21. ［日］沟口雄三,小岛毅. 中国的思维世界[M]. 孙歌,等译. 南京:江苏人民出版社,2006.

22. 金耀基. 从传统到现代[M]. 北京:法律出版社,2010.

23. 刘大鹏. 退想斋日记[M]. 太原:山西人民出版社,1990.

24. 李书磊. 村落中的"国家":文化变迁中的乡村学校[M]. 杭州:浙江人民出版社,1999.

25. 刘世民.错位与抉择:论农村学校教育的主导功能和路向[M].重庆:西南师范大学出版社,2003.

26. 林耀华.从书斋到田野[M].北京:中央民族大学出版社,2000.

27. [德]卡尔·曼海姆.意识形态与乌托邦[M].黎鸣,等译.上海:上海三联书店,2011.

28. [德]卡尔·曼海姆.知识社会学导论[M].张名贵,译.台北:风云论坛出版社有限公司,1998.

29. [德]马克思,等.马克思恩格斯选集(第一卷)[M].北京:人民出版社,1972.

30. 马戎.中国农村教育问题研究[M].福州:福建教育出版社,2000.

31. 莫伟民.莫伟民讲福柯[M].北京:北京大学出版社,2005.

32. [美]诺曼·K.邓津,伊冯娜·S.林肯.定性研究(第一卷):方法论基础[M].风笑天,等译.重庆:重庆大学出版社,2007.

33. [美]诺曼·K.邓津,伊冯娜·S.林肯.定性研究(第三卷):经验资料收集与分析的方法[M].风笑天,等译.重庆:重庆大学出版社,2007.

34. 钱穆.中国文化史导论[M].北京:九州出版社,2011.

35. [德]舍勒.知识社会学问题[M].艾彦,译.北京:华夏出版社,2000.

36. 司洪昌.嵌入村庄的学校:仁村教育的历史人类学探究[M].北京:教育科学出版社,2009.

37. [美]孙隆基.中国文化的深层结构[M].桂林:广西师范大学出版社,2004.

38. [美]史密斯.中国人的性格[M].李明良,译.西安:陕西师范大学出版社,2010.

39. [法]迪尔凯姆.社会学研究方法论[M].胡伟,译.北京:华夏出版社,1988.

40. [美]汤姆·波普科维茨.学校教育改革的政治社会学[M].薛晓华,译.台北:巨流图书股份有限公司,2007.

41. 吴康宁.教育社会学[M].北京:人民教育出版社,1998.

42. [美]华勒斯坦,等.学科·知识·权力[M].刘健芝,等编译.北京:生活·读书·新知三联书店,1999.

43. 汪民安.文化研究关键词[M].南京:江苏人民出版社,2007.

44. 汪民安,陈永国,张云鹏.现代性基本读本(上)[M].开封:河南大学出版社,2005.

45. 王铭铭.村落视野中的文化与权力:闽台三村五论[M].北京:生活·读书·新知三联书店,1997.

46. [法]谢和耐.中国社会史[M].南京:江苏人民出版社,2010.

47. [美]西达·斯考切波.历史社会学的视野与方法[M].封积文,等译.上海:上海人民出版社,2007.

48. [美]许烺光.宗族·种姓·俱乐部[M].薛刚,译.北京:华夏出版社,1990.

49. [美]许烺光.美国人与中国人:两种生活方式比较[M].彭凯平,刘文静,译.北京:华夏出版社,1989.

50. 叶哲铭.底层视野——现代学校教育与乡村民众生活[M].杭州:浙江大学出版社,2010.

51. 于海.西方社会思想史[M].上海:复旦大学出版社,2010.

52. 于建嵘.抗争性政治:中国政治社会学的基本问题[M].北京:人民出版社,2010.

53. 袁银传.小农意识与中国现代化[M].武汉:武汉出版社,2000.

54. 张倩仪.再见童年:消逝的人文世界最后回眸[M].北京:世界图书出版公司,2012.

55. 章太炎.章太炎政论选集(下册)[M].北京:中华书局,1977.

56. 周晓虹.传统与变迁:江浙农民的社会心理及其近代以来的嬗变[M].北京:生活·读书·新知三联书店,1998.

57. 翟学伟.中国人行动的逻辑[M].北京:社会科学文献出版社,2001.

二、期刊类

1. 鲍传友.论现代视阈中的农村基础教育取向[J].教育理论与实践,2005(3):28-31.

2. 陈敬朴.中国农村教育观的变革[J].东北师大学报,2001(4):99-105.

3. 陈胜,田正平.横看成岭侧成峰:乡村士人心中的清末教育变革图景——以《退想斋日记》和《朱峙三日记》为中心的考察[J].教育学报,2011(2):101-107.

4. 郭强.论古典知识社会学理论范式的建构[J].社会学研究,2000(5):1-10.

5. 洪俊.农村义务教育课程改革的价值取向——兼论农村教育必须坚持为"三农"服务[J].东北师大学报(哲学社会科学版),2006(4):136-142.

6. 黄金来.再论农村基础教育的方向——对一种错误观点的澄清[J].教育发展研究,2007(5A):20-23.

7. 黄平.从乡镇企业到外出务工[J].读书,1996(10):64-70.

8. 刘文旋.知识的社会性:知识社会学概要[J].哲学动态,2002(1):42-45.

9. 刘影.从新农村建设政策看陶行知教育思想的现代性[J].华中师范大学学报(人文社会科学版),2006(S1):129-131.

10. 马大强.农村经济变化与农民教育观念——对湖北省大冶县农民的问卷调查[J].教育与经济,1988(4):40-42.

11. 马启鹏.农村学校教育如何摆脱"向农"、"离农"之争[J].教育发展研究,2010(9):63-66.

12. 容中逵.百年中国乡村教育变迁的动因及其展现形式[J].华东师范大学学报(教育科学版),2011(2):26-32.

13. 史成明.从升学教育到综合教育——以江苏苏北一个村庄的教育观念变迁为例[J].教育发展研究,2010(24):72-75.

14. 邵泽斌.理念变革与制度创新:从城乡教育均衡到城乡教育一体化[J].复旦教育论坛,2010(5):14-19.

15. 吴康宁.社会学视野中的教育[J].教育研究与实验,2006(4):1-5.

16. 王铭铭.教育空间的现代性与民间观念——闽台三村初等教育的历史轨迹[J].社会学研究,1999(6):103-116.

17. 许林.农民教育观念的变化与更新——基于四川、山东、甘肃、内蒙古部分农村地区的调查[J].教育发展研究,2007(7):50-53.

18. 姚大志.从意识形态理论到知识社会学——曼海姆哲学的实质和意义[J].吉林大学社会科学学报,1992(5):1-6.

19. 张彬,李更生.中国农村教育改革的先声——对20世纪20年代至30年代乡村教育运动的再认识[J].浙江大学学报(人文社会科学版),2002(5):124-131.

20. 郑华秀.后现代主义视野下的科学知识社会学[J].科学技术

与辩证法,2003(4):55-57.

21. 张乐天.我国农村教育结构演进六十年[J].教育学术月刊,2009(8):3-6.

22. 张乐天.我国农村教育政策30年的演进与变迁[J].南京师大学报(社会科学版),2008(6):80-85.

23. 张梅.自主话语的幻想与反主体的考古学——读福柯的《知识考古学》[J].哲学研究,2009(2):116-122.

24. 张汝伦.狄尔泰和历史哲学[J].复旦学报(社会科学版),1993(2):43-50.

25. 赵晓林."乡村教育运动"主体性价值观及其现实意义[J].教育研究,2006(3):92-96.

26. 周晔.从"二元割裂"走向"一体化"——再论农村基础教育的培养目标[J].教育学报,2009(2):16-20.

27. 张艳玲.解读福柯:从"知识考古学"到"系谱学"[J].河北师范大学学报(哲学社会科学版),2004(6):27-31.

28. 张济洲."离农"?"为农"?——农村教育改革的困境与出路[J].河北师范大学学报(教育科学版),2006(3):11-14.

29. Robert E. Park. Human Migration and the Marginal Man[J]. American Journal of Sociology,1928(33):881-893.

三、学位论文类

1. 李娟.农村母亲教养观念与女童自我意识的发展——以安徽省霍邱县为例[D].北京:中央民族大学,2006.

2. 张济洲.文化视野中的村落、学校与国家——一个县教育变迁的历史人类学考察(1904—2006)[D].上海:华东师范大学,2007.

附　录

一、访谈对象基本信息表

序号	姓名	性别	年龄	受教育经历	访谈次数	访谈日期及时长(2012年)
1	TJS	男	88岁	6年私塾	2	5.1(60 min)、5.16(130 min)
2	HYY	男	86岁	8年私塾	2	4.17(140 min)、5.2(90 min)
3	FNN	女	83岁	未受过教育	1	5.18(120 min)
4	JHQ	男	82岁	读9年私塾后进入学校,小学毕业	3	5.4(90 min)、5.3(110 min)、5.11(70 min)
5	XYY	男	82岁	5年私塾	2	4.16(120 min)、5.14(70 min)
6	TYX	女	81岁	未受过教育	2	4.19(150 min)、4.26(100 min)
7	TAM	男	80岁	读6年私塾后进入学校,高中毕业	2	4.20(80 min)、5.5(75 min)
8	QJF	男	80岁	6年私塾	3	5.3(120 min)、5.5(80 min)、5.11(100 min)
9	TYY	女	79岁	未受过教育	3	4.21(50 min)、5.6(120 min)、5.8(30 min)
10	GMD	男	79岁	读4年私塾后进入学校,小学未毕业	2	4.23(110 min)、4.28(90 min)
11	DHM	男	78岁	读5年私塾后进入学校,中专毕业	2	5.6(180 min)、5.7(130 min)
12	GJL	男	78岁	未受过教育	1	5.3(40 min)
13	CNN	女	78岁	从小学至中等师范毕业	1	5.2(100 min)

续表

序号	姓名	性别	年龄	受教育经历	访谈次数	访谈时间
14	DYZ	男	76岁	读2年私塾后进入学校,中等师范毕业	5	4.16(150 min)、5.4(100 min)、5.8(140 min)、4.23(60 min)、5.18(70 min)
15	XNN	女	76岁	未受过教育	2	4.23(120 min)、4.25(60 min)
16	LHR	男	76岁	高中毕业	1	4.23(90 min)
17	TMZ	女	74岁	未受过教育	2	5.5(90 min)、5.11(30 min)
18	TYQ	女	73岁	未受过教育	1	5.9(160 min)
19	XNL	男	73岁	未受过教育	2	5.16(80 min)、5.9(60 min)
20	YNN	女	70岁	未受过教育	2	5.10(110 min)、5.18(70 min)
21	FLF	男	69岁	未受过教育	2	5.1(130 min)、5.12(30 min)
22	YST	男	68岁	未受过教育	2	5.1(50 min)、5.11(80 min)
23	YL	女	68岁	未受过教育	1	5.7(80 min)
24	GML	女	66岁	未受过教育	4	5.13(90 min)、5.19(120 min)、6.4(100 min)、6.8(30 min)
25	ZAM	女	66岁	初中毕业	1	5.4(80 min)
26	TYQ	男	64岁	未受过教育	1	5.9(120 min)
27	XML	女	63岁	未受过教育	2	5.16(70 min)、5.20(40 min)
28	FHQ	男	62岁	未受过教育	2	5.17(120 min)、5.19(50 min)
29	TJP	男	61岁	未受过教育	2	5.26(110 min)、6.2(70 min)
30	YCY	男	60岁	初中毕业	1	5.6(60 min)
31	TYB	男	60岁	初中毕业	4	4.21(100 min)、5.19(50 min)、5.21(70 min)、6.3(80 min)
32	TMF	女	60岁	未受过教育	2	5.5(30 min)、5.27(100 min)
33	TYZ	女	60岁	未受过教育	3	4.23(60 min)、5.30(120 min)、6.10(30 min)
34	LDX	女	59岁	未受过教育	2	5.29(120 min)、6.11(60 min)
35	YCL	男	58岁	未受过教育	3	5.18(90 min)、5.27(120 min)、6.5(50 min)

续表

序号	姓名	性别	年龄	受教育经历	访谈次数	访谈时间
36	JH	男	58岁	初中毕业	2	5.7(60 min)、5.14(60 min)
37	TYL	男	57岁	初中毕业	3	4.22(80 min)、6.10(90 min)、6.12(70 min)
38	LDQ	女	57岁	未受过教育	2	5.28(70 min)、6.8(100 min)
39	YCF	女	56岁	小学未毕业	3	4.24(60 min)、5.1(70 min)、5.22(30 min)
40	FSS	女	56岁	未受过教育	2	5.25(60 min)、5.28(100 min)
41	QJQ	男	53岁	高中毕业	4	4.24(120 min)、5.6(80 min)、5.28(60 min)、6.4(110 min)
42	LJJ	男	52岁	初中毕业	2	5.25(100 min)、6.25(130 min)
43	LH	男	46岁	高中毕业	2	7.3(120 min)、7.7(90 min)
44	QJ	男	45岁	大学毕业	1	5.26(50 min)
45	TJM	女	45岁	初中毕业	2	7.4(110 min)、7.11(120 min)
46	ZMR	男	44岁	高中毕业	2	7.6(180 min)、7.23(60 min)
47	TYH	男	43岁	初中毕业	3	5.1(90 min)、5.2(120 min)、7.1(60 min)
48	TX	男	43岁	初中毕业	1	7.8(120 min)
49	CM	女	42岁	初中毕业	3	6.15(40 min)、7.4(60 min)、7.8(60 min)
50	GHJ	男	40岁	初中毕业	1	7.9(80 min)
51	GXY	女	38岁	初中毕业	2	5.21(100 min)、6.14(120 min)
52	TLJ	男	37岁	高中毕业	1	6.11(50 min)
53	JXJ	男	37岁	初中毕业	3	7.13(120 min)、7.16(90 min)、7.18(30 min)
54	GMJ	女	36岁	高中毕业	3	7.14(120 min)、7.20(80 min)、7.25(30 min)
55	DJ	女	34岁	高中毕业	3	7.5(100 min)、7.7(70 min)、7.12(50 min)
56	QHY	女	32岁	高中毕业	3	6.13(90 min)、7.2(100 min)、7.6(80 min)

二、M 村教师访谈提纲

◆ **基本信息**

姓名（代码）：_____   性别：_____

受教育程度：_____   年龄：_____

访谈地点：_____

访谈时间：___年___月___日___时—___时

其他在场人员：_____

◆ **访谈提纲——普通教师**

1. 你是什么时候来这个学校做教师的？你在这个学校做了多长时间的教学工作？

2. 当时这个学校的状况是什么样子？（具体可以从教师队伍、学生情况、硬件设施等方面进行描述）

3. 当时，你在这个学校教哪个科目？你觉得这门课的主要目的是什么？对学生有什么用？

4. 你觉得应该怎么教这门课？有哪些注意点？在你看来，什么样的课是"好"课？

5. 那时候这门课是否要考试？多长时间考一次？考完之后做什么？你是怎么看待考试的？

6. 考试是怎么评分的？这样评分有什么好处？

7. 除了考试之外，你还采取哪些方式对学生学习情况进行评价？这些评价方式的作用是什么？

8. 那时候你要求你们班的学生遵守哪些纪律？

9. 如果有学生违反纪律了，你会怎么办？为什么要采取这样的处理方式？（可以举一些例子）

10. 能否详细描述一下当时教师一天的生活？

11. 在你做教师期间，你觉得村里的教育有什么变化？（结合事例进行说明）

12. 那个时候，你一般遇到什么情况才会联系学生家长？为什么？

13. 找到家长后，你一般和家长谈哪一方面的问题？如何进行交谈？（可以举一些例子）

14. 在你看来，联系学生家长的作用是什么？

15. 那个时候家长对学生学习的态度怎么样？有哪些表现？

16. 家长是否会到学校来找老师了解孩子的情况？你一般会跟他谈学生哪一方面的情况？是否会给家长教育孩子的建议？什么建议？

17. 在你做教师期间，你能感受到家长对孩子教育的态度有哪些变化？（结合事例进行说明）

◆ **访谈提纲——校长**

1. 你是什么时候来这个学校的？在这里任职了多长时间？

2. 你来的时候，这个学校的基本情况是怎样的（具体可以从教师队伍、学生情况、硬件设施等方面进行描述）？在你任职期间，你主要做了哪些方面的改革？学校有哪些变化？你是如何看待这些变化的？

3. 你在学校的管理工作主要包括哪些方面？你是怎么看待这些管理工作的？其中最重要的是什么？为什么？

4. 你认为学校教育应该培养什么样的学生？他们应该具备哪些素质？

5. 在教学方面，你如何确定和安排教学科目？这些科目的目的和作用是什么？

6. 你认为哪些科目比较重要？为什么？

7. 你对教师的教学有哪些要求？在你看来，什么样的教学是好的？你通过何种方式使教师达到这些要求？如何对他们进行评价？

8. 你通过哪些方式了解学生对这些科目的学习效果？为什么要通过这些方式？

9. 在学生管理方面，学校通过哪些方式对学生进行管理？为什么要通过这些方式？你如何了解这些方式的效果？对于学生管理，你有哪些认识？

10. 那个时候，家长对学生学习的态度如何？有哪些表现？这一态度在你任职期间有哪些变化？（可以举例进行说明）

11. 在你看来，家长在学生学习方面有哪些作用？

三、M村民众访谈提纲

◆ **基本信息**

姓名(代码)：_____　　　　　　　性别：_____

受教育程度：_____　　　　　　　年龄：_____

访谈地点：_____

访谈时间：____年____月____日____时—____时

其他在场人员：_____

◆ **访谈提纲**

一、访谈对象的上学经历（间接了解M村教育的历史）

（如果访谈对象没有接受过教育，就直接访谈第三部分）

1. 你是什么时候上小学（或私塾）的？在哪里？

2. 那个时候上一年要交多少钱？

3. 那个时候的学校（或私塾）是什么样子的？

4. 你还记得哪些老师（或私塾先生）？他们是什么样的人？

5. 那个时候跟你一起上的人有哪些？

6. 他们在学校（或私塾）的表现如何？（可以举一些例子）

7. 那个时候，学校（或私塾）教哪些东西？

8. 老师（或私塾先生）是怎么教的？（较详细描述）

9. 教完之后，老师（或私塾先生）怎么检查你有没有学好？如果没有学好，他们会怎么办？

10. 你上小学（或私塾）时候需要遵守哪些规矩？如果违反了，老师（或私塾先生）会怎么办？（可以举一些例子）

11. 那个时候你家里如何知道你上学的情况？

12. 尽量详细地讲述一天的学校（或私塾）生活。

13. 上完小学（或私塾）后，你是否继续读书了？如果有，你是通过什么途径继续读书的？此后的学习生活是什么样子的？

二、访谈对象父母的教育观念（通过访谈对象间接了解其父母的教育观念）

1. 小时候，你父母是做什么的？你们家的经济来源有哪些？他们工作的劳动强度如何？请尽可能详细描述他们一天的劳动生活。家里经济状况怎么样？

2. 父母希望你将来做什么？有没有跟你讲过他们对你的期待？

3. 那个时候，父母为什么让你读书？他们对读书有什么期待？你是从哪些方面看出他们的想法的？

4. 父母对学校（或私塾）里的学习内容、老师（或私塾先生）的教学和管理、你在学校（或私塾）的表现等是否关注？对于以上方面，他们是否了解？为什么这么说？

5. 如果你读书不好，你的父母会怎么办？

6. 那个时候老师（或私塾先生）会找父母去学校（私塾）或者自己来家里谈你的学习情况吗？如果有，一般谈什么？

7. 父母会去学校找老师了解你的情况吗？如果有，了解哪些方面的情况？

8. 放学之后，你一般会做什么？父母会不会管你？他们一般会让你做什么？为什么？

9. 如果你犯了错误，父母会怎么教育你？（通过具体的实例来说明）

10. 在你的教育方面，你的父母还做了哪些事？为什么要做这些？

11. 后来你有没有继续读书？为什么上（或者不上）？

三、访谈对象作为父母的教育观念

1. 你孩子上学的时候，你是做什么的？这是一个什么样的工作？劳动强度如何？经济收入大概是多少？除此之外，你们家的经济来源有哪些？请尽可能详细描述你一天的劳动生活。家里经济状况怎么样？

2. 你期待你的孩子将来从事什么工作？为什么？

3. 你是出于什么目的把孩子送去上学的？在你看来，上学有什么作用？你是怎么知道的？

4. 你是否知道孩子在学校学哪些东西？如果不知道，为什么？如果知道，你是如何看待这些内容的？你觉得他在学校学的东西有没有用？（或者哪些重要？哪些不重要？）为什么？那个时候，你还期望他在学校里能学什么东西？为什么？

5. 那个时候，你觉得学校哪些老师教得好？为什么？哪些老师教得不好？为什么？

6. 那个时候，学校考不考试？在你看来，考试的作用是什么？你关心他的考试成绩吗？为什么？如果他考不好，你会怎么办？这有什么作用？

7. 那个时候，他学习好不好？如果好，你觉得他为什么能学好？如果不好，你认为是什么原因？在你看来，应该如何学习才能学好？

8. 那时候，放学之后他一般做什么？你会不会管他？为什么？如果管，你一般会管哪些方面？

9. 你会不会关注他的学习？为什么？如果关注，你是如何管他的学习的？

10. 那个时候，你如何看待父母对孩子的管教？你觉得父母的管教有什么作用？父母应该如何管教？

11. 那个时候老师会找你去学校或者来家里谈孩子的事情吗？一般谈什么？

12. 你会去学校找老师了解孩子的学习情况吗？了解哪些方面的情况？

13. 在孩子的教育方面，你们还做了哪些事？为什么要做这些？

14. 后来他有没有上初中？为什么上（或者不上）？高中呢？

15. （那些子女还在上学的家长）你了解现在大学生毕业找不到工作的情况吗？你是如何看待这一情况的？你觉得他们为什么找不到工作？这对你教育自己的子女是否有影响？

16. 对于子女教育问题，你还有哪些想法？

四、田野笔记示例

2012 年 4 月 14 日　　星期六　　多云

今天是进入现场的第一天，由于对该村情况以及教育状况还缺乏整体的了解，我便和 TYY 闲聊了起来。正好谈话之间，住他们家后面的爷爷来玩。见我们正在聊以前上学的事，他便也插了进来，跟我讲述了他小时候上学的经历。他今年 88 岁，十二三岁读书的，十七八岁就不读了，回家干活了。按照推算，他上学的时间大概是从 1936 年开始的。他这样描述他们小时候上学的情况：

那时候家里大多很穷,很多人家连饭都吃不上,村里不像现在,根本就没有现在的瓦房。房子都是用泥垒起来的,房顶是草做的。下了雨之后由于泥土烂了,墙就倒了。如果有一家人家有瓦房,那是不得了的事情。哪像现在人这样不愁吃不愁穿的,那个时候很多人家连吃饭都成问题,如果花生、蚕豆能准吃(就是说可以想吃就吃,不用像很多人家那样,想吃又不舍得吃,或者没有可以吃的),那家人家就算是好的了。那个时候也没有现在的衣服穿,都是"本布"衣服。那个时候也不像现在这样,还有什么村、什么组的,没有人管,无法无天的,乱七八糟的。土地高高低低,这一块那一块的,路也就只有一点点窄,大概就一米,有的人家为了多种点地,还会把路变窄。不像现在这样,田平平整整的,很整齐,路也很宽,还用水泥做好。所以,那个时候上学的人少,不上学的人多。很多人家没有钱让孩子去上学,只有稍微富有一点的人家才能担负得起孩子上学。而且,在那个时候,很多人虽然都觉得能识字挺好的,但是不识字也无所谓,当时人们流行这么一句话:"识字不过三分巧(巧在他的理解中指的是懂事、懂理),不识字也过到老。"而且,由于家里有很多活做不完,都需要小孩在家里干活。那时候,我们家四兄弟都被送去上学。有钱的人家请老师来家里教书,没钱的人家就去老师家里。我们就是去老师家里。那时候我们学的是古书,有的学的是《三字经》《千字文》《百家姓》,再高一点的学《中庸》《论语》。学生们都是各学各的,老师教完这个再教那个,不像现在这样,所有学生都学一样的内容,老师写在黑板上,学生不懂还可以看其他人的。这个时候更能学得进,识字更快,那个时候识字慢,学不进去。我上了六七年,还是不识字。那时候老师也教写字,但我们都写得歪七歪八的。那时候我们也都不好好学习,想去就去,不想去就不去。有个人经常离开家之后就在我家玩,到了下午放学的时候再回家。老师也不管,那个时候老师根本不管你上不上课,只要到年底的时候跟家里要钱就行了。一年学费就几块钱,那时候很多人家都没钱,只能到收粮食的时候给老师粮食。我们那时候一年家里给老师五斗大麦,算是学费。那时候也没有考试,上了就上了,不像现在这样考试,当时没有什么比较。那时候家里根本也不管我们,他们有很多事情要做,根本就管不过来。那时候不识字的人很多,很多人连钱都不认识,还要去问村里那些识字的人。那时候也没有什么村啊、组的,只是后来共产党领导后才有了村和组,那时候就是大家住几个堆,没人管。后来才有了政策。

可以看出,在当时,上学、能识字被认为是一件挺好的事情。这个"好"带有多重意思。首先在他们看来,识字的、上过学的人更明事理、懂道理,这和我们在书中看到的"考科举""当官"相差较大。为什么会有这样的变化呢?是由于科举废除的原因吗?科举之前,乡村民众的认识是否也是这样的呢?如果是科举废除的原因,那么这便是没有了科举目的之后的另外一种目的的选择;如果科举之前也是这样,那我们从书中看到的人们对于科举的强烈动机,"朝为田舍郎,暮登天子堂"的说法或许只是统治阶层用来为社会层级的划分寻求合法性的借口。实际上,民众并非有那么强烈的动机,也并非仅仅是为了考状元才去接受教育。识字有了更为实用的目的。或许,这是宏观叙事和底层叙事之间的差异所在。

2012 年 4 月 24 日   星期二   阴

今天是进入研究现场的第十天了。调研这么长时间,虽然进展不是很快，但相比进入现场之前的一无所知和茫然不知所措，现在我感觉对农村教育和农村人的教育观念，特别是新中国成立之初至改革开放初那段时间，有了一定的了解。而且，从这段时间所收集的研究材料来看，有很多内容并非如我此前所想象的那样，有一些还是出乎我的意料的，并且和其他研究发现有不同之处。之前，我在搜索和阅读相关研究时发现，近代初或者新中国成立前，乡村民众以及一些知识分子仍然偏向于传统私塾教育，而对学校教育带有一定的排斥。但实际并非如此。乡村民众，作为底层，他们的教育观念和对教育的认识与文化精英对教育的理解是不同的。而这便是教育人类学或者质性研究需要去做的事情，是把他们作为底层的观念展现在读者面前，给他们以话语权。从这段时间的调研来看，我的感受如下。

在新中国成立之前，为了让子女能够识几个字，能够认识钱、帮别人干活的时候会记账，而不需要跑到村里仅有的那几个识字的人家里去问，或者不需要靠在墙上画杠、用绳子打结来记账。稍微富裕一些的家庭会请私塾先生来家里，而不那么富有的家庭便会把自己的小孩送到私塾先生家里去读书。这个时候，受教育的需求源于生活的需要，从这里我们可以看到一种实用主义的痕迹。这和孔子、孟子等文化精英所说的读书"修身养性""格物致知"作用观不同，它们展示了同主流文化和意识形态不同的底层思维和逻辑，或者说向我们展示了另外一种不同"史实"。在这些老人们即将离开，或者农村离自己的"童年"越来越远时，把这些回忆保存下来，应该是一份珍贵。据村里那些读过私塾的人的描述，私塾先生是那些能识一些字的人，他们对于儒书中的"义理"也无法理解，因此，在教私塾里的学生时，他们也只是教他们识字，他们的目的是让学生认识那些字，再高一点便是会写。而在教学方式上，那时候流行的是乡村读书人所称的"点章法"。具体说就是每天去学校的时候，每个学生拿自己的书到老师那边，老师先教你读四句话，教你读三遍,然后学生自己坐到位置上去读。在读的过程中,再看字的写法,读的遍数多了,字大概也就会写了。这样,再去老师那里,在黑板上把那些话默写出来。这样,这几句话便算是学完了。然而,这仍然只是当时教育的理想状态,一些上过私塾的老人告诉我,他们很多人上了五六年私塾之后还是不认识字,更不用谈写了。在他们村里,只有一位老人读私塾之后能识字、会写字的,不过可惜的是,去年他已经去世了。在村里寻找这些历史痕迹时,常常会感叹要是能早点想到做这个事情就好了,很多东西,随着乡村人的离开便不复存在了。尽管如此,家长们并不去过问孩子上学和读书的情况,在很多老人看来,这是由于家里没有精力去管这些事。在这个历史阶段,可以说家长在教育目的上有自己的认识,但在教育内容和方式上却采取放纵的态度。这个时期,私塾先生的工资便是年底每家给五升大麦。这是新中国成立前我们村的教育状况。

新中国成立之后,1952年左右,应国家、县里的政策要求,村里也办起了新学校。这样,那些想让孩子识字的人们便不再送孩子去私塾,而是送去学校。这里,让我奇怪的是,为什么新学校在我们村能够那么顺利地嵌入?和田正平所研究的早期教育近代化的结论不同,在我们这里,人们没有表现出那样的抵制,甚至有些人更愿意送子女去学校。或许,这是由于我们所研究的对象不同。仔细思考,实际上这种表现也是可以理解的,主要是源于农民的教育目的。从学校建立之前的私塾来看,农民们并不期待通过读书成才,或者"考状元",他们只是出于生活中识字的需要,识字能使生活更方便。但尽管如此,他们也并非那么看重识字。"识字不过三分巧,不识字也过到老。"正是因为这种观念,新学校和私塾在乡村人的眼中便没有了实质性的不同。甚至很多人更偏向于学校,因为他们感觉那里更容易识字。不过,最初的新学校也是极为简陋的,这不光表现在设施上,更表现在课程内容、教学方式和管理方式上,这个时候并未表现出现代教育在制度上的理性化和精致化。不过,从那时至今,学校教育的发展却表现出越来越理性和精致的特点。而从乡村民众的教育观念来说,新中国成立初和新中国成立前并没有实质性的差别,即识字的目的。除此之外,最原始的目的便是"带孩子",那个时候家里人要干活,孩子还小,没有人带,而且他还不能干活,这样,学校便成了"带孩子"的地方,而老师在他们看来也只是"带孩子"的人;再一点就是识几个字,会记记账。再"高"一点,就是可以更好地学手艺。据一些人讲,那个时候大家觉得有出息的人就是有一门手艺的人,他们挣钱比一般在公社劳动的人要多很多,即他们所说的"荒年饿不死手艺人"。就像有的老人说的,学了数学,知道三角原理,做木匠都会比那些不识字人的好多了。当然,这并非说他们看不起能读书、读书读得好的人,那些读书好,能考上的孩子大家都会觉得他将来会出人。也正是因为这样,如果孩子自己考得上,家里一般都会让他上学的。因此,村里那些早期的高中生、大学生基本都是"自然"的结果。这是乡村人的教育目的观。

2012 年 4 月 27 日　　　星期五　　　晴

　　新中国成立前或新中国成立初,虽然人们对教育目的有不同的认识,但是它们有一个共同的特点,即它们都基于生活,具有很强的实用主义的特征。而在教育内容、教育方式和管理方面,这个时候乡村民众和学校却没有联系,他们从来不会去关注学校教育的情况,这样,他们对这方面也没有什么认识。乡村民众对小孩的学习几乎采取的是放任的方式,在小孩的学习和教育方面没有自觉的认识,当然也没有自觉的行为。他们只是认为孩子不跟别人家的孩子打架,在学校不要"闹事"就行了。此外,他们就不管了。这样,那个时候,小孩放学之后便做自己想做的事,当然是建立在做完爸妈要求做的事情之余。这个时候,可以看到,虽然教育目的来源于日常生活,但在其他方面,学校和人们的生活是分割的。现代学校虽然在乡村存在了下来,但其教育目的已经被转化,它被移植到农村的生活中,便发生了变化。教育内容、教学方式以及管理方式方面的现代性认识,即各种培养"理性人""现代人"的规训方式及这些方式的合法性话语仍然在乡村学校,虽然我们不能说学校中存在的就是理想化的规训。这些却未能进入乡村民众的头脑之中,没有成为他们教育子女的方式。在这个意义上,我们可以说,家庭和学校是"区隔"的。现代理性的规训还未能进入乡村家庭。在家里,乡村学生还能体验到乡村生活,可以暂时逃离现代性的规训。但这之后,情况似乎发生了变化,他们对于教育内容和方式的认识也越来越自觉,变化也越来越明显。尤其明显的是,在教育目的上,原来上大学作为附属的目的,现在翻身做主人了。但同时,学手艺从原来的"可接受"变得越来越"受鄙视"。人们对教育内容的认识,也越来越脱离生活,原来的实用理性从直接渐渐转化为间接,即为考试服务。这是另外一种实用理性,它是间接的,因为知识不是直接为生活服务的,而是要通过考试、上大学之后找到好工作,这样才能有利于生活,而如果考不上大学,这样的知识在人们观念中就没有太大的作用了。在教育方式的认识上,人们变得越来越自觉,可以看到原有支撑学校现代理性规训的合法性话语系统现在越来越多地转移到乡村人的观念之中。这表现在人们的教育行动之中,乡村民众在教育子女方面从原来的放任转变为越来越多的干涉。也就是说,现代理性及其规训方式以及背后使其具有合法性的观念越来越从学校渗透到家庭,虽然这种渗透并非完全的,而且在过程中也发生了变异。但从某种意义上说,学校和家庭的原有关系现在已颠倒过来,从教育目的上看,学校和家庭的生活越来越分离,而在教育方式以及背后的理念上,学校和家庭越来越一体化。然而,我需要弄清楚的是,这个时候,乡村民众的教育观念有哪些内容？这段时间内有没有什么变化？这种现象转变的原因是什么？对于导致转变的因素,或者说理性规训渗透的途径,我现在觉得有以下几种：第一,家长在儿童时期所受的教育；第二,学校所提倡的家校联系,也就是教师对家长教育子女的指导；第三,教师对学生的教育；第四,以前那些"自然成才"的事业让人们看到了教育的作用。(这在乡村这个熟人社会中,榜样的力量实际上是很大的,其往往成为家长立志培养子女的重要动力)……

接下来,我想把访谈的重点放在两个方面：第一,前期那些文化精英的教育观念,或者那些重视教育的家长的教育观念。第二,对那些普通民众来说,他们对子女教育的朴素认识是什么？那个时候,他们重视子女哪些方面的素质,以及在教育方式上的一些"地方性"观念……

后　记

　　不经意间,离开美丽的随园已有六个年头。相隔六年,博士毕业论文有幸得以出版。写作中的很多细节和体悟早已随时间消退,但仍有一些至今极为清晰。

　　2012年春天,我像往常一样返乡。家乡的人事、家乡的草木、家乡的声音,一切熟悉得不能再熟悉。只是,我不再仅是一个返乡学子,还是一个研究者。如何能与这熟悉的情境拉开距离并保持陌生人的好奇?这个问题贯穿于整个田野调查过程之中。我艰难地在局内和局外间寻求平衡,试图找到那个关键的点。这一认知上的努力的确让我看到了以往没有看到的东西,但绝非百分之百成功。过于熟悉依然导致了我对一些问题的忽视,限制了问题分析的深度。

　　在接近半年的田野调查中,年迈的奶奶每天陪我穿梭于乡间小道,走家串户。时间长了,她也变得专业了,竟能够为我出谋献策。她常常告诉我村里的某某人应该"懂"很多,可以去问一问;当访谈对象问及我的来意时,她能够用本地话准确地帮我说明;访谈过程中出现交流障碍时,她总能及时地为我"翻译",实现语言的本土转换……此时,我才突然意识到自己在学术系统中生活太久,熟悉了学术语言的规则,却忘却了那个滋养过我的乡音。或许,我已不能算作村里人了。农村,已退化为我的记忆。

论文的写作过程并没有想象的那么顺利。要从如此庞杂的资料中搜寻乡村人的思维逻辑和教育观念，并整理出其与现代教育观念互动的 60 年历史，理论功力尚不够深厚的我无法做到游刃有余。每写完一章，脑力似乎被耗尽，大脑一片空白，下一章迟迟开不了头。每当陷入如此胶着的境地，精神便近乎崩溃。这时，总忍不住打电话给在远方工作的桑志坚博士，眼泪不听使唤地往外涌。倾诉完，擦干眼泪，振奋精神，思路便在不觉间涌现。就这样，一次又一次，直到论文写完。如今，在茶余饭后，还会和桑博士谈起这段趣事。只是，话语之间不再有焦灼，更多了一份幸福。现在想来，从博士论文的选题到资料收集，再到论文写作，能有一个人一直给予支持，是幸运的，也是幸福的。

腊月二十七，初稿终于写完了。还记得，那天外面下着大雪。我冒着大雪将论文交给导师吴康宁老师。虽有忐忑，但更多的是抑制不住的兴奋。拿到我的论文，吴老师似乎也松了一口气。我猜，他迟迟未收到我的论文初稿，应该也很担忧，只是怕扰乱我的进程而一直未催促。三年中，面对我这样一个唯有态度好，但资质平平、情商极低又难以开窍的学生，吴老师给予的宽容和等待不胜枚举。现在，自己也是老师了，对这份包容自然有了更深的感受。三年中，每一次上课、每一次讨论……吴老师的指点总能让我受益。无数次的指点之后，我总算一只脚踏进教育社会学的门，开始领略到其视角的独特及理论的魅力。然而，三年太短，还未及得道便已毕业。此后的学术修行路上，这样的体验应该不会再有了。不过，吴老师言行中所流露出的学术神圣感已在心中扎根，它将能够支撑我在任何环境中保有一份坚守。这应是三年中最为珍贵的收获！

博士论文的研究揭开了乡村教育现代化进程中的民众体验层面，让我感受到了其独特性和丰富性，它是一个不同于宏大叙事模式下的世界。对这一世界的学术观照，使我更深入地认识了中国乡村教育现

后 记

代化的历史进程。不过,由于理论功力尚浅,论文对乡村民众教育观念及思维逻辑的分析还未能触及其核心;在历史阶段的划分和处理中也略显生硬及简单……在这条学术道路上,未来还需更多的探索。

博士生活已成为我人生中的一段故事。故事中,有太多难忘的人和事。硕导齐学红老师依然时时给予关心和指点;南京大学贺晓星老师的课,总是让我一次次地经历思想冲击,崇拜之余虽感觉望尘莫及,但还是努力去体会;沙龙上,程天君、周宗伟、高水红、王海英、杨跃等老师以及所有同门的每一次发言都推动着我的思考;张乐天老师的课上,博士同学们的讨论依然令我记忆犹新;每天,我们几个博士同学相约在西山图书馆学习;学习之余,我们一起去爬清凉山,在操场散步,去体育馆打羽毛球,在宿舍闲聊;秋天,我们一起在校园闲逛,闻着桂花那甜得有些发腻的香味……这一切,让我的博士生活变得丰富而多彩。

感谢你们!

汤美娟

2019 年 10 月